MIGUEL DEL REY
CARLOS CANALES

FIDEL CASTRO

De luces y sombras

Fidel Castro. De luces y sombras
© 2016. Miguel del Rey Vicente y Carlos Canales Torres
© 2016. De esta edición, Editorial EDAF, S. L. U.
© Diseño de cubierta: Gerardo Domínguez

Editorial EDAF, S. L. U.
Jorge Juan, 68. 28009 Madrid
http://www.edaf.net
edaf@edaf.net

Algaba Ediciones, S.A. de C.V.
Calle, 21, Poniente 3323, Colonia Belisario Domínguez
Puebla, 72180, México. Tfno.: 52 22 22 11 13 87
jaime.breton@edaf.com.mx

Edaf del Plata, S. A.
Chile, 2222
1227 - Buenos Aires, Argentina
edaf4@speedy.com.ar

Edaf Antillas, Inc
Local 30, A2, Zona Portuaria Puerto Nuevo
San Juan, PR (00920)
carlos@forsapr.com

Edaf Chile, S.A.
Coyancura, 2270, oficina 914, Providencia
Santiago - Chile
comercialedafchile@edafchile.cl

Primera edición, diciembre de 2016

Depósito legal: M-41.494-2016
ISBN: 978-84-414-3720-3

PRINTED IN SPAIN   IMPRESO EN ESPAÑA
Gráficas Cofas, S. A. Pol. Ind. Prado de Regordoño - Móstoles (Madrid)

ÍNDICE

INTRODUCCIÓN

NOVIEMBRE. EL AVIÓN DE IBERIA CON DESTINO a Miami ha despegado del aeropuerto de Barajas con diez minutos de retraso, lo cual es un éxito notable. Hace tiempo que no hay huelga de pilotos ni de controladores aéreos. Ni siquiera de personal de limpieza, lo que nos ha permitido sentarnos, por lo menos, limpios.

Ventanilla y centro. Es importante quien se sienta en el pasillo, porque en los vuelos de más de cinco horas, —sí, sobre todo en los nocturnos—, los pasajeros suelen perder fácilmente la dignidad. Hemos tenido suerte. Una señora mayor. Pequeña, discreta, con un libro y dos revistas del corazón —si el libro hubiese sido nuestro el éxito habría sido completo, pero no lo es—. Si no nos da conversación, el viaje será perfecto.

Repasamos la primera etapa, hay tiempo de sobra: Llegamos a las 18:00, recogeremos el vehículo que hemos reservado desde España y bajaremos directamente hasta Key West —Cayo Hueso, para los españoles—, para ver el punto de los Estados Unidos más próximo a Cuba y, ya que estamos, el cementerio de las víctimas de la explosión del *Maine*. Pasado mañana, de vuelta a Miami, cogeremos a media tarde el vuelo de Bahamasair que nos dejará en La Habana tras hacer escala en Nassau. Mucho más cómodo que esperar un enlace de tres horas y media en Panamá City.

Aterrizamos en el gigantesco aeropuerto de Miami Internacional, sin problemas, más o menos a la hora prevista. El tren lanzadera nos deja directamente en la terminal. No es la primera vez que estamos aquí, por lo que los pasos siguientes no son una sorpresa. Lo primero, enseñar los pasaportes, para hacerte sentir como un terrorista.

El control ahora es mucho más «familiar». Ha ayudado mucho el sin fin de documentales de todo tipo que puedes ver en cualquier cadena de televisión española: agentes de aduana amables y de gran corazón se ponen en lugar de los atribulados pasajeros que quieren entrar en su país y, siempre justos, permiten el paso a los buenos y detienen a los malos.

Cosas de películas; porque el energúmeno que ocupa la garita de la fila que hemos elegido parece más un semidiós, en cuyas manos se ha dejado la decisión sobre la vida o la muerte. Da miedo pensar la que puede liar sin muchos problemas si esta mañana ha discutido con su mujer o le ha sentado mal la hamburguesa del almuerzo.

Llegamos ante él de uno en uno. Nos mira con suspicacia —igual que hace con nuestro pasaporte—, mientras pasa de una en una sus páginas y se recrea con aprensión en los sellos de otros viajes. No ha debido encontrar nada raro, porque el resto es rápido: huella dactilar, grapa en el resguardo del impreso verde para poder salir del país y vigoroso golpe de sello. Siguiente.

Recogemos las maletas y comenzamos la larga procesión para cruzar la aduana, acompañados de cuando en cuando de un gracioso perro Basset Hound, dispuesto a ladrar como un loco en cuanto olisquee el menor signo de comida en cualquier pieza de nuestro equipaje.

Una oleada de calor denso, húmedo, nos acoge en cuanto abandonamos el gélido aire acondicionado de la terminal. Tenemos 48 horas por delante. Veremos qué pasa entonces.

Antes, solo Miami, Nueva York y Los Ángeles tenían vuelos directos a La Habana. Ahora, el Departamento de Aduanas y Protección de Fronteras ha autorizado también a que se realicen desde Chicago, Baltimore, Dallas, Nueva Orleans, Pittsburgh, Tampa, Atlanta y San Juan de Puerto Rico y está pensando si permite los de Mobile —Alabama—, Houston —Texas— y Orlando —Florida—, conexiones que en algunos casos como el de Tampa, llevaban interrumpidas desde los años 60 del siglo pasado. Quizá de todas, aunque siempre pensemos en Miami y en su Pequeña Habana, la de Puerto Rico, territorio libre asociado con Estados Unidos, que mantiene nexos históricos, políticos, afectivos y culturales con la isla, sea la más importante. Allí, según cifras oficiales viven unos 80 000 cubanos, una cantidad muy superior a los residentes en el sur de Florida.

No hay más que aterrizar en el aeropuerto internacional José Martí, a escasos 15 kilómetros del centro de La Habana, para ver que este es un buen negocio para ambas partes. Se calcula que viajan anualmente unos 400 000 cubanoestadounidenses desde que en el 2009 el presidente Barack Obama abrió algunos vuelos, levantó buena parte de las restricciones de viajes y autorizó el envío de remesas.

Si el José Martí es algo anticuado, o por lo menos la Terminal 3, el lugar al que llegan la inmensa mayoría de los vuelos procedentes de cualquier parte del mundo, no podemos decir lo mismo de su sistema de aire acondicionado, conectado a tope, que te hace sentir en el interior de un camión congelador. No es la única similitud con Miami. Paradojas de la vida, el control de pasaportes solo se diferencia del estadounidense en lo ajado del mobiliario y en el color de los uniformes de los agentes de aduanas. Ni siquiera es distinto el aspecto de los policías de paisano que observan atentos al pasaje recién desembarcado. El resto, lo mismo de siempre: otro semidiós —o en muchos casos semidiosa—, que tiene tu futuro en sus manos.

Pueden ocurrir dos cosas: que apenas haya controles y salgas rapidísimo, o que hayan decidido realizar exhaustivas comprobaciones y necesites cerca de dos horas para poder abandonar el aeropuerto. En ese caso, volverás a sentirte un terrorista —quizá más un peligroso espía internacional dedicado a desestabilizar el país—, tardarán en identificarte —hay que acostumbrarse al ritmo caribeño—, y un inspector mirará la fotografía de tu pasaporte hasta desgastarla. Luego te dará paso con desidia a la zona de recogida de equipajes. Ahí comienza el auténtico mundo de contrastes.

El primero, la caótica entrega de maletas, en la que se comparte cinta con otros vuelos mientras muchos bultos se amontonan en el suelo en rápida progresión a la espera de sus dueños. El segundo, los propios viajeros. Un cubano de regreso a su archipiélago parece ir de mudanza más que de visita. Su abultado equipaje, compuesto por grandes paquetes de ropa, electrodomésticos y hasta bicicletas, hace de él un usuario «diferente» de la mayoría de las terminales aéreas del mundo.

Distinción que, cuando llega a un aeropuerto cubano, lo convierte en un presunto contrabandista.

El miércoles 17 de diciembre de 2014, Obama, resuelto a pasar a la historia por algo más que la racista condición de ser el primer presidente afroamericano del país, decidió dar los pasos necesarios para mejorar las relaciones con Cuba y levantar el embargo que se mantenía sobre la isla desde hacía 53 años. Nunca llegó a culminar la operación, bien es cierto que su partido, el demócrata, contaba con la oposición de las cámaras, con mayoría republicana. Hoy, a finales de 2016, con la victoria en las elecciones estadounidenses del republicano Donald Trump, esa apertura parece de nuevo más lejana que nunca.

Si las medidas se llevaran finalmente a cabo ya no sería necesario que los cubanos, más que viajar, asemejaran ser un pueblo errante. Veremos. De momento, para la mujer o el hombre «de a pie», a pesar de las últimas modificaciones, que han afectado a un elevado número de prohibiciones, todo sigue más o menos igual: todavía subsisten regulaciones para algunos productos y límites en las cantidades de artículos permitidos, que implican la confiscación del bien por los representantes de la aduana si el viajero intenta introducirlo. Son los polémicos «decomisos», una práctica que genera incomodidades entre quienes muchas veces solo procuran facilitar las condiciones de vida de sus familiares en Cuba, y que no deja de extender una sombra de duda sobre el destino final de lo incautado.

Superados los trámites burocráticos te espera otra bofetada de calor. La misma que en Florida. Geográficamente, Cuba, descubierta por Cristóbal Colón en su primer viaje, en 1492, es una nación insular en el norte del mar Caribe que se extiende unos 1000 kilómetros hacia el sureste de la parte oriental del Golfo de México. Eso es conocido. Pero quizá no lo es tanto, aunque todo el mundo sepa que está cerca de los Estados Unidos, que su punto más septentrional, se encuentra a menos de 100 millas —185 kilómetros—, de la punta sur de la costa «enemiga». Un detalle que, durante algo más de dos siglos —desde la independencia estadounidense hasta la actualidad—, ha llevado a ambos países a una curiosa relación de amor-odio.

Y es absurdo, porque capaz de confundir y superar las expectativas en la misma medida. Cuba es un lugar infinitamente fascinante. Magníficas y exuberantes playas, bosques nubosos, sierras impenetrables, llanuras llenas de verde, y caña de azúcar, acompañadas de coches clásicos deslizándose de su pasado frente a edificios coloniales y arquitectura Art Decó que asoma entre las mansiones en ruinas para impresionar al visitante. Una pena que, de momento, nadie quiera dar su brazo a torcer. Demográficamente, Cuba es una sociedad mestiza, de habla española, con aproximadamente un 40 % de negros, 30 % de blancos y 30 % de mulatos.los 600 000 esclavos africanos importados entre 1800 y 1865 y el peso de la mano de obra negra de Haití y la República Dominicana llevada a la isla a principios del siglo XX, explica la minoría de raza blanca. Los últimos años del siglo XIX dieron forma a una Cuba que entró en el siglo XX como un protectorado dependiente política y económicamente de los Estados Unidos. Las acciones y los acontecimientos de esos años y las condiciones resultantes, contribuirían en gran medida a la confusión política, social y económica que se manifestaría después, de forma simultánea y durante el resto del siglo, con un ferviente nacionalismo y un virulento antiamericanismo.

Económicamente, Cuba se desarrolló principalmente con las exportaciones e importaciones de una sociedad agrícola basada en monocultivos y mano de obra esclava. El azúcar, la base de su riqueza, comenzó a producirse a principios del siglo XIX y, en la década de 1860, alcanzó ya un tercio de la oferta mundial. Inversionistas estadounidenses se lanzaron sobre el producto y se concentraron rápidamente en hacerse con tierras de cultivo de caña para luego construir sus propias fábricas ante la desidia de los españoles, preocupados solo de aumentar sus beneficios. El auge del producto y de la inversión estadounidense crearía una economía casi totalmente dependiente de sus exportaciones, que se uniría intrínsecamente al bienestar de los cubanos.

Ese mercado económico, errático y volátil, tuvo efectos en la isla tanto inmediatos como a largo plazo. En primer lugar, jugó un papel importante en el inicio del levantamiento de 1895 y en la Guerra Hispanoestadounidense que le siguió, el año 1898. En segundo lugar, los grandes latifundios acabaron con las pequeñas explotaciones y, al hacerlo, se eliminó o impidió el desarrollo de una verdadera clase campesina, dueña de las tierras que trabajaba. Un hecho importantísimo que, para bien o para mal, se convertiría mucho después en la base de la revolución de Castro.

En 1891 el Congreso de los Estados Unidos eliminó el arancel sobre el azúcar importado y negoció acuerdos comerciales con España que aumentó sus envíos desde Cuba. Esa misma apertura aumentó la dependencia de la isla del mercado estadounidense y supuso continuos aumentos de la capacidad de producción. Sin embargo, en 1894, el Congreso dio marcha atrás y restableció los antiguos aranceles para beneficiar a sus propios productores internos. Los efectos de ese latigazo económico y de las rápidamente cambiantes políticas azucareras estadounidenses, devastó los beneficios cubanos y condujo a los cambios sociales que establecieron las bases para todo lo ocurrido posteriormente en la isla.

Los últimos cuatro años de ese período, de 1895 a 1898, fueron los de mayor agitación política y social. Desembocaron en la rebelión total contra la metrópoli. Un enfrentamiento brutal y sangriento, con atrocidades protagonizadas por ambas partes en la que los dos bandos practicaron la «política de tierra quemada», que incitó finalmente a los Estados Unidos a participar, más para saciar sus emergentes sentimientos imperialistas y proteger sus intereses, que para auxiliar a los sublevados.

A partir de la entrada en el conflicto de las tropas estadounidenses el 25 de abril de 1898, cuando ya los dos contendientes se habían desangrado, fue una guerra corta que duró solo ocho meses y olvidó por completo en sus acuerdos de paz la participación de los rebeldes cubanos. Una guerra que marcó el fin del imperio español en el hemisferio occidental y estableció un largo periodo de cuatro años de ocupación militar a cargo de los Estados Unidos.

Es precisamente en ese momento, mucho antes de que Cuba se viera azotada por gobiernos de derechas esencialmente corruptos, inestables, brutales e incompetentes. Mucho antes de que apareciera un «libertador» que sumergiría a la isla en la noche de un desfasado comunismo rebosante de subsidios soviéticos, cuando empieza nuestro libro.

1

CON SANGRE ESPAÑOLA

No son los hombres los que hacen la historia, es la historia la
que hace a los hombres o a las figuras o a las personalidades;
los hombres interpretan, de una forma o de otra, los
acontecimientos, pero son hijos de la historia.

Fidel Castro

EL 1 DE ENERO DE 1899, tras 407 años de permanencia en la isla,
España —un «imperio en declive» —, entregó a los Estados
Unidos — el «imperio emergente» del momento—, su máxima
ambición en el Caribe: Cuba. Lo ha entendido bien el lector.
No habían sido aún repatriados hacia la metrópoli los últimos
soldados —lo hicieron entre el 7 de enero y el 6 de febrero de
ese año[1]—, cuando la isla pasaba, a toda prisa, no a manos
de los cubanos, como hubiese sido lo habitual en una «guerra de liberación», sino a estar bajo órdenes del gobierno de
Washington.

---

[1]   La Trasatlántica, la compañía naviera del traficante de esclavos Antonio Ló-
    pez y López, primer marqués de Comillas, hizo también un magnífico negocio
    con la repatriación del ejército, a 100 pesetas de la época por soldado, pero
    esa es otra historia.

Era el fruto de una guerra civil que habían iniciado los rebeldes cubanos con su levantamiento de 1895, que nunca hubiesen podido ganar sin la intervención del ejército estadounidense en 1898 y que, ahora, cuando sus aliados no estaban dispuestos a reconocer de ninguna manera la labor que habían realizado los habitantes de la isla para liberarse del «yugo español», les obligaba a preguntarse: ¿Cuál será nuestro futuro?

Uno de los fortines de la trocha de Júcaro a Morón en 1898. Era una enorme obra defensiva construida por el ejército con la intención de dividir Cuba en dos y aislar a los rebeldes mambises en Oriente.

No hubo que esperar mucho. De inmediato, el gobierno estadounidense decidió que sería conveniente disolver todas las instituciones que representaban el movimiento de liberación y se dedicó a incrementar las diferencias que habían surgido durante la campaña entre el general en jefe del ejército, Máximo Gómez, y los representantes de la Asamblea Constitucional, el principal órgano político de la Revolución. En consecuencia, ambas instituciones desaparecieron. Eso, junto con la disolución por su principal delegado, Tomás Estrada Palma, del Partido Revolucionario Cubano, dispersó definitivamente a las fuerzas independentistas y las dejó sin liderazgo.

A partir de ese momento, la ocupación militar estadounidense, legitimada por el Tratado de París, firmado el 1 diciembre de 1898, se convirtió en la forma de gobierno de la isla. Para llevarlo a cabo, el día 13 de ese mes, el presidente estadounidense William McKinley ya había nombrado como gobernador al general John Brooke[2]. Un cargo que este se dispuso a ejercer con ilimitada energía dos semanas después.

Como no les habían dado mucha orientación oficial sobre lo que tenían que hacer, cuando ese primer día del año, y tal y como se había establecido durante las conversaciones en la capital francesa, Brooke y sus subordinados asumieron sus nuevas funciones políticas, optaron por la vía castrense. Fue fácil obligar a los soldados españoles a que se fueran cuanto antes, aunque tuvieran que zarpar en buques abarrotados y ocupar hasta los retretes. No tuvo mayor dificultad crear siete departamentos militares, ponerlos a las órdenes de oficiales de confianza y en ellos comenzar a cuidar de las personas cuyas vidas habían sido destrozadas por la guerra. Máxime cuando ya se disponía de los mismos alimentos que la US Navy había evitado que llegasen a la isla durante todo el tiempo en el que tuvo sus puertos bloqueados. Ni siquiera le supuso una dificultad permitir el regreso de los reconcentrados a sus tierras. Al contrario, en la mejor tradición de mantener contento al pueblo, y, como si no hubiera existido nada hasta entonces, como si acabara de llegar a un lugar por colonizar, todo eso le permitía también comenzar una campaña para mejorar el saneamiento, la disciplina, el poder judicial y los servicios administrativos.

El primer problema de Brooke fue que, para lograr todo eso, aunque se apresuró a nombrar gobernadores civiles y un consejo de secretarios afines a los insurgentes, tuvo que utilizar a muchos de los antiguos administradores de la metrópoli, que volvieron a formar una clase privilegiada muy mal vista por muchos cubanos. Y el segundo, de mayor importancia, el que compartía con su gobierno y, sobre todo, con una buena parte de la opinión pública de su país: que no sabía qué hacer con los negros. Un conjunto de casi el 75 % de la población. Si los dejaba como estaban, tendría dificultades en la isla. Si mejoraba su situación, las tendría en Estados Unidos.

Aun en esas circunstancias, las fuerzas rebeldes que habían luchado contra el ejército regular español, no se levan-

---

[2]   Brooke, veterano oficial de la Guerra Civil estadounidense, era el comandante del 1.° cuerpo de ejército, que había desembarcado en Puerto Rico. Fue gobernador militar de esa isla desde octubre hasta el 6 de diciembre de 1898.

taron contra la ocupación estadounidense, como hicieron los insurrectos filipinos tras la misma guerra en el otro lado del mundo. Es cierto que le crearon algunos problemas a Brooke cuando se negaron a disolverse, pero solo hasta que les pagaron los salarios que se habían establecido para el Ejército Libertador: 3 000 000 de dólares que se entregaron al general Máximo Gómez y que este se encargó de repartir a razón de 75 dólares para cada uno de los soldados que pudieran demostrar que habían combatido.

Bien por discrepancias con McKinley, bien porque no terminara de gustarle la vida colonial —era de Filadelfia—, Brooke duró poco en el cargo. Lo sustituyó el 23 de diciembre de 1899 el general Leonard Wood.

Médico de profesión y descendiente de las primeras familias británicas que habían llegado a Norteamérica en el *Mayflower*, Wood demostró enseguida que iba a seguir una línea mucho más dura y conservadora que su predecesor. Inflexible, de inmediato sustituyó a los funcionarios del antiguo gobierno civil español por cubanos, creó la Guardia Rural para mantener el orden y continuó con las infraestructuras iniciadas por Brooke. Es más, las amplió, para incluir en ellas carreteras, puentes y puertos. Incluso permitió la creación de nuevos partidos políticos. Unas medidas magníficas sobre el papel si no fuera porque se olvidó de todos los residentes en la isla de clase media y clase media baja —no digamos ya de los de clase baja, que no le hacían ninguna gracia—, y las aprovechó para sentar las bases del absoluto dominio comercial sobre la isla de los Estados Unidos mediante la reducción de los impuestos sobre sus importaciones y la supresión de los acuerdos preferenciales con España.

A Wood, ese gran líder que sentó las bases para que se organizaran unas elecciones «democráticas» en las que solo votaron los ricos, mediante las órdenes militares número 164 de 18 de abril de 1900 —celebración de comicios municipales—, y 316 de 11 de agosto —celebración de elecciones a la Asamblea Constituyente a realizar el 15 de septiembre de ese año—, con el fin de poder traspasar el poder a los cubanos, también se le deben las conversaciones con el secretario de Guerra estadounidense Elihu Root, para que se llevaran a cabo las imprescindibles medidas que desembocaron en una enmienda a la Constitución cubana que se estaba redactando. La misma que consiguió incluir el 28 de febrero de 1901, el senador estadounidense Orville Platt. Una infame cláusula que regulaba de forma unilateral las relaciones entre el futuro estado independiente cubano y los Estados Unidos[3].

El gobernador, intolerante con cualquier protesta cubana sobre el tema, no solo no se mostró dispuesto a admitir ninguna crítica, sino que amenazó —una amenaza teñida de chantaje—, con no retirar sus tropas mientras no se firmara la Constitución, enmienda incluida. Es muy conocido a ese respecto el caso contra el periódico *La Discusión*, que terminó a mediados de abril de ese año con el encarcelamiento de su director, Manuel María Coronado, y del dibujante Jesús Castellanos, por publicar el día 12 una caricatura que representaba al «Pueblo cubano» como Jesucristo, crucificado entre dos ladrones —el general Wood y el presidente McKinley—, con María Magdalena —la opinión cubana—, llorando de rodillas al pie de la cruz, mientras que el senador Platt, caracterizado como soldado romano, esperaba para clavarle una lanza. Wood ordenó de inmediato que se iniciara contra ellos un expediente criminal, los mandó a la prisión de La Habana y cerró el periódico. Solo fue convencido de excarcelarlos al día siguiente, tras la intervención directa del presidente estadounidense.

Los cubanos adoptaron finalmente la propuesta de Wood y, su limitadísimo electorado, eligió a Estrada Palma para asumir el cargo de futuro presidente de la nueva república. Estrada, que llevaba ya varios años haciéndole el juego a los estadounidenses, como la mayoría de la élite de Cuba, y prefería que los anexionaran como estado, aceptó en general la intervención norteamericana en los asuntos cubanos, lo que levantó la ira de los nacionalistas que querían permanecer libres de la dominación *yankee*. Una actitud que, como veremos, se radicalizaría en las siguientes elecciones.

El 20 de mayo de 1902, a las 12.00, los soldados del 70.º regimiento de caballería de los Estados Unidos arriaron la bandera de su país e izaron la cubana. Segundos después esta

---

[3]   La Enmienda Platt, condición indispensable para darle a Cuba la soberanía, excluía de su territorio la Isla de Pinos; obligaba al gobierno de Cuba a vender o arrendar a los Estados Unidos las tierras necesarias para carboneras o estaciones navales en ciertos puntos determinados que decidiría el presidente estadounidense —es el caso de la célebre base de Guantánamo—; permitía la intervención política y militar siempre que Estados Unidos lo considerara necesario; restringía cualquier tratado internacional con otra potencia que permitiera situar en suelo cubano bases militares o navales y limitaba la posibilidad de aumentar la deuda pública.

también fue arriada y ocupó su lugar otra bandera cubana que había llevado Máximo Gómez. La primera se la quedó Wood. Quizá en el fondo era un nostálgico y quería tenerla presente en futuras añoranzas.

Antes de marcharse, el gobernador militar entregó su autoridad a Estrada Palma en el Salón de los Espejos del Palacio de los Capitanes Generales. El mismo lugar en que el 1 de enero de 1899 España le había traspasado a los Estados Unidos esos mismos poderes. La ceremonia culminó con 45 disparos de cañón desde la Fortaleza de La Cabaña, mientras las campanas de las iglesias repiqueteaban y los buques del puerto hacían sonar sus sirenas.

Era un motivo de alegría para toda la isla que se marcharan los invasores, pero en realidad, como ocurre la mayoría de las veces, esos asuntos políticos afectaban muy poco a los que tenían que luchar día tras día para conseguir su imprescindible sustento.

La perla del Caribe

El 4 de diciembre de 1899, desde la cubierta del vapor francés *Mavane*, procedente de La Coruña, Ángel María Castro Argiz, a punto de cumplir veinticuatro años —el barco atracaba un día antes de su cumpleaños—, divisó la ciudad de La Habana por segunda vez en su vida. El calor apretaba fuerte y la humedad rodeaba a los recién llegados de un halo de bochorno sofocante, muy diferente del que estaban acostumbrados en sus lugares de origen. Eran poco más de las ocho y media de la mañana y la pesadez del aire ya anunciaba las largas y sofocantes horas que llegarían al mediodía. Todo se estremecía en ese aire caliente, con las ventanas que daban al incipiente malecón brillando como diamantes en los tramos en los que el sol las golpeaba.

Aquí y allá, grandes palmeras salpicaban los alrededores del puerto y fuera del recinto, a la derecha, tras los barrios de El Carmelo y Vedado, donde quedaba la ciudad, un enorme bulevar a la europea, casi tapado entre la arboleda tejida de verde, mostraba bien a las claras la opulencia de sus moradores. Un espectáculo que nunca dejaba indiferentes a los inmigrantes transatlánticos, que lo contemplaban boquiabiertos mientras se agolpaban en sus cabezas las historias de todos los vecinos y conocidos que habían logrado hacer fortuna.

A Ángel ya no le sorprendía. Quizá solo la exuberancia de la vegetación. Estaba acostumbrado a los paisajes verdes y arbolados de su Galicia natal, pero no eran como esos. En cualquier caso él ya había estado allí en otras circunstancias, durante la sangrienta guerra, cuando contaba con apenas 17 años y el destino —en realidad el destino y la redención a metálico[4]—, le llevó a la trocha de Júcaro a Morón, una línea fronteriza de alambradas, puestos de observación y pequeñas fortalezas de unos cien kilómetros de longitud, concebida como una barrera que impidiera a los rebeldes del Oriente cubano pasar al Occidente de la isla y llegar hasta La Habana[5].

Como buen emigrante transatlántico, el Ángel que fumaba tranquilo un cigarro mientras veía cómo echaban amarras, ya tenía por entonces varias vidas: campesino en Lugo, panadero en Madrid, soldado en Cuba y jugador en Galicia. Cualquier oficio que le asegurara el dinero para la subsistencia a un hombre de sus características. Humilde, analfabeto, surgido de la nada, pero con la determinación y fiereza necesarias para intentar construir a base de trabajo y suerte su particular imperio en la salvaje comarca de aquella provincia de Oriente, donde había pasado tantas horas. Lo mismo que hacían otros muchos europeos a lo largo y ancho de todo el continente americano.

Ni siquiera mantenía lazos con su tierra que le impidieran iniciar una nueva vida. Su fugaz regreso a Galicia en busca del reencuentro con aquella idealizada novia que había mantenido en el pueblo durante su adolescencia le había llevado a descubrir que ya estaba casada, por lo que era sencillo tomar la

---

[4]   La redención a metálico, una de las lacras de la sociedad española del siglo XIX, permitía a un joven librarse del servicio militar y de ser movilizado en caso de guerra. Oscilaba entre los 6 000 y 8 000 reales, si se le pagaba al estado y entre los 2 000 y 5 000 en el caso de la sustitución «hombre por hombre». Según el servicio hubiese de prestarse en la Península o en Ultramar. La gran mayoría de familias se entrampaban hasta límites insospechados y acudían a cualquier medio, por oneroso que fuese, para liberar a sus hijos del servicio militar.

[5]   El periodista estadounidense Tad Szulc, fallecido en 2001, que siguió la revolución cubana para *The New York Times*, y fue biógrafo oficial de Fidel Castro, rechazó el pasado militar de su padre para evitar que se supiera que combatió contra los independentistas. Según él «emigró a la isla a los trece años, donde se reunió con un tío suyo que vivía en Santa Clara, en el centro de Cuba, donde tenía un negocio de ladrillería en el cual se puso a trabajar, pero después de unos cinco años es evidente que se cansó de los ladrillos y de su tío y se independizó». Una versión que ya está totalmente superada.

Cuba está formada por la isla que da nombre al país, la Isla de la Juventud, y por más de cuatro mil cayos e islotes que la rodean. Está situada en el mar Caribe, frente a las costas de Estados Unidos y de México, a una distancia de 180 y 210 kilómetros, respectivamente. Ocupa una superficie que supera los 110 000 kilómetros cuadrados, con 5 746 kilómetros de litoral, y está protegida por 4 200 kilómetros de arrecifes. La isla tiene una longitud de 1 250 kilómetros. De los más de 200 ríos existentes, los más importantes por su longitud y caudal son el Cauto y el Toa, ambos

en la parte oriental y, en las provincias centrales, el Sagua la Grande, el Zaza y el Caonao. Existen tres zonas montañosas: la cordillera de Guaniguanico, en la provincia de Pinar del Río, la Sierra de Trinidad y la Sierra Maestra, en la provincia de Santiago de Cuba. En esta última se encuentra la cota máxima, el Pico Turquino de 1 974 metros. También, en la zona más oriental de Cuba están situadas las pequeñas sierras de Nipe, Cristal y Purial, así como las Cuchillas de Moa y de Baracoa. Todas ellas con alturas que oscilan entre los 995 y los 1 231 metros.

decisión de irse para siempre a Cuba, un lugar en el que había visto que tendría más posibilidades de futuro[6].

La bandera cubana es izada por primera vez en el Palacio de los Gobernadores Generales, en La Habana, el 20 de mayo de 1902. Tres años y cinco meses después de que los españoles dieran la isla por perdida.

Hay todo tipo de explicaciones sobre sus inicios en la isla, que lo llevaron a ejercer toda clase de oficios. La escritora y periodista cubana Katiuska Blanco, conocida sobre todo por su labor al frente del diario oficial *Granma*, afirma que trabajó en las minas de hierro y manganeso en Daiquiri y Ponupo, en Oriente y, de nuevo Tad Szulc, relató que vendió limonada a peones del campo, transportada en barriles a lomos de un asno.

De una manera u otra, Ángel, ya con suficiente dinero como para intentar situarse, comenzó sus auténticas actividades mercantiles en 1907. Gracias a un compatriota de origen canario muy bien situado, Fidel Pino Santos, que lo avaló para que lograra alquilarle una parcela a la todopoderosa *United Fruit Company*, propietaria de una gran plantación de caña de cerca de 130 000 hectáreas, en una de sus centrales azucareras, Preston, en las proximidades de la bahía de Nipe.

---

[6]   La suerte de un soldado repatriado al llegar a España se reducía a dos alternativas: continuar en el ejército hasta completar el periodo de servicio militar que aún le quedase por cumplir, o ser licenciado si había pasado más de 4 años de servicio en ultramar o había sido declarado inútil.

Por entonces hacía un año que Estrada Palma y su gabinete, vencedor de unas fraudulentas y violentas segundas elecciones, en las que se enfrentara al general José Miguel Gómez, como candidato liberal, había dimitido de forma inesperada, ante las presiones de Estados Unidos, y dejado a Cuba sin gobierno. En respuesta, Teodoro Roosevelt, sustituto de McKinley en la presidencia desde 1901, se había apresurado a nombrar a William Taft como gobernador de Cuba y a enviar a La Habana cerca de 5 600 hombres para que ocuparan de nuevo la isla en nombre de los Estados Unidos y así —según Estrada Palma, que lo había solicitado—, evitar una guerra civil.

A Taft lo sustituyó catorce días después de su llegada, Charles Magoon, el polémico exgobernador de la Zona del Canal de Panamá. Ejerció el cargo con singular mano dura sobre la población hasta el 28 de octubre de 1909, cuando José Miguel Gómez consiguió por fin hacerse con la presidencia. Cuando se fue, Magoon, que decía haber llegado a Cuba «para preservar la independencia de la isla y restablecer el orden, y no para colonizar», ya había conseguido abrir Cuba a los aventureros de su país, recibido varias acusaciones de corrupción —nunca demostradas, eso sí—, y establecido las pautas por si eran necesarias futuras acciones preventivas en la isla que evitaran una tercera intervención militar. Siempre basadas en acciones políticas tendentes a una interpretación subjetiva de la Enmienda Platt.

Mientras Magoon dejaba la isla, no sin antes firmar lucrativos contratos que cedían buena parte de su terreno a compañías estadounidenses, Ángel no tardó en organizar una pequeña empresa y dirigir un reducido grupo de hombres que se encargaba de talar madera, suministrar leña a la central azucarera de la *United* y limpiar de vegetación áreas donde sembrar caña. Eran años en los que, a pesar de la intermitente presencia estadounidense llegaba numerosa inmigración española a su antigua provincia, principalmente de la región gallega, lo que favoreció su trabajo como contratista y le permitió iniciar sus propias siembras de caña e incluso abrir una sencilla cantina. Una bodega que hacía también las veces de fonda, a la que bautizó como El Progreso, y que atendía los ratos que no dedicaba al bosque. Con los beneficios de ambas actividades adquirió tierras y logró fundar su propia hacienda de 11 000 hectáreas, Manacas, ubicada en Birán.

Allí, en lo alto de una colina, próxima al borde del bosque, en la zona en la que se desarrollaban las grandes empresas agrícolas estadounidenses, que de hecho, rodeaban sus terrenos, construyó su casa cuando ya tenía unos recursos económicos relativamente elevados. Una simple vivienda prefabricada de madera, exportada por los estadounidenses, con una sola planta y un pequeño altillo, erigida sobre pilotes, para que, como en Galicia, mejorara la ventilación y se pudiera almacenar el ganado. Pese a las múltiples reformas que se le realizaron durante el transcurso de los años, algo distinta de la que puede visitarse en la actualidad, una reconstrucción contemporánea de la original, víctima de un incendio que la consumió hasta los cimientos.

Por esa época Fidel Pino, le sugirió que ya era hora de que aprendiera a leer y a escribir. Le presentó para ello a la maestra de la zona de Banes, María Luisa Argota Reyes, una joven alta y resuelta. Fue un flechazo. Como en las novelas románticas, el alumno, ya con 36 años, se casó con su maestra, de 21, el 25 de marzo de 1911. Ambos se trasladaron a la finca de Birán.

Cinco hijos nacieron de esa unión, Manuel, en 1912; María Lila, en 1913; Pedro Emilio, en 1914; Antonia María, en 1915 y Georgina de la Caridad, en 1918, aunque dos de ellos, Manuel y Georgina, murieron al poco de nacer. Salvo por su maternidad, María Luisa, a la que le gustaba montar a caballo por la hacienda de su marido armada con un Winchester, se mostró siempre demasiado independiente y poco hogareña. Quizá demasiado moderna para los gustos de su marido.

Ni siquiera la «revuelta de color» que amenazó al gobierno de Gómez en 1912, cuando los negros cubanos excluidos de gran parte de la vida nacional —aunque podían pertenecer a la Guardia Rural y al ejército, no podían intervenir en política—, se levantaron en la provincia de Oriente afectó a sus posesiones. Gómez envió cerca de 2 000 soldados para sofocar la revuelta, pero ya el Secretario de Estado estadounidense Philander Knox, después de cinco días de combates, había ordenado a sus *marines* estacionados en Daiquiri —los mismos que acababan de intervenir en Nicaragua—, que protegieran las propiedades de Estados Unidos en la zona. En esas condiciones, Don Ángel, como le gustaba ahora que le llamaran, que tenía prácticamente una colonia en tierras de la *United* —la conocida como Dumoy, que vendería años después porque tuvo un accidente al caer de un caballo y se fracturó una pierna—, era difícil que se viera afectado por los disturbios.

En cualquier caso, esa fue una época de gran prosperidad para la industria azucarera, antes de lo que se denominó la «Danza de los Millones[7]». Un periodo, tras la Gran Guerra, entre 1919 y 1920, en el que a los que obtuvieron grandes ingresos les entró el furor de gastar lo más posible. Lo que hoy calificaríamos como «despilfarro colectivo en gastos suntuarios». Nada que no conozcamos en España.

Personas que apenas habían visto un mapa en su vida, viajaban de vacaciones a Estados Unidos o Europa, se alojaban en lujosos hoteles y no reparaban en gastos. Se hicieron fabulosas representaciones teatrales en La Habana y Santiago. Se compitió para ver quién conseguía comprar el automóvil más caro y lujoso de la época —una rivalidad aún más ridícula si tenemos en cuenta que se trataba en muchos casos de colonos y cosecheros de caña que hasta entonces habían utilizado caballos como principal medio de locomoción por los senderos de sus fincas—, lo que llevó a que por el Paseo del Prado, en La Habana, rodaran cientos de coches nuevos, como si fuera la Quinta Avenida de Nueva York. Según el *Wall Street Journal* del 28 de junio de 1920, la mayoría de los vehículos que circulaban por Cuba eran de marcas como Pierce-Arrows, Packard y Rolls-Royce.

Ese mismo periódico también comentaba que «el cubano es a la vez un buen gastador y, sin dudas, también un buen jugador, cuando tienen fondos. Se hace evidente en los hipódromos y los casinos donde muchos que antes arriesgaban solo 10 dólares, ahora apuestan 1 000 sin inmutarse. Los lugares más frecuentados son el Casino de La Habana y el Jai Alai[8]». Una extraordinaria riqueza que condujo a gastos extravagantes y que azuzó la envidia de los vecinos estadounidenses.

Tanto, que en noviembre de 1920, Aeromarine Airways, una empresa surgida de la fusión de Aeromarine —compañía dedicada a la construcción de aviones— y Florida West Airways Company, que hasta entonces solo trasladaba la corresponden-

---

[7]   Las exportaciones de azúcar cubano fueron entre 1909 y 1920 de un crecimiento exagerado. El precio de la libra de azúcar superó los 1,93 centavos de dólar en 1914, justo antes del estallido de la Primera Guerra Mundial, y llegó a venderse hasta a 22,5 centavos de dólar por libra en 1920. Si en 1919 el valor de la zafra fue de 454,5 millones de dólares, en 1920 alcanzó la astronómica cifra de 1 005,4 millones de dólares.

[8]   Por extensión, el recinto en el que se jugaba al deporte vasco de cesta punta. Las apuestas estaban tan extendidas como las de las carreras de caballos.

cia de La Habana a Key West con dos hidroaviones Model 75, —una conversión a civil del hidroplano militar F.5L *Flying Boat* de la *U.S. Navy*—, denominados *La Pinta* y *Santa María*, en homenaje a las carabelas utilizadas por Colón en la expedición efectuada hacia el continente americano, inauguró vuelos regulares con pasajeros entre esos dos destinos.

Una familia cubana de campesinos de la provincia de Oriente fotografiada en 1900 delante del bohío —poco más que una choza— que les sirve de vivienda. La vida rural de Cuba era muy diferente de la vida en la ciudad.

La ruta prestaba servicio diario por un coste de 3 dólares el billete y tenía capacidad para 11 pasajeros más la tripulación, que eran un mecánico y el piloto. Debido a su éxito, que reducía el tiempo de viaje de seis horas en bote a una y media, tuvieron que incorporar al trayecto cuatro aeronaves más: *Columbus, Balboa, Ponce de León* y *Mendoza*. Como era lógico, al estar Estados Unidos en los años de la «Ley Seca» —la prohibición de vender alcohol—, la empresa se hizo famosa por transportar a muchos «alegres» viajeros a las islas del Caribe, un servicio que se conoció como el *Highball Express*[9] y que nunca estuvo exento de sospechas de contrabando.

---

[9]   En Estados Unidos se conoce como *Highball* a todo cóctel con una pequeña proporción de bebida alcohólica mezclada con otra sin alcohol. Ejemplos muy conocidos son el Cuba Libre, el Gin Tonic, el whisky con soda y un largo etcétera.

Aeromarine suspendió sus operaciones a principios de 1924. Para entonces ya había transportado a la isla cerca de 30 000 pasajeros y más de 50 toneladas de carga con solo un accidente[10]. Todo un logro para aquellos años. Aunque su mayor éxito había sido conseguir plantar una nueva semilla entre los estadounidenses: que se podían hacer negocios con Cuba que fueran totalmente ajenos a los de las tradicionales plantaciones.

La Habana en 1901. Si la comparamos con la fotografía de la página anterior, vemos las enormes diferencias sociales entre el campo y la ciudad. Todavía se mantenían a mediados del siglo xx, esa fue una de las razones del triunfo de la revolución de Fidel Castro.

Los mayores beneficios de esos años dorados permitieron a Ángel Castro ampliar su vivienda. Primero con un baño, un comedor y una cocina independientes y, más tarde, con un despacho. De modo que la casa quedó cuadrada, con un segundo piso completo y vistas a las montañas. Poco más o menos como

---

[10] Al no haber otro método de comunicación que permitiera trasmitir señales a larga distancia, los aparatos de Aeromarine estaban equipados de una jaula con dos palomas mensajeras, que servían como método de comunicación en caso de emergencia. En caso de sufrir algún contratiempo, el piloto las soltaba con una nota, lo que daba inicio a las tareas de rescate.

la que se enseña a todos los visitantes que, a modo de peregrinos, viajan al lugar de nacimiento de Fidel.

Debajo se mantuvo la lechería, con un rebaño de unas 30 o 35 vacas que dormían allí, las ordeñaban de madrugada y las soltaban por los potreros hasta que las recogían por la tarde.

Solo la falta de instalaciones recordaba que la región se mantenía salvaje. El agua, como en toda la zona, se recogía en tanques. La que se utilizaba normalmente era de lluvia, bien directamente o del tejado, y la que —una vez filtrada—, se consumía para beber, de los ríos o, siempre que fuera posible, de manantiales. Tampoco había electricidad en las áreas rurales. Las viviendas se alumbraban con velas y faroles de gas.

Un día llegó a trabajar en la propiedad una familia cubana con ancestros peninsulares. Francisco, el padre, y Dominga, la madre, eran de Pinar del Río, pero ambos tenían raíces canarias. Su hija, Lina[11], una joven de apenas 18 años que no dejaba de llamar la atención entre los habitantes masculinos de las casas donde se ganaba la vida como empleada doméstica, quedó a cargo de la cocina en el edifico principal.

Don Ángel no es ni será el primer patrón que mantiene relaciones con sus empleadas de servicio. Con el primer embarazo de Lina, en 1922, su esposa cerró los ojos. El 2 de abril de 1923, nació una niña, Ángela, que se queda a vivir en el bohío que ocupaba la madre de Lina. A principios del año siguiente, Lina volvió a quedarse embarazada. El 14 de octubre de 1924, nació Ramón, que también fue a acompañar a su hermana al bohío. El asunto debía permanecer en secreto, pero María Argota no aceptó más la situación: abandonó la casa de Birán perdida en las montañas y se instaló en Santiago de Cuba con sus hijos.

El 13 de agosto de 1926[12], Lina dio a luz a su tercer hijo, al que Don Ángel puso el nombre de Fidel en homenaje a su

---

[11] Con frecuencia se varía la nacionalidad, e incluso la edad de Lina, para intentar demostrar de forma absurda retorcidas intenciones de Ángel Castro. Todo está perfectamente registrado: Lina Ruz González, nació en Las Catalinas, Camaguey, el 23 de septiembre de 1903; hija de Francisco Ruz Vázquez, natural de San Juan y Martínez, Pinar del Río, de treinta y dos años de edad y de Dominga González Ramos, de veintiocho años; quienes contrajeron matrimonio el 26 de febrero de 1900. Nieta por línea paterna de Francisco Ruz y Rafaela Vázquez y, materna, de Domingo González e Isabel Ramos.

[12] 1927, según algunas fuentes que aseguran que su padre pagó posteriormente 100 pesos al secretario notarial del registro civil para que alterara su fecha de nacimiento.

amigo Pino Santos. El mismo Fidel Castro ha contado, para incrementar en todo lo posible su leyenda, que vino al mundo «poco después de las dos de la madrugada, una noche de ciclón, plagada de truenos, relámpagos y lluvias torrenciales».

Para entonces, María Argota exigía ya una separación legal, lo que complicó la posición jurídica de su marido, que adúltero y con una familia clandestina, corría el riesgo de perder gran parte de su patrimonio. Fue en esos momentos cuando a Don Ángel mejor le vino su amistad con el alcalde de Banes, el acaudalado y católico notario Rafael Díaz-Balart. Simuló la ruina y le traspasó legalmente sus bienes a Fidel Pino de forma simbólica. Así, oficialmente arruinado, era jurídicamente intocable.

Es curioso que, de una manera u otra, se mezclara también por entonces la vida de nuestro protagonista con la de uno de los actores secundarios de esta historia. La cocinera durante muchos años de los Díaz-Balart no era otra que Carmela Zaldívar, madre del futuro sargento Fulgencio Batista —el cargo de coronel se lo puso él mismo—. Un joven ya de veintitantos años que según las actas del juzgado de Banes se llamaba en realidad Rubén Zaldívar y al que su padre, Belisario Batista, nunca llegaría a reconocer.

Tormenta tropical

Después de un periodo de vaivenes políticos, con más o menos estabilidad económica, el precio del azúcar se desplomó en 1925 y con ello la economía cubana. Logró recuperarse con una producción de 5 millones de toneladas anuales, pero los mercados se saturaron y nuevamente todos los parámetros económicos se derrumbaron ante la evidente dependencia de la producción azucarera que tenía el país. Ese mismo año fue elegido presidente de la república Gerardo Machado, un hombre que ya había dejado atrás la cincuentena —hijo de un colono canario proveniente de la isla de La Palma—, cuyo paso desde muy joven por el Ejército Libertador que combatiera a las tropas de la metrópoli le había permitido alcanzar el grado de general.

Los primeros dos años del gobierno de Machado, con la experiencia empresarial que le suponía su actividad como ejecutivo en la *General Electric Company* y la posterior vicepresidencia de la *Cuban Electric Company*, llenaron de esperanza a la población cubana. El gobierno fue honesto, se legisló para regular la industria azucarera, diversificar la agricultura y proteger los productos cubanos y se inició un vasto programa de obras públicas y construcción de carreteras —entre ellas la Carretera Central, que sigue en servicio y comunica la isla de occidente a oriente—, que dieron trabajo a miles de cubanos. Sin embargo, además de por lograr estabilizar los problemas económicos y conciliar los intereses de la burguesía cubana con la estadounidense gracias a su doble juego —tan pronto era un ferviente nacionalista como un defensor a ultranza de los Estados Unidos—, Machado también se distinguió por otra característica no tan halagüeña: dar rienda suelta a un régimen violento, marcado por la represión contra sus opositores.

Muy pronto su gobierno derivó hacia la dictadura, lo que unido al caída de la Bolsa de Nueva York de 1929 sumió a Cuba en una de sus peores crisis económicas y sociales. Cuando a principios de 1933 no se le ocurrió otra cosa que responder a las protestas con más medidas represivas contra la clase trabajadora y los estudiantes, los mandos militares y el grupo político mayoritario en el gobierno, el ABC[13], le retiraron su apoyo y forjaron una alianza que lo derrocó el 12 de agosto.

En ese momento se proyectó de nuevo sobre la isla la sombra de Washington. Benjamín Sumner Wells, el enviado especial nombrado por el recién investido presidente Franklin Delano Roosevelt, muy preocupado por lo que pudiese ocurrir con la famosa Enmienda Platt, no pudo impedir que Machado fuera depuesto, pero sí imponer que ocupara su lugar Carlos Manuel de Céspedes y Quesada, el hijo de aquel Manuel Céspedes que le medio cedió la isla a los norteamericanos. El problema era que el presidente elegido por los estadounidenses carecía de una coalición política fuerte que lo pudiera sostener y el país quedó al borde de una revolución que acabó por estallar el 4 de septiembre.

---

[13] El grupo ABC, cuyas siglas eran una metáfora de la base imprescindible para el aprendizaje, publicó su manifiesto en 1933. En esencia los remedios que Cuba necesitaba según ellos eran: Hombres nuevos; ideas y procedimientos nuevos; reconquista de la tierra; libertad política y justicia social.

Ese día emergió también en la vida política de la isla Fulgencio Batista, por entonces un joven y ambicioso sargento de comunicaciones, adscrito al estado mayor, que lideró la rebelión de los suboficiales del ejército cubano alzados oportunamente contra Céspedes. Eso sí, no sin antes establecer una alianza con los estudiantes y los líderes sindicales para cubrirse las espaldas. Esa sería a partir de entonces la mayor cualidad de «El Hombre», como le llamarían en la isla: construir alianzas. Gracias a ellas, el que sería sin ninguna duda el «villano» de la Cuba anterior a Castro, comenzaba su carrera aclamado como un héroe.

Con Batista oportunamente al margen, Céspedes fue sustituido por la Pentarquía, una presidencia de cinco miembros formada por José Miguel Irisarri, Porfirio Franca, Guillermo Portela, Ramón Grau y Sergio Carbó. Un representante de cada facción anti Machado. El experimento no llegó ni siquiera a mantenerse las tres semanas que lo había hecho Céspedes: duró cinco días. Del 5, al 10 de septiembre.

El día 11, asumió la presidencia Ramón Grau[14], representante de los estudiantes y profesores de la Universidad de La Habana. Permitió que Batista se autonombrara jefe del Estado Mayor del Ejército, con el grado de coronel y fundó el Partido Revolucionario Cubano Auténtico, que junto al Partido Ortodoxo, que se crearía en 1947, serían los principales de la nación hasta la Revolución.

Grau, según Wells «un elemento sumamente radical que tenía el apoyo de la inmensa mayoría del pueblo cubano», no es de extrañar que no contara con el beneplácito estadounidense. Se oponía sin ambages a la Enmienda Platt, y durante los 127 días que se mantuvo en el gobierno se mostró incansable: otorgó la autonomía a las universidades, repartió tierras entre los campesinos, redujo el precio de los artículos de primera necesidad, dio el derecho de voto a las mujeres, limitó la jornada laboral a ocho horas, creó un Ministerio del Trabajo, redujo las tarifas de electricidad y de gas, acabó con el monopolio de las empresas estadounidenses, impuso una moratoria temporal sobre la deuda y, sobre todo, nacionalizó

---

[14] Nacido el 13 de septiembre de 1881 en La Palma, en la zona occidental de Cuba, era hijo de Francisco Grau —un rico productor de tabaco catalán—, y de la asturiana María del Pilar San Martín.

Cartel de propaganda de los cruceros del servicio de línea de La Gran Flota Blanca, propiedad de la United Fruit Company, publicado en 1914. La United era una multinacional estadounidense fundada en 1898, tras la guerra con España, para comercializar las frutas tropicales. Se convirtió en una importante fuerza política en el Caribe y América Latina que llegó a influir en los gobiernos de la región para mantener sus operaciones, a cualquier precio, con el máximo margen de beneficios. Tras su quiebra se reorganizó con su nombre actual, Chiquita Brands International.

la *Cuban Electric Company*, filial de la *American Bond and Foreign Power Company*.

Lo dicho, no puede sorprenderle a nadie que los estadounidenses dieran carta blanca a Wells para que conspirara contra él junto a Batista y, entre los dos, lo obligaran a dimitir en enero de 1934 para reemplazarlo por alguien mucho más manejable, Carlos Mendieta[15].

La oligarquía restaurada en el poder, a pesar del incondicional apoyo de los Estados Unidos, cuyo gobierno acabó por derogar ese mismo año la mayor parte de las disposiciones de la Enmienda Platt y desarrolló medidas para que Cuba lograra la estabilidad económica con la firma de un tratado, mostró una total ineptitud en el ejercicio del poder. Durante el período de 1935 a 1936 se puso de manifiesto con el nombramiento de tres presidentes en dos años, y el mantenimiento de la política militarista y represiva de Batista como jefe del ejército, quien además, ejercía ya descaradamente como presidente en la sombra e incluso se permitía mantener bajo presión a los presidentes electos.

A Mendieta le sucedió durante cinco meses —de diciembre de 1935 a mayo de 1936—, el barcelonés José Agripino y Barnet y a este a su vez, Miguel Mariano Gómez, en un confuso y complicado proceso político de máximos mandatarios provisionales. Gómez fue destituido el 24 de diciembre de 1936 y, ahora sí, lo sustituyó alguien con un poco de apoyo: Federico Laredo Bru, antiguo vicepresidente de Miguel Mariano Gómez.

El gobierno de Laredo Bru no fue especialmente desastroso. Es cierto que gracias a Batista logró mantener el orden y reprimir a los comunistas y a los trabajadores azucareros, pero también consiguió la estabilidad política e hizo grandes cambios democráticos en el país, que incluyeron una amnistía general en 1937 en la que se liberó a cerca de 3 000 presos políticos, la legalización de los partidos de oposición y el restablecimiento en 1939 de la autonomía universitaria. Con todo, su mayor logro sería convocar en ese año una Asamblea Constituyente que redactó y aprobó con la intervención de todos los sectores políticos de la nación una nueva Carta Magna al año siguiente.

---

[15] Mendieta fue precedido de manera provisional por Carlos Hevia, del 15 al 18 enero y Manuel Márquez Sterling, solo el 18 de enero.

El 10 de octubre de 1940, Batista, que había decidido finalmente abandonar la cara oculta del poder y presentarse como candidato a presidente por la Coalición Socialista Democrática, asumió legítimamente la dirección del país. Ese mismo día entró en vigor también la nueva Constitución, mucho más progresista que la anterior, por lo que no cabe duda de que bajo su primer gobierno se iniciaron los esbozos que debían hacer a Cuba prosperar. Los avalaban esas leyes recién creadas, en las que se hablaba de la intervención del gobierno en la economía y se preveía organizar una red de seguridad social que cubriera a todos los ciudadanos.

Un grupo de los sargentos que, liderados por Batista, intervinieron en el golpe militar que derrocó a Céspedes el 4 de septiembre de 1933. La fotografía está tomada el día 10, uno antes de asumir la presidencia Ramón Grau.

Aunque la aplicación de esas mejoras tampoco pueden hacer olvidar la realidad: que Batista no era más que un oportunista político capaz de cualquier cosa en beneficio de sus propios intereses. Hacia finales de 1930, por ejemplo, cuando era solo jefe del ejército, permitió la legalización del Partido Comunista Cubano —PSP o Partido Socialista Popular—, solo porque el PSP había demostrado una magnífica habilidad para mantener a raya a la clase obrera y eso era esencial para él. Tanto, que ahora, desde el poder, invitó a los comunistas a participar en el gobierno para mantenerlos contentos.

Fueron también los años en los que Batista decidió abandonar la neutralidad y cooperar con los aliados, embarcados en la Segunda Guerra Mundial. Nada más producirse el bombardeo de Pearl Harbor declaró la guerra al imperio japonés, Alemania e Italia.

La guerra complicó la siempre difícil vida de los cubanos. En tiempo de paz, la cuarta parte de sus importaciones consistían en granos, carnes y verduras. La falta de espacio disponible en los buques mercantes, necesarios para el transporte de armas y suministros con destino a Europa o el Pacífico, un mercado mucho más rentable, afectó profundamente su propio abastecimiento, por lo que en las primeras semanas del conflicto, se produjo una alarmante alza de precios. Para resolverlo, el 13 de mayo de 1942 Batista estableció la Oficina Reguladora de Precios y Abastos. Además, el gobierno ordenó a todos los agricultores que sembraran una parte de sus tierras con productos de consumo general, de los que se importaban normalmente, y concedió cada vez más atención al cultivo del arroz, frutos tropicales y otros artículos alimenticios, que casi volvió a dejar todo el azúcar en manos estadounidenses.

¿Cúal era el problema?, que el azúcar cubano era un factor esencial en el esfuerzo bélico y la mayoría de su producción, que en 1942 ascendió a 4 100 000 toneladas, se vendía a la corporación de Suministros de Defensa de los Estados Unidos a 5,30 dólares por kilogramo. Un precio que luego los estadounidenses multiplicaban cuando reexportaban ese mismo azúcar a Gran Bretaña y la Unión Soviética y que a la isla le reportaba pocos beneficios.

Aparte de los cambios en la agricultura, la economía de Cuba derivó hacia otras exigencias de la guerra. Las industrias bélicas crearon una demanda casi ilimitada de metales, y la isla contribuyó a satisfacerla. La región cubana más rica en recursos minerales también resultó ser Oriente, donde se descubrieron grandes yacimientos de hierro, cobre, manganeso —su producción, imprescindible para aumentar la resistencia en los blindajes de acero de los tanques y buques fue la mayor aportación de Cuba a la victoria aliada—, oro, mercurio, zinc, plomo, plata, antimonio y otros minerales, que se explotaron rápidamente. Pero de nuevo por industrias con capital estadounidense, por lo que en realidad tampoco mejoró mucho la vida de los habitantes de la región, desde siempre una de las más necesitadas.

Militarmente, el coronel presidente no se mojó mucho. El 18 de junio suscribió un acuerdo militar con Estados Unidos y autorizó la construcción de una base aérea para patrullas antisubmarinas —que se entregó a las fuerzas aéreas cubanas después de la guerra—, y un centro de instrucción de pilotos. Desde la base, los aviones podían explorar toda la zona del Mar Caribe y los accesos al Canal de Panamá al tiempo que protegían a la armada cubana en las labores de patrulla que realizaban en cooperación con la *US Navy*. Poco más, salvo movilizar unos 30 000 reservistas entre 18 y 25 años.

En 1944, respetando sorprendentemente que la Constitución prohibía las reelecciones presidenciales, Batista se hizo a un lado a pesar de que su candidato, Carlos Saladrigas Zayas, no fuera el elegido. Los electores se habían decantado por que retomara el poder Ramón Grau, el mismo hombre que él había depuesto previamente en 1933, y que ahora lideraba la coalición de la oposición, por lo que optó por retirarse de la vida política y abandonó Cuba para irse a vivir a Daytona Beach, un paraíso de 23 kilómetros de costa virgen, con inmensas playas de fina arena y aguas cristalinas, pero a un paso de los ingenios azucareros de La Florida. Por entonces, un buen lugar para iniciarse en los negocios millonarios y hacer magníficos contactos entre los magnates estadounidenses.

Durante los ocho años siguientes, el Partido Auténtico de Cuba, dirigido primero por Grau San Martín y luego por Carlos Prío, desarrollaría un gobierno que solo puede calificarse de corrupto e irresponsable. La corrupción era algo normal en Cuba, se había extendido a todos los niveles desde 1902, pero llegó a ser demasiado exagerada en cuanto acabó la guerra y disminuyeron las exportaciones. Para bien o para mal, esos serían los complicados primeros años que le tocarían vivir a nuestro protagonista.

2

EL JOVEN CASTRO

Las etapas de los pueblos no se cuentan por sus épocas de sometimiento infructuoso, sino por sus instantes de rebelión. Los hombres que ceden no son los que hacen a los pueblos, sino los que se rebelan. El déspota cede a quien se le encara, con su única manera de ceder, que es desaparecer.

José Martí y Pérez

A LOS CUATRO AÑOS, Fidel dirigió sus pequeños pasos por primera vez a la diminuta escuela de Biran —hoy aún en pie como Escuela Pública de Birán n.º 29—. Allí, en una sola aula en la que muy pocos chicos estudiaban hasta el 5.º grado, divididos por filas, aprendió a escribir de la mano de una maestra —Eufrasita Feliú—, llegada desde Santiago de Cuba.

Aunque Don Ángel estaba oficialmente separado, la situación de sus hijos ilegítimos se mantenía en suspenso —Lina, daría a luz a otros cuatro hijos[16]—, por lo que su madre decidió enviarlos a casa de un amigo de la familia en Santiago: Luis Hi-

---

16   Raúl Modesto, el 3 de junio de 1931; Juana de la Caridad, el 6 de mayo de 1933; Emma Concepción, el 2 de enero de 1935 y Agustina del Carmen, el 28 de agosto de 1938.

pólito Alcides Hibbert, cónsul de Haití. Él y su esposa, Emerciana Feliú, la hermana de Eufrasita, tomaron los niños a su cargo.

En 1935, durante los años de apogeo de la dictadura de Gerardo Machado, el pequeño Fidel —igual que sus hermanos Ramón y Raúl—, ingresó interno en el colegio católico San Basilio Magno, un seminario de los Hermanos de La Salle al que asistían los hijos de las familias acomodadas, para cursar los estudios primarios. Cuando cumplió 8 años, Fidel Pino Santos convenció a un sacerdote que le debía favores para que lo bautizara. Actuaron como padrinos sus tutores haitianos. En el acta de bautismo aparecía como Fidel Hipólito, hijo de Lina Ruz, sin que se mencionara para nada el nombre de Ángel Castro. Pero no supuso ningún problema, Fidel regresó al internado y continuó con sus estudios.

En 1940 Ángel Castro consiguió por fin disolver su primer matrimonio y regularizar su unión con Lina, 28 años más joven que él. Se casaron el 26 de abril de 1943. Siete meses después, el 11 de diciembre, Don Ángel reconoció como hijos legítimos a Fidel y a sus hermanos. Fidel Ruz, que por entonces había cumplido 17 años, ya podía llamarse Fidel Castro. Fidel Alejandro, más exactamente, como figura en el documento oficial. Del propio Fidel, un adolescente apasionado por la lectura, admirador de Alejandro Magno, fue la elección de su segundo nombre. Él fue también quién decide descartar para siempre el Hipólito que había añadido su padrino haitiano.

El siguiente paso en su educación fue el ingreso en el Real Colegio de Belén, una escuela preparatoria en La Habana, de gran prestigio, que dirigían los jesuitas. Allí, los jóvenes de la «aristocracia» isleña recibían una amplia educación en asignaturas de ciencias y letras, que se complementaban con la práctica de deportes, la educación física, las marchas por el campo y, lógicamente, la educación religiosa. Cuando los alumnos terminaban sus estudios de Bachiller en Ciencias y Letras, y se graduaban, ya estaban preparados para continuar su formación en cualquier universidad, dentro o fuera del país.

Fidel se incorporó en el curso de 1942 y, aunque no destacó de forma especial en los estudios, sí lo hizo en el deporte. Además de jugar bien al baloncesto aunque apenas lo había practicado hasta entonces —era imprescindible jugar al *basket* si se quería ser alguien en Belén—, y orientarse con precisión en las largas marchas, obtuvo en 1943 un récord en salto de altura que aumentó su popularidad entre el alumnado. Tanto, que al año siguiente fue seleccionado por el resto de adolescentes como el mejor atleta del colegio, debido a los resultados alcanzados en las diversas disciplinas en la que se competía en el centro.

Esa misma popularidad juvenil del muchacho que capitanea a sus compañeros en los deportes y que además no obtiene malas notas —común en cualquier institución docente—, es muy fácil sacarla hoy de contexto para poder presentar a Fidel Castro como un líder sobrenatural, pero no deja de ser habitual ¿Quién no ha conocido a alguien así en su paso por el colegio? Esa fama hizo también que Fidel apareciera por entonces en las páginas de una revista que se editaba en el mismo Belén, como uno de los alumnos que más se destacaba en las diferentes actividades en las que participaba. Comenzaba así la irresistible ascensión del joven, hasta entonces, uno más de los que se habían trasladado a la capital desde el mundo rural.

Castro permaneció junto a los jesuitas hasta acabar sus estudios secundarios en 1945. El acto más relevante fue el de su graduación. La presidió Raúl de Cárdenas, vicepresidente de la República, y asistieron el alcalde de La Habana, representantes del Gobierno de Ramón Grau, parlamentarios, el arzobispo Manuel Arteaga, el viceprovincial de los jesuitas y el rector del colegio. En la revista *Ecos de Belén* apareció la reseña sobre el acontecimiento escrita por uno de los graduados: «Llegó por fin el día de la graduación. Esa mañana asistimos graduandos y madrinas, a una misa de Acción de Gracias. Allí, de rodillas ante Dios, dimos gracias, mil gracias, al Maestro Bueno que nos trajo a un colegio donde se enseñaba la ciencia del cielo y de la tierra». La parte espiritual que exigía la Cuba de la época estaba cumplida.

También el *Anuario Ecos de Belén* publicó las fotografías de los alumnos de letras de la preuniversidad, que muy pronto saldrían a defender en la vida pública los principios y doctrinas aprendidos en sus aulas. En la de Fidel Castro Ruz, junto a la fecha de sus estancia —de 1942 a 1945—, decía: «Se distinguió siempre en todas las asignaturas relacionadas con las letras. Excelencia y Congregante, fue un verdadero atleta defendiendo con valor y orgullo la bandera del Colegio. Ha sabido ganarse la admiración y cariño de todos. Cursará la carrera de Derecho y no dudamos que llenará con páginas brillantes el libro de su vida. Fidel tiene madera y no faltará el artista».

Como decía el anuario, Fidel se matriculó al curso siguiente en la Facultad de Ciencias Sociales de La Habana, para estudiar Derecho y Derecho Diplomático. Quizá para defender en el futuro los intereses de la familia Castro Ruz, como se ha dicho que esperaba su padre. Al iniciar su vida en la universidad —el 4 de septiembre de 1945—, enseguida se integró en los equipos de baloncesto y béisbol. En el campus era uno más, los éxitos de Belén habían quedado atrás, pero de nuevo el deporte le sirvió para situarse en buena posición entre los alumnos «populares». Entre otras cosas, para ser elegido como delegado de la asignatura de Antropología.

Fidel Castro, sentado el primero de la fila por la derecha, en el colegio San Basilio Magno. La fotografía está tomada durante el curso de 1941.

Fidel expresó muchos años después en una entrevista con el editor italiano Giancomo Feltrinelli: «Al ingresar en la universidad no tenía ninguna cultura política, ni en el orden económico, ni en el orden social, ni en el orden ideológico». Y en otra, concedida en 1986 a Frei Betto —Carlos Alberto Libanio, fraile dominico brasileño, seguidor de la Teología de la Liberación[17]—, comentaba: «Las ideas políticas no me las inculcó

---

[17]   El eje de la teología de la liberación y su desafío más importante son los pobres, la realidad y el desafío más impactante. Si el pobre se convierte en el sujeto y en el tema de fondo de la teología de la liberación no es por razones políticas, sociales o económicas, sino fundamentalmente por razones teológicas bíblicas. Dios en la Escritura está del lado del pobre, lo ama y le ofrece y anuncia en Jesucristo la buena noticia (Lucas 4:17-21), su reino. Estar junto al pobre, en este sentido, es estar del lado del que Dios está. Por consiguiente, la Iglesia, si es verdadera Iglesia, es una Iglesia de los pobres

nadie, no tuve el privilegio de tener un preceptor. Después del bachillerato tuve otro tipo de valores: una creencia política, una fe política que tuve que forjarme por mi cuenta, a través de mis experiencias, de mis razonamientos y de mis propios sentimientos». Era lo lógico en unos momentos en los que la Universidad de La Habana estaba sumida en luchas políticas contra los corruptos gobiernos de turno. A pesar de ello, las biografías oficiales insisten de forma innecesaria: «En esta etapa de su vida, Fidel, tenía plena conciencia de los problemas esenciales que padecía la República mediatizada y que hacía necesarios cambios profundos en la sociedad para acabar con las injusticias existentes y lograr la igualdad, la justicia, la libertad soberana de la patria». Una afirmación totalmente falsa e innecesaria que solo busca enaltecer desde sus inicios la imagen de un líder intachable, pero irreal.

El pelotero Castro

Hagamos aquí un apunte. La figura de Castro ha despertado, desde siempre comentarios e historias, muchas de las cuales se han convertido en verdaderas leyendas. Una de las más arraigadas es la que afirma en palabras del periodista Edgar Tijerino, que Castro podría haber sido un jugador profesional de béisbol, asunto del que dice:

> ¿Se imaginan cómo hubiera cambiado la historia política de América Latina de haber ocurrido eso? Fidel firmado por Cambria, quien creía que todo cubano que recogía una pelota tenía pasta de *big leaguer*[18], tratando de proyectarse atravesando las Ligas Menores, después de haber jugado en *Belen School* entre 1940 y 1944, y para el equipo intramuros de la Universidad de La Habana en 1945 y 1946?

Brian McKenna, que forma parte de la SABR —Sociedad para la Investigación del Béisbol Americano— afirmó que «Castro era un fanático practicante del béisbol desde su niñez» y, al abordar el asunto, dijo que «Cambria[19] exploró a Fidel Cas-

---

[18]   Jugador de las Grandes Ligas.
[19]   El italiano Carlo Cambria, que cambió su nombre por el de Joseph Cambria —«Papa Joe»—, cuando logró la nacionalidad estadounidense, llegó a Cuba

tro como lanzador en la Universidad de La Habana, y en su reporte a los Senadores de Washington señala que tenía una bola curva decente, pero no lo era tanto su bola rápida». Una opinión totalmente distinta de la que plasmó en su libro *Hemingway en Cuba* Yuri Páparov, antiguo agregado cultural de la URSS en México y corresponsal en La Habana de la agencia de noticias Novosti, donde cuenta que «Joe Cambria, un buscador de talentos para los clubes de las ligas mayores de Estados Unidos, vio a Fidel jugar como *pitcher*, y declaró que el primer ministro tranquilamente podía jugar en cualquier club de las Grandes Ligas».

Es cierto que después de la Revolución, Castro, ya en el poder, garantizó la seguridad de Cambria y sus negocios próximos al Gran Stadium de La Habana e insistió en que todo el mundo le mostrara respeto mientras residió en la ciudad, hasta poco antes de su muerte en 1962 —en ocasiones incluso envió hombres para custodiarlo—. Pero también lo es que las razones para hacerlo no tienen que ver con la carrera deportiva del líder cubano. Análisis serios de las pruebas existentes, demuestran que la leyenda de Castro como jugador profesional de béisbol, no es más que eso: una leyenda. Veamos la realidad de esta historia.

Hace tiempo, Roberto González Echevarria, miembro de la *American Academy of Arts and Sciencies,* profesor de literatura hispanoamericana y presidente del Departamento de Español y Portugués de la Universidad de Yale, demostró que en la Cuba de los años treinta, en la que la cobertura del béisbol era amplísima, con ligas muy bien organizadas a todos los niveles y con media docena de periódicos especializados, no hay una sola fotografía en la que aparezca Fidel Castro vestido de jugador, y mucho menos información de que haya destacado con equipo alguno.

Con buen criterio, González Echevarría, afirma que a los 15 o 16 años, Castro tenía que haber destacado de alguna forma, y haber atraído la atención de Cambria, especialmente a comienzos de los años cuarenta, cuando Fidel estaba en La Habana para terminar sus estudios en Belén.

---

en 1936. Merito Acosta y Joseíto Rodríguez, especialistas en el béisbol de la isla, le mostraron el circuito amateur o semiprofesional que existía en aquel momento. Fue pionero en la búsqueda y fichaje de talentos cubanos para las ligas de Estados Unidos.

Ya hemos visto que Castro siempre ha sido reconocido en su juventud como un excelente atleta, en eso no hay discrepancias, pero no deja de ser curioso que en la única fotografía de la época en la que aparece practicando un deporte, este sea el baloncesto. Si Castro hubiese jugado bien al béisbol como cuenta su leyenda, Cambria y sus ojeadores tenían que haber reparado en sus cualidades, de existir, en los encuentros. Por ejemplo con otros colegios católicos como La Salle o Los Maristas, pero no hay ningún dato. De hecho, no hay nada.

Castro era un buen atleta. En 1942 ingresó en el colegio de Belén de La Habana, donde formó parte del equipo de baloncesto. Fue seleccionado mejor deportista del curso 1943-1944. Finalizó el bachillerato en junio de 1945.

Igual que en los años siguientes. Se convertiría en miembro destacado de los grupos radicales universitarios y un conocido líder estudiantil, pero no parece que el béisbol le interesase lo más mínimo, al menos como jugador.

Burguesía rebelde

Fidel, como muchos otros jóvenes en aquellos momentos, se involucró por completo en la política estudiantil. Durante su se-

gundo año universitario entró en contacto con el Partido Ortodoxo —Partido del Pueblo Cubano—, fundado el 15 de mayo
de 1947 por Eduardo Chibás para oponerse al Partido Auténtico. Chibás era un hombre muy conocido, una figura de relevancia entre la opinión pública por las graves denuncias que hacía
constantemente contra el gobierno, tanto en la prensa escrita
como en un programa radiofónico que se emitía cada domingo.
Sus lemas «Vergüenza contra dinero» y «Prometemos no ro-
bar», engancharon de inmediato al futuro revolucionario, descontento con la corrupción y violencia que imperaban bajo el
gobierno de Grau, cuyos ministros —y él mismo—, aceptaban
los sobornos de las empresas estadounidenses que pretendían
obtener una legislación cada vez más favorable.

En junio, Castro, que por entonces ejercía como presidente de un extraoficial Comité Universitario para la Democracia
en la República Dominicana, se enteró de una expedición pla-
neada para invadir el país y derrocar a la junta militar de Rafael
Trujillo. La fuerza invasora estaba compuesta por unos 1 200
hombres entre dominicanos, en su mayoría exiliados, cubanos
y de otras nacionalidades —muchos de ellos veteranos de la
Guerra Civil Española y la Segunda Guerra Mundial—, y tenía
la intención de zarpar de Cayo Confites, en el archipiélago de
Camagüey, al mes siguiente.

Bajo la presión de los Estados Unidos y del propio Trujillo,
que al enterarse el 22 de julio de lo que ocurría amenazó con
bombardear La Habana si uno solo de esos hombres ponía
un pie en su isla, el gobierno de Grau acabó con los planes de
invasión y optó por detener en septiembre, tras rocambolescas
aventuras en las que se vieron involucrados el ejército y la armada cubanos, a los integrantes de la expedición que aún no
habían desertado.

Fidel, como otros muchos, consiguió eludir el arresto y
regresó a La Habana, donde intervino en las protestas estudiantiles contra el asesinato de un alumno de la escuela secun-
daria por la policía secreta. Las protestas, acompañadas de una
ofensiva contra todos los sospechosos de comunismo, llevaron
en febrero de 1948 a violentos enfrentamientos entre los universitarios y la policía. Por entonces comenzó a cambiar el fondo de sus discursos en sus frecuentes intervenciones públicas: a
las críticas contra la corrupción y el imperialismo de los Estados
Unidos se sumaron las desigualdades sociales y económicas de

Cuba, en un tono que empezaba a inclinarse peligrosamente hacia la izquierda.

A finales de marzo Fidel se reunió con un grupo de estudiantes argentinos partidarios de Juan Domingo Perón, cuyos alegatos nacionalistas y sus llamamientos a los movimientos de masas lo hacían especialmente hostil para los Estados Unidos. Se iba a celebrar la IX Conferencia Interamericana con la intención de reformar la antigua asociación de países para crear una nueva, más estrechamente unida —la Organización de Estados Americanos, OEA—, que asegurara la unidad hemisférica y la defensa mutua contra la amenaza de la expansión soviética. Imparable, desde que había terminado la Segunda Guerra Mundial.

Parecía una buena idea hacerla coincidir con un congreso de estudiantes latinoamericanos. Además, según había publicado el 10 de enero *The New York Times*, asistiría por primera vez el general George C. Marshall, Secretario de Estado de los Estado Unidos, por lo que era el momento idóneo para hacerle ver lo equivocado de la política exterior de su país[20]. La idea tuvo una entusiasta acogida, y se pusieron de inmediato con todos los preparativos.

Los estudiantes cubanos viajaron a la capital de Colombia patrocinados por el mismo Perón, pero antes se comprometieron a movilizar también los centros estudiantiles de las zonas donde tenían más relaciones, por lo que visitaron primero Panamá —en plena efervescencia por los derechos sobre el Canal— y Venezuela —aún recuperándose de la revolución que había depuesto al general Medina Angarita—. Finalmente, ya el 3 de abril, una vez en Bogotá, se reunieron con los estudiantes universitarios de Colombia, el 80 % de los cuales militaba en las filas del Partido Liberal. Un fuerte movimiento popular dirigido por Jorge Eliécer Gaitán, destinado si nadie lo impedía, a ser el más que probable nuevo presidente de la república. Esos días Castro fue arrestado por repartir panfletos en los que se habían enumerado todas las causas de la lucha que defendían: el fin de las dictaduras militares como la de Trujillo, independencia de Puerto Rico, internacionalización del Canal de Panamá, devolución de los territorios coloniales en la América Latina —era el caso de las Islas Malvinas— y organización de una Federación Latinoamericana de Estudiantes.

---

[20] La nueva inquietud de las potencias occidentales fue expuesta el 12 de abril en la «doctrina Truman», que dio inicio a la «Guerra Fría».

El día 9, al salir de su despacho a primeras horas de la tarde, Gaitán fue asesinado. El suceso desencadenó horas después violentos disturbios y enfrentamientos callejeros entre los conservadores —respaldados por el ejército—, e izquierdistas liberales. Castro se unió a los liberales y participó en el asalto a una comisaría de policía para hacerse con armas, pero no llegó a estar involucrado en ninguno de los asesinatos que se produjeron durante los tres días de algaradas y motines que llevaron a la dimisión de las autoridades municipales. Eso sí, «el bogotazo», como pasaría a la historia del país, le hizo ver las amplias posibilidades de la movilización popular.

De regreso a sus actividades en Cuba una semana después, gracias a la intervención del gobierno que fletó un avión para repatriar a sus estudiantes, la experiencia le convirtió en una figura prominente en las protestas contra los intentos del ministerio de transportes de aumentar las tarifas de los autobuses.

El 1 de junio, tras ganar unas elecciones presidenciales a las que Grau decidió no presentarse, tomó posesión de su cargo Carlos Prío Socarrás, Primer Ministro de Grau en 1945 y Ministro del Trabajo durante el resto de la legislatura. El nepotismo y la corrupción marcaron también su administración. Ese era el punto débil de los cubanos y los estadounidenses lo sabían, como enfatizó en Washington el Departamento de Estado en un memorándum presentado al presidente Truman el 29 de julio de ese año: «La economía monoproductora —decía— depende casi exclusivamente de Estados Unidos. Si manipulamos las tarifas o la cuota azucarera podemos hundir a toda la isla en la pobreza».

Ese mismo año, el 12 de octubre, Fidel contrajo matrimonio en la iglesia católica de Nuestra Señora del Rosario, en Banes, con Mirta Díaz-Balart, dos años menor que él y estudiante de filosofía. Se la había presentado en Belén el hermano de la joven, Rafael, con el que había coincidido durante su estancia en el colegio. Era la hija del mismo Rafael Díaz-Balart que citamos el el capítulo anterior, amigo de su padre, antiguo alcalde de la ciudad en tiempos de Machado —1932— y asesor jurídico, de la División Banes, de la *United Fruit Company*, en todo el norte de Oriente. Aunque pueda parecer lo contrario y los Díaz Balart estuvieran entre los más influyentes y mejor situados de toda la región, no puede negarse que la unión con el hijo de Don Ángel, de quién aún se esperaba que llegara a ocuparse de los negocios familiares, resultaba beneficiosa para ambas familias.

Mirta, Fidel y Fidelito fotografiados en un hospital en 1952. En noviembre de ese año, durante los actos celebrados en conmemoración de los estudiantes ejecutados durante la Guerra de los Diez Años, Fidel conoció a Naty Revuelta, una atractiva seguidora del Partido Ortodoxo, con la que tendría una hija, Alina, en 1956.

Partieron hacia Nueva York en un viaje de luna de miel de más de dos meses de duración muy enamorados —Fidel tenía 22 años y Mirta 20—, pero a la larga, sus continuas separaciones por la actividad revolucionaria de Castro darían al traste con el matrimonio.

El 1 de septiembre de 1949 Mirta dio a luz a un hijo, Fidel Ángel «Fidelito» —hoy físico nuclear—, por lo que la pareja abandonó su domicilio en el barrio del Vedado y se trasladó a otro piso de mayor tamaño en la capital. Castro, ya un miembro activo en la política de la ciudad, pese a que todavía estaba solo dedicado a sus estudios, decidió unirse al Movimiento 30 de septiembre, creado por sus compañeros y su hermano Raúl, en el que participaban tanto comunistas como miembros de su partido. El propósito del grupo era oponerse a la influencia de las asociaciones violentas de derechas dentro de la universidad. Castro se ofreció a dar un discurso sobre el tema para el Movimiento el 13 de noviembre, que atrajo la atención de gran parte de la prensa. Fue un buen trampolín. Para cuando se graduó como Doctor en Derecho y comenzó a ejercer de abogado junto a dos socios en septiembre del año siguiente, ya era un político relativamente conocido a nivel nacional que participaba en protestas por todo el país. Una de ellas, en Cienfuegos, por prohibir el Ministerio de Educación las asociaciones de estudiantes, le supuso ser arrestado y acusado de conducta violenta. Cargos que el juez acabó por desestimar.

No actuó mucho en los tribunales, apenas se le conocen un par de casos, sus rentas le permitían continuar dedicado por completo a la política. En la campaña para las siguientes elecciones —debían celebrarse el 1 de junio de 1952—, Fidel se presentó por primera vez como candidato a diputado en la Cámara de Representantes por el Partido del Pueblo Cubano. Era un excelente orador y pronto se encontró con un gran número de seguidores entre los jóvenes miembros del partido. Se esperaba que Chibás se convirtiera en presidente, pero falleció el 16 de agosto de 1951 a consecuencia de la herida que le había producido su intento de suicidio durante el programa semanal que mantenía en la radio. Lo sustituyó Roberto Agramonte, que a primeros de año, ya se veía triunfador.

Golpe de estado

Al aproximarse las elecciones, Batista vio una oportunidad de regresar a la política por la puerta grande y presentó su candidatura presidencial por el partido Acción Unitaria, que el mismo había fundado el 1 de agosto de 1949. Lo acompañaban miembros del Partido Auténtico, aliados para la ocasión con parte de los Ortodoxos en la denominada Coalición Acción Unida, pero a medida que se acercaba el día de los comicios se dio cuenta de que alcanzar la presidencia no iba a ser tan fácil como él había imaginado.

El 10 de marzo, cuando aún faltaban tres meses para la votación y en vista de que no lograba rebasar el tercer puesto en el que le situaban las encuestas —lo superaban Agramonte y Carlos Hevia, del Partido Auténtico—, decidió actuar: apoyado por las fuerzas armadas, que lo consideraban su líder, y respaldado por los sectores políticos más reaccionarios, dio un golpe de estado y tomó por la fuerza el gobierno que los electores pretendían negarle.

Prío huyó de inmediato a México, pero no fue un golpe sangriento. De hecho la mayor parte de los ciudadanos reaccionaron con indiferencia cuando canceló las elecciones previstas. Solo comenzaron a hundirse en un pozo de profunda preocupación sobre los acontecimientos que les depararía el futuro cuando el nuevo presidente describió su futuro sistema de gobierno como «democracia disciplinada». Aunque se prometiera que habría elecciones cuanto antes y el gobierno, para no alterar el equilibrio económico, respetara los derechos sobre el comercio cubano que mantenía la industria estadounidense.

El regreso de Batista al poder no vino acompañado de las ideas y doctrinas progresistas con las que parecía que se había marchado. Todo lo contrario. Disolvió el Congreso y entregó el poder legislativo al Consejo de Ministros, restableció la pena de muerte prohibida por la Constitución de 1940, suspendió las garantías constitucionales, rompió relaciones con la Unión Soviética, suprimió los sindicatos y el derecho de huelga y comenzó la persecución de todos los grupos socialistas y comunistas del país.

Luego, para asegurarse su control, aumentó el sueldo de las fuerzas armadas y de la policía —de 67 pesos a 100 y de 91 pesos a 150 respectivamente— y para poder vivir de acuerdo con lo que él consideraba su nivel, decidió otorgarse un salario anual superior al del presidente de Estados Unidos. Pasó de los 26 400 dólares de Prío, a 144 000, frente a los 100 000 dólares que cobraba Truman.

Desde ese momento, acostumbrado a su vida en Daytona, decidió que su principal objetivo era abrirse camino entre la clase alta cubana. La misma que, por sus orígenes humildes, le había negado el acceso a sus exclusivos clubes sociales. Esa fue su obsesión. Encaminó todas sus energías a amasar una fortuna cada vez mayor y elevó la corrupción a unos extremos tan gigantescos que, para los límites de entonces, al mundo llegaron a parecerle escandalosos.

A pesar de ello y de que era consciente del carácter brutal y arbitrario del nuevo poder, Estados Unidos, que había reconocido oficialmente al régimen de Batista el 27 de marzo por consejo expreso de Spruille Breaden, su embajador en La Habana —tenía intereses en la *United Fruit Company* y le había dicho a su gobierno: «Las declaraciones del general Batista respecto al capital privado fueron excelentes y muy bien recibidas. Yo sabía, sin duda posible, que el mundo de los negocios formaba parte de los más entusiastas partidarios del nuevo régimen»—, firmó acuerdos militares con Cuba en julio, lo que le aseguraba al presidente la posibilidad de combatir cualquier disidencia[21].

En palabras del periodista estadounidense Jules Dubois, corresponsal del *Chicago Tribune* entre 1947 y 1966 y uno de los mayores especialistas en la realidad cubana de la época: «Cuando Batista regresó al poder el 10 de marzo de 1952, empezó la etapa más sangrienta de la historia cubana desde la guerra de independencia, casi un siglo antes. Las represalias le costaron la vida a numerosos presos políticos. Por cada bomba que estallaba, sacaban a dos de ellos de la cárcel y los ejecutaban de modo sumario. Una noche en Marianao, un barrio de La Habana, se repartieron los cuerpos de 98 presos políticos por las calles, acribillados de balas».

Bien respaldado, y para contar con una fuente inagotable de ingresos, Batista comenzó a promover en La Habana el juego por dinero y las apuestas a gran escala. Anunció que su gobierno igualaría, dólar por dólar, cualquier inversión hotelera que superara el millón de dólares e incluyera la licencia para tener un casino. Este a su vez, debería pagar al gobierno 250 000 dólares por la licencia concedida, más un porcentaje de las ganancias. Además, se omitía la verificación de antecedentes personales, como era necesario en las operaciones similares que se realizaban en los Estados Unidos, lo que abría descaradamente la puerta a los inversionistas que obtenían fondos de manera ilegal.

El negocio era redondo también para los contratistas cubanos que, con las conexiones adecuadas, hicieron ganancias inesperadas mediante la importación de los materiales de obra y mobiliario, libres de impuestos, necesarios para la construcción de los nuevos hoteles. Luego, a sus precios de mercado, revendían los excedentes al resto de empresarios de la isla.

Según publicó por entonces el diario francés *Le Monde*, uno de los principales y más conocidos *gángster* estadounidenses, Meyer Lansky, figuraba a la cabeza de esa operación para llenar Cuba de casinos, al tiempo que ejercía, mediante sus sobornos, una gran influencia sobre la política de juegos de azar

---

[21] El régimen de Batista se benefició de la ayuda económica estadounidense como nunca se había visto antes. Sus inversiones en Cuba pasaron de 657 millones de dólares en 1950, con Carlos Prío Socarrás, a más de 1 000 millones de dólares en 1958.

desarrollada por el presidente. Gracias a ello, a medida que abrían los nuevos hoteles, clubes nocturnos y casinos, Batista recogía su parte de los beneficios: del 10 % al 30 % de las ganancias, cantidades que ingresaba en sus cuentas privadas.

Visite Cuba. Tierra de romance. *Cuba, era el destino ideal para las vacaciones en el Caribe de muchos estadounidenses, debido en gran parte a su proximidad geográfica —a escasas noventa millas de Key West—, pero sobre todo por su reputación de ser un bastión de la indulgencia hedonista tropical, aquí representada con una sensual visión del patio del Hotel Nacional, en La Habana.* Obra de Robillo realizada en 1955 para la Comisión de Turismo de Cuba.

Al mismo tiempo, el presidente cubano patrocinó proyectos masivos de construcción de los que se embolsaba —como no—, enormes comisiones. Entre ellos: la autopista para unir La Habana y Varadero, el aeropuerto Rancho Boyeros o varias líneas de ferrocarril. Aunque lo que más puede llamar la atención sean las cantidades que se adelantaron para el proyecto de un túnel submarino que uniera Cuba con la península de Florida. Lo dicho, enormes transacciones de dinero perdido que en buena parte acabaron en manos estadounidenses o en las de los cubanos que rodeaban al presidente.

En los meses siguientes al golpe, Fidel, que había visto como de un plumazo se evaporaban todas sus aspiraciones políticas, respaldado por el Movimiento presentó varias querellas contra Batista, a quien acusó de corrupción y tiranía, para que presentara su renuncia. Como era de suponer, no le hicieron demasiado caso, sus argumentos constitucionales fueron rechazados por los tribunales. En esas circunstancias nuestro protagonista comenzó a pensar en formas alternativas para derrocar al régimen y decidió realizar una incursión contra dependencias del gobierno. Un acto mucho más popular ahora, por toda la leyenda que arrastra tras de sí, que lo fuera en su momento.

Moncada

Es imposible saber de manera objetiva como llegó a fraguar Castro esa primera revuelta armada[22] contra el cuartel Moncada, en Santiago, a unos 900 kilómetros al este de La Habana y el cuartel de Bayamo, pero el caso es que lo hizo, amparado en el refugio que le suponía la Universidad de La Habana, tradicionalmente un semillero político en el que abundaban las conspiraciones.

Castro y Pedro Miret, que junto a Abel Santamaría, Ernesto Tizol, Renato Guitart y José Luis Tassende formaban el comité militar del Movimiento, persuadieron a los líderes estudiantiles universitarios para que les suministraran algunas armas y municiones de las que tenían para emergencias y las escondieron de manera segura en la casa de Juanita Castro, en La Habana. El resto las compraron con documentación falsa en las armerías de la capital. Luego, concienzudamente, comenzaron a reunir partidarios dispuestos a participar en la operación: doscientos jóvenes cubanos en un año, todos miembros del Partido Ortodoxo.

La noche del 24 de julio de 1953, los integrantes del comando que dirigía Fidel, entre los que se encontraban dos mujeres dispuestas a intervenir como enfermeras, Haydee Santamaría —hermana de Abel— y Melba Hernández, abordaron dos autobuses y salieron de La Habana camino de Santiago de Cuba, con la excusa de asistir a las fiestas de carnaval, que

---

[22]   Moncada y la Revolución son los momentos estelares del Castro «romántico». Cuenta el escritor Norberto Fuentes, uno de los primeros disidentes de Castro, luego su amigo íntimo y hoy residente en Miami, que «Una noche se encontraba Fidel en los escalones de la universidad, sin dinero, sin trabajo y sin saber qué hacer y fue entonces cuando decidió atacar el cuartel Moncada». Nos parece algo exagerado.

se encontraban esos días en pleno apogeo. Todo el grupo se reunió la mañana siguiente en una finca próxima a la playa de Siboney, a veinte minutos de la ciudad. Allí Castro les informó, por primera vez, acerca de los detalles de su plan. A todas luces una misión suicida, solo justificable por el ardor juvenil.

Aproximadamente 125 de ellos, entre los que se encontraba Raúl Castro, armados en su mayor parte con fusiles de caza del calibre 12 o 22 y las pocas armas que Fidel había logrado comprar o sacar de la universidad —una carabina M-1, algunas pistolas, varios rifles Winchester y una ametralladora Browning—, asaltarían al cuartel Moncada, la principal guarnición de la provincia y la segunda de toda la isla. Luego tomarían el control del Palacio de Justicia —contiguo a la base militar—, un hospital próximo y una estación de radio. Desde allí harían público un manifiesto que exigía la vuelta a la auténtica democracia y el regreso a los ideales que había defendido Eduardo Chibás. El resto del grupo, 27 personas, atacarían el cuartel de Bayamo, a 120 kilómetros de Santiago.

El objetivo final, en un intento de emular el «Grito de Baire» que en 1895 condujo a la independencia, era animar al pueblo a la insurgencia, con la esperanza de que el ejército se uniera al levantamiento y forzara a Batista a dejar el poder. «Incluso si fallaba —mantenía Fidel—, sería un acto heroico que tendría un valor simbólico».

A las 05.00 del día 26, las últimas sombras de la noche ocultaron a la lenta caravana de vehículos que partió de la finca de Siboney y se dirigió poco a poco hacia el cuartel Moncada. En cabeza iba el automóvil en que viajaban Fidel y Abel, su segundo al mando. Lo seguía Haydee en compañía de su novio, Boris de la Coloma.

Nada más aparecer el vehículo de Fidel, sobre las 05.20, los soldados de Batista abrieron fuego, alertados unos segundos antes por el timbre de alarma. Enfrentados, como no podía ser de otra forma, a una potencia de fuego superior a la suya y a un contingente mucho mayor —en el cuartel había unos 500 soldados—, los rebeldes no tuvieron ni la menor posibilidad. Ocho de los atacantes murieron en el acto y otros doce cayeron heridos de diversa gravedad. Más de 70 fueron tomados prisioneros, entre ellos, Raúl Castro. Los detenidos fueron brutalmente torturados, algunos incluso asesinados, como fue el caso de Boris de la Coloma y de Abel Santamaría. A Haydee, mientras estaba encarcelada, le llevaron el ojo de su hermano, para que supiera lo que la esperaba. Fidel fue uno de los que logró escapar. Se escondió junto a 19 compañeros en una finca ubicada en las montañas de la Sierra Maestra.

De izquierda a derecha, Melba Hernández, Fidel Castro y Haydee Santamaría fotografiados el 15 de mayo de 1955, durante el funeral de Abel Santamaría. Dos meses después, Fidel se iría a México para organizar allí la revolución.

Una semana después del ataque, cuando le aseguraron que recibiría un juicio justo, Castro llegó a un acuerdo para rendirse en la casa de un campesino que vivía en las cercanías de Santiago. Hay varias versiones de lo ocurrido entonces. En su propio relato, Castro recuerda a un sargento —Sarria, se llamaba—, que se le acercó con un arma, pero que le perdonó la vida diciéndole: «las ideas no se deben asesinar». En realidad, el sargento, dijera lo que dijera, simplemente cumplía órdenes: Batista le había garantizado la vida de Castro al arzobispo católico de Santiago, monseñor Pérez Serantes. Si hacemos caso al testimonio del mejor amigo de Castro, Alfredo «Chino» Esquivel, la intervención de Pérez Serantes venía a su vez avalada por Mirta Díaz Balart.

Desde La Habana, otros líderes estudiantiles acusaron a Castro de irresponsable y cobarde, pero a él no le importó demasiado. Durante su juicio, que tuvo lugar el mes de septiembre, el joven y ya famoso abogado, exigió el derrocamiento de Batista y se pronunció a favor de reformas que hicieran de Cuba una sociedad más justa, mientras hablaba en su propia defensa. Admitió sin escusas haber encabezado el asalto y luego pronunció de manera dramática su largo, apasionado y laberíntico discurso *La historia me absolverá* que más tarde se convertiría en el Nuevo Testamento de la revolución. Su única doctrina. Los jueces no se dejaron impresionar. Anunciaron una sentencia severa: quince años de prisión. Fue enviado a cumplir su condena a la Isla de Pinos, próxima a la costa suroeste de Cuba.

Fidel ingresó en los impresionantes edificios del Presidio Modelo, construido en la década de 1920, el 17 de octubre de 1953. Él y sus compañeros fueron alojados en el pabellón 1 del recinto de la enfermería, que describió detalladamente el 22 de diciembre en una de las cientos de cartas[23] que envió durante su estancia en la cárcel:

«Habitamos una galería de unos 40 m de largo por 8 de ancho, situada en un ala de la enfermería, un edificio grande de planta baja; el piso, de granito de mármol. Cuarto de baño en un extremo, y al otro una pequeña repisa de mármol que hace de cocinita para café. De un extremo a otro, dos hileras de camas alineadas en perfecta formación. Son 27 en total, y ahora, con los mosquiteros, semejan tiendas de campaña donde nos protegemos del ejército de moscas y mosquitos que hasta recientemente nos tenían sometidos a la impotencia. Patio interior de unos 20 metros por 12. Alrededor de todo el patio un portal amplio sostenido por columnas, con piso de granito también. Junto a la puerta de salida al patio, en el portal, dos mesas largas para almorzar y comer, las que utilizamos también para dar clases. El paisaje exterior no se ve por ninguna parte. Todas las ventanas están a más de 9 pies de altura. Tenemos derecho al patio de 10.00 a 10.30 y de 13.00 a 16.00».

En cuanto al horario que mantenían escribe: «Sintetizando: a las 05.30, desayuno; a las 08.00, clases hasta las 10.30; 10.45, almuerzo; 14.00, clases de nuevo hasta las 15.00; recreo hasta

---

[23] Veintiuna de ellas fueron publicadas en Cuba en 1959 en un volumen editado por su amigo Luis Conte Agüero, quien rompió con Fidel Castro poco después y se exilió en Miami en 1960.

las 16.00; 16.45, comida; 19.00 a 20.15, clases de economía política y lectura en común; 21.30, silencio».

Llama la atención que las actividades educativas y culturales que se les permitía a los presos fueran tan intensas. Castro enseñaba varias asignaturas por la mañana, Economía Política por la noche y oratoria dos veces a la semana. Los días académicos de la escuela, que bautizaron como Academia Ideológica Abel Santamaría, en homenaje a su compañero muerto, abarcaban desde el lunes hasta la mitad del sábado. En general, y si lo comparamos con las condiciones en la que hoy viven los presos políticos en Cuba, los 22 meses que finalmente estuvo Fidel en prisión le resultaron productivos: le permitieron dedicarse a redactar los artículos que publicaba en la revista *Bohemia* y a la incesante lectura de los más de 300 volúmenes de todos los géneros que abarrotaban los dos libreros de madera situados junto al pizarrón utilizado para dar clase.

En 1954 Batista convocó las prometidas elecciones como candidato de una coalición política que incluía el Partido Progresista de Acción, el Partido de la Unión Radical y el Partido Liberal, y esta vez sí que consiguió una amplia victoria, aunque quizá tuviera algo que ver la retirada forzada de toda la oposición, en especial de Ramón Grau, que contó cómo los seguidores de Batista habían aterrorizado a sus partidarios.

Ese mismo año, en su esfera personal, el paso por la cárcel sí le supuso un cambio a Fidel: Salió a la luz pública que Mirta había aceptado en secreto que su hermano Rafael —ahora subsecretario de Gobernación— le pagara un moderado sueldo a través de su oficina para que pudiera mantener el nivel de vida que tenía acostumbrado. Claro que otra razón podría ser que fueran las infidelidades de Fidel las que dieran al traste con su matrimonio. En ese caso el detonante sería una carta que envió desde prisión a otra mujer, Naty Revuelta[24] y que cayó por equivocación en manos de Mirta. Aunque la versión que circula en Cuba es que no fue casualidad, sino una venganza del director del penal y la familia de Mirta contra Fidel, que por entonces mantenía con Naty una turbulenta historia de amor.

Fuera por una u otra causa, Fidel, pidió el divorcio y organizó todo para obtener la custodia de su hijo, como puede leerse en la carta que le envió el 29 de noviembre, desde la

---

24   Natalia Revuelta es la madre de Alina Fernández, nacida el 19 de marzo de 1956, la hija extramatrimonial, pero reconocida, de Fidel Castro.

Modelo, a su media hermana Lidia: «Me hace muy feliz que me hables del divorcio y ante todo que me digas que será ejecutado siguiendo estrictamente mis instrucciones. Acerca del niño, me mantengo en mi punto de vista y a la primera oportunidad, inmediatamente después de que se efectúe la demanda, le insistiré a la Corte para que solicite su retorno a Cuba para que atienda el colegio de modo consistente con mi pensamiento. Me molesta inclusive la idea de que mi hijo duerma una noche más bajo el mismo techo que cobija a mis más despreciables enemigos y que reciba en sus mejillas inocentes los besos de esos miserables Judas».

Fidel tuvo suerte en cuanto a su vida presidiaria se refiere. Batista, cuyo régimen violento ya comenzaba a estar en la mira de sus vecinos estadounidenses, como lo demuestra uno de los informes que envió el embajador en La Habana —«estamos convencidos ahora de que los recurrentes asesinatos de personas a quienes el gobierno califica de opositores y terroristas son en realidad el trabajo de la policía y del ejército, aunque la explicación oficial sea que los hombres fueron asesinados por otros opositores»—, decidió realizar algunas concesiones políticas con el fin de mejorar la opinión pública sobre el estamento judicial y mejorar su imagen. Entre ellas, levantar la censura de prensa, permitir el regreso de los exiliados o poner en libertad el 15 de mayo de 1955 a los prisioneros políticos de Moncada.

Fue un grave error táctico que permitió a los hermanos Castro planificar y organizar la caída del régimen y a Batista no le sirvió de nada. Su impopularidad continuó incrementándose de manera progresiva hasta que comenzó una imparable espiral de terror que se extendió por toda Cuba. A medida que se intensificaron el descontento popular, las manifestaciones y los atentados con bomba contra sedes gubernamentales, la policía se mostró más partidaria de acabar con las protestas mediante la tortura y los asesinatos indiscriminados.

El conocido autor Wayne Smith, por entonces un joven funcionario de la embajada estadounidense, contó conmocionado las masacres que cometían las fuerzas del orden: «La policía reaccionaba de modo excesivo a la presión de los insurgentes, torturando y matando a centenas de personas, tanto a inocentes como a culpables. Se abandonaban los cuerpos, ahorcados en los árboles, en las carreteras. Esas tácticas condujeron inexorablemente a la opinión pública a rechazar a Batista y a apoyar a la oposición».

A cualquier precio

En julio de 1955, cuando poco después de salir de prisión Fidel Castro se fue a México, tradicional lugar de acogida y exilio de refugiados políticos cubanos, tenía 28 años.

Llegó sin ningún problema en un vuelo comercial que primero aterrizó en Mérida y, tras varias paradas más, lo dejó en Veracruz. Desde la ciudad costera que fundara Cortés, se trasladó enseguida en autobús a la capital mexicana, a casa de María Antonia González, una cubana disidente, cuya vivienda en la calle Emparan servía como punto de reunión para los recién llegados de la isla, e improvisado cuartel general del Movimiento 26 de Julio.

Allí conocería a un médico argentino de tendencias marxistas leninistas —Ernesto Guevara de la Serna—, con el que hizo rápida amistad, y a un español, Alberto Bayo, nacido en Camagüey en 1892, con una amplia experiencia militar —había combatido en la Guerra del Rif y en la Guerra Civil Española[25]—. Bayo se ofreció a instruir a los hombres de Castro en las tácticas de guerra de guerrillas. El «Che», fue reclutado enseguida como médico de la expedición.

También en México Fidel conoció a Isabel Custodio, hija de exiliados españoles y nacida en Valencia: una adolescente mimada, de ojos grandes y lánguidos, que hablaba de marxismo y vestidos a la moda con la misma intensidad. Según ella, se enamoraron antes de que la Revolución lo arrastrara todo. «Fidel Castro, entonces era un joven fascinante, de trajes y corbatas estrafalarias —contó Isabel en una entrevista—. El «Che» se oponía a nuestra relación. Decía que yo era una burguesita, que desconcentraba a Fidel, que iba a poner todo en peligro». «Fueron días intensos —agregó—. Nos perseguía la Policía, la CIA, la gente de Batista. Apenas se dormía. Estábamos muy juntos, quizá por eso me gané la antipatía de varias personas del grupo. Me veían como a una muchachita que iba a concur-

---

[25] Bayo Giraud, nacido en Cuba cuando aún era provincia española, se había educado en los Estados Unidos y era autor de varias obras de poesía y prosa. Ingresó en la Aviación Militar Española en 1916, de la que fue expulsado en 1924 por participar en un duelo, y optó por alistarse en la Legión española. Con ella intervino en la Guerra de Marruecos. Herido en 1925, volvió al Norte de África al año siguiente, pero esta vez en el 3.º tabor de la Mehal-la de Gomara, con la que combatió hasta 1927. Reingresó en la aviación y participó en la Guerra Civil. Tras finalizar el conflicto se exilió a México.

sar en Miss Universo. A Fidel no le escuché hablar de comunismo; hablaba de ideales, de libertad, de un mundo mejor. Era encantador, te envolvía con palabras». La historia de amor duró nueve meses.

Los miembros del grupo original —20 personas—, adaptados enseguida a la ciudad y sus costumbres, vivían con austeridad de las aportaciones que recibían de dentro y fuera de Cuba —suficientes incluso para alquilar vehículos y casas de seguridad en las que alojaban a compañeros o guardaban armas—, y se entrenaban para su futuro ataque contra las fuerzas de la dictadura. Primero lo hicieron en el campo de tiro Los Gamitos, en la capital mexicana, haciéndose pasar por deportistas aficionados; luego dispusieron de un rancho en Chalco —el Santa Rosa—, situado próximo a la zona montañosa de Ayotzingo, muy similar a la Sierra Maestra cubana y, finalmente, se ejercitaron en una finca al norte de Tuxpan, en Veracruz.

Desde México también mantuvieron los contactos con el resto de miembros del 26 de julio que permanecían en Cuba, donde habían conseguido grandes apoyos en la región de Oriente y del Directorio Revolucionario Estudiantil de José Antonio Echevarría, otro de los principales círculos contrarios a la violenta política desplegada por Batista ese año.

Durante un tiempo las actividades del Movimiento pasaron inadvertidas, pero el 20 de junio de 1956, Fidel y algunos de sus compañeros fueron detenido por la policía mexicana y entregados a la Dirección Federal de Seguridad. Tras el interrogatorio, detuvieron a otros 22 miembros del grupo y consiguieron algunas de las direcciones en las que ocultaban parte de las armas, entre ellas la del Santa Rosa, donde el «Che» entrenaba a uno de los equipos que habían preparado.

Las autoridades mexicanas los fueron dejando a todos en libertad provisional de manera gradual. El 24 de julio, Fidel y el «Che» fueron los últimos en salir de los calabozos de la sede policial, en la calle Miguel Schultz. Las intervenciones del general Lázaro Cárdenas[26], expresidente de México, que intercedió por ellos ante el presidente Adolfo Ruiz Cortines, y la del subdirector de la DFS, el capitán Fernando Gutiérrez Barrios, fueron decisivas para la liberación. Pero en cualquier caso, la posición

---

[26] Fidel construyó un monumento a Lázaro Cárdenas, en La Habana, como muestra de su agradecimiento con el ex presidente por la ayuda que le brindó a la Revolución cubana.

de los aspirantes a revolucionarios quedaba muy comprometida: eran conocidos, habían perdido una parte de las armas, muchas de las casas de seguridad, los campos de entrenamiento y, además, no disponían de dinero. Tenían 5 000 dólares y, si querían seguir adelante, necesitaban unos 40 000.

La solución vino de la mano del expresidente cubano Prío Socarras, depuesto por Batista. Prío se había enterado de lo que intentaban y de su difícil situación, y quería cooperar. Fidel concertó la cita con Prío en un hotel de McAllen, Texas. No tenía visado para pasar a los Estados Unidos ni iban a concedérselo, por lo que gracias a un conocido, Alfonso Gutiérrez, que tenía explotaciones petrolíferas en la zona fronteriza y disponía allí de amistades, contactó con un contrabandista mexicano de la capital, Antonio del Conde. Él podría ayudarle a cruzar al otro lado y también conseguirle armas, lo más caro y difícil. Con esa condición Fidel se trasladó a Ciudad Mier y de ahí a Reynosa, al norte de Tamaulipas, para pasar a McAllen.

El problema al que se enfrentaban tanto Fidel como sus compañeros era que consideraban el dinero ofrecido por Prío como malversado y robado a la República. El remedio fue sencillo: aceptarlo, mirar hacia otro lado y olvidarse de cómo lo había obtenido el expresidente. Fidel regresó a territorio mexicano ese mismo día, ya tenía asegurado el dinero para conseguir las armas necesarias con que equipar a los expedicionarios.

Del Conde, según lo acordado, obtuvo todo el arsenal en Estados Unidos y, una vez empaquetado, lo cruzó ilegalmente por el Río Grande, pero le fue imposible adquirir armas automáticas —solo consiguió una y un par de fusiles antitanque con escasa munición—. Tuvieron que conformarse con adaptar miras telescópicas a rifles de caza. Una vez en México las armas continuaron camino hacia el sur. Primero a Ciudad Mier, después a Aldama y desde allí a Veracruz, donde las cargaron en el *Granma*[27]. Un decrépito yate de madera construido en 1943 y matriculado en el propio puerto de Tuxpan, que se utilizaba para poco más que viajes costeros de recreo.

---

[27] El *Granma*, abreviatura de *Granmother* —abuela—, era propiedad de la empresa estadounidense Schuylkill Products Company Inc., que se lo vendió a Del Conde por 50 000 pesos. Desde el momento que se supo que se había utilizado para la invasión de Cuba, la empresa intentó que quedara muy claro que ella no tenía ninguna responsabilidad en lo ocurrido.

3

REVOLUCIÓN

La Revolución tiene obstáculos delante, no puede hacer las
cosas a la perfección, tiene sus errores; pero la Revolución
tiene un perenne propósito de superarse, de rectificar en
aquellas cosas en que no haya estado acertada.
Lo que no hará jamás la Revolución es contemporizar
con una negación de los principios por los cuales
hemos estado luchando.

Fidel Castro

A LAS 02.00 DEL 25 DE NOVIEMBRE DE 1956, bajo una intensa
lluvia, con 83 hombres hacinados a bordo, el *Granma* comenzó
a navegar sigilosamente y sin luces por las mansas aguas del
estuario del Tuxpan. La navegación estaba prohibida por el río,
pero todo se mantuvo tranquilo. Poco después de cruzar la boca
del puerto, encendieron las luces. El buque entero presentaba
un aspecto trágico: hombres con la angustia reflejada en el ros-
tro, agarrándose el estómago y con violentas arcadas, buscaban
de forma frenética antihistamínicos con los que combatir el ma-
reo. Así realizaron el viaje durante los primeros cuatro o cinco
días. Unos con la cabeza metida en un cubo y otros tumbados

inmóviles, en las más extrañas posiciones, con las ropas sucias por el vómito. Salvo dos o tres auténticos marinos y cuatro o cinco personas más, el resto se marearon.

La ruta elegida, de cerca de 1 200 millas, comprendía dar una gran vuelta por el sur de Cuba, bordear Jamaica, las islas de Gran Caimán y desembarcar en algún lugar próximo al pueblo de Niquero, en Oriente. Había que llegar el 30 de noviembre para sincronizar el desembarco con un levantamiento general contra el gobierno en Santiago de Cuba y Manzanillo, organizado por el líder estudiantil de 22 años y miembro del 26 de Julio, Frank País. Fue imposible. Los retrasó lo que pensaban que era una vía de agua y que lograron solucionar al cerrar una de las llaves de la sentina.

La noche del 1 de diciembre, enterados por radio de los motines en Santiago, los expedicionarios[28] pusieron proa directamente hacia Cuba. Sin agua, gasolina ni comida, buscaron desesperadamente el faro de Cabo Cruz, el punto más oriental del Golfo de Guacanayabo. De nuevo los detuvo un incidente. Roberto Roque, el piloto, exteniente de la armada cubana, se cayó al agua desde el puente mientras buscaba entre el temporal la estela del faro en el horizonte.

---

[28]   Comandante en jefe Fidel Castro. Jefes de estado mayor: capitán Juan Manuel Márquez Rodríguez; capitán Faustino Pérez. Jefe de pelotón de vanguardia, capitán José Smith Comas. Jefe de pelotón del centro, capitán Juan Almeida Bosque. Jefe de pelotón de retaguardia capitán Raúl Castro. Jefe de intendencia, Pablo Díaz. Jefe de sanidad comandante Ernesto Che Guevara de la Serna. Ayudantes: Félix Elmuza y Armando Huau. Oficiales de estado mayor: capitán Antonio López, teniente Cándido González, teniente Jesús Reyes. Miembros de estado mayor: Jesús Montané Oropesa, Onelio Pino, Roberto Roque, Mario Hidalgo, César Gómez, Rolando Moya. Jefes de escuadra: Fernando Sánchez-Amaya, Horacio Rodríguez, José Ponce Díaz, José Ramón Martínez, Arturo Chaumont, Norberto Collado, Julio Díaz González, René Bedia, Gino Doné Paro. Resto de miembros de la expedición: Ramón Emilio Mejías del Castillo, Alfonso Guillén Zelaya, Miguel Cabañas, Tomás Royo, Camilo Cienfuegos, Mario Chanes de Armas, Efigenio Ameijeiras, Ramiro Valdés, Ciro Redondo, Arsenio García, Evaristo Montes de Oca, Esteban Sotolongo, Andrés Luján, José Fuentes, Pablo Hurtado, Emilio Albentosa, Luis Crespo Cabrera, Rafael Chao, Ernesto Fernández, Armando Mestre, Eduardo Reyes, Humberto Lamothe, Santiago Hirzel, Enrique Cuélez, Manuel Echevarría, Francisco González, Mario Fuentes, Noelio Capote, Raúl Suárez, Gabriel Gil, Luis Arcos, Miguel Saavedra, Pedro Sotto, Israel Cabrera, Carlos Bermúdez Rodríguez, Antonio Darío López, Oscar Rodríguez, Gilberto García, René Reiné, Jaime Costa, Norberto Godoy, Enrique Cámara, Raúl Díaz, Armando Rodríguez, Calixto García Martínez, Calixto Morales, Reinaldo Benítez, René Rodríguez, Jesús Gómez, Francisco Chicola, Universo Sánchez, Arnaldo Pérez, Rolando Santana, José Morán.

Con una soga y mucho esfuerzo, lograron rescatarlo casi dos horas después, cuando ya se divisaban las luces de Cabo Cruz. Enfilaron el canal de Niquero hasta llegar a las boyas que marcaban la profundidad y se encontraron con que no coincidían con su carta náutica, por lo que supusieron que se habían perdido y cambiaron de rumbo. Llegaron finalmente frente a la costa ya de día, sobre las 06.00.

Sin carta de navegación ni conocimiento de las aguas de la zona, el *Granma* encalló en una punta de los manglares conocida como Los Cayuelos. Estaba a dos kilómetros de la playa de Las Coloradas —en Manzanillo, al pie de la cordillera de la Sierra Maestra que domina el oriente de la isla—, el lugar previsto inicialmente para el desembarco. Eran las 06.50.

Cuando cargaban el bote auxiliar para poder llevar a tierra las armas, los descubrió una lancha de cabotaje y un barco arenero. Pasaron tan cerca que no tuvieron problema en telegrafiar su descubrimiento a las autoridades sin temor a equivocarse. Con los nervios, las prisas del momento y el excesivo peso, el bote del material de guerra se hundió. No podía decirse que la operación fuese un éxito.

Abandonaron el *Granma*, solo con lo imprescindible, justo cuando llegó la aviación de Batista en vuelo rasante. Los expedicionarios se introdujeron en la ciénaga, con el fango hasta el cuello durante más de un kilómetro, para que no pudieran verlos en los pantanos, cubiertos de manglares. Tras dos horas de marcha, en las que ni siquiera tuvieron la certeza de si estaban en la isla grande o en alguno de los islotes de alrededor, consiguieron llegar a una franja de terreno firme. Estaban en Cuba. Se lo confirmó un campesino que vivía en un bohío de las inmediaciones —Ángel Pérez Rosabal—.

Para entonces no eran más que un ejército de sombras que caminaba dando traspiés tras siete días de hambre y mareos. Ni siquiera habían llegado a tiempo para coincidir con el alzamiento de Santiago, una de las premisas tácticas fundamentales de sus planes, y dividir a las fuerzas de Batista, por lo que País y sus militantes, sin refuerzos, tuvieron que dispersarse tras dos días de ataques intermitentes.

El 5 de diciembre, de madrugada, después de una larga y penosa marcha nocturna ininterrumpida por los desmayos, la fatiga y los descansos, llegaron a Alegría de Pío, un pequeño cayo de monte con un cañaveral que corría por todo su costado, próximo ya al bosque cerrado. Paradójicamente el lugar no podía tener su nombre peor elegido. Allí atacaron las tropas de Batista a la bisoña expedición de Castro, que nunca había entrado en combate.

Las primeras señales aparecieron pronto: avionetas Biber del ejército y de particulares comenzaron a sobrevolar la zona a baja altura y poca velocidad sin que muchos de los expedicionarios, ocupados en cortar caña y descansar, le dieran demasiada importancia. Luego sonó un disparo aislado, poco más de un petardazo y, de inmediato, una lluvia de balas cayó sobre el grupo de hombres.

Ni siquiera había órdenes por si ocurría algo parecido. A gritos, Castro intentó en vano agruparlos en el cañaveral, pero la sorpresa había sido demasiado grande. Resistieron como pudieron. A la carrera, en tres grupos dirigidos por Fidel, Almeida y Raúl, huyeron hacia el interior del bosque, perseguidos por columnas de humo y gritos de «fuego». Los supervivientes caminaron sin rumbo, hasta que la noche les impidió avanzar más. Se arrojaron al suelo, con el oído atento, amontonados, atacados ahora por los mosquitos, y atenazados de nuevo por la sed y el hambre. Esa noche, el bosque al sur de Alegría acogió a más de cincuenta expedicionarios —a pocos cientos de metros de Almeida estaba Raúl sin saberlo, y a otros tantos de Raúl, Fidel, en las mismas circunstancias—, pero era tan espeso y tenían tanto miedo de que los escucharan y los localizaran, que los ocultó a todos entre sí. Esa circunstancia tan lamentable sería una tragedia para muchos de ellos.

Al día siguiente, aún sin contacto ni saber dónde ir, iniciaron la marcha por en medio del monte. Por todas partes se oían descargas aisladas. En el grupo de Almeida —en el que iba también Guevara—, Rafael Chao, que a fin de cuentas era el único con experiencia militar, opinó que si seguían así, caerían en una emboscada, por lo que decidieron buscar algún lugar adecuado para refugiarse hasta la noche y caminar entonces. No era mala idea, pero creían que iban hacia el Este cuando en realidad habían derivado hacia el sureste, en dirección hacia los acantilados de la costa.

Dispersos, sin comida ni armas, auxiliados por los campesinos, el puñado de supervivientes del contingente expedicionario no logró reunirse en una zona conocida como Cinco Palmas, ya en la seguridad de la Sierra Maestra, hasta el día 16. Allí, al sur de la zona oriental del país, constituyeron con algunos campesinos voluntarios y enormes dificultades el núcleo inicial del Ejército Rebelde: 29 hombres. Un pequeño grupo cuya única cualidad era su gran capacidad de maniobra.

Su carta de presentación sería, un mes después, la madrugada del 17 de enero de 1957: la toma del pequeño cuartel de La Plata, defendido por una exigua guarnición de 11 hombres. Una breve acción de unos 40 minutos que serviría para desmentir las informaciones difundidas por el gobierno acerca del total exterminio de los expedicionarios.

En febrero, Fidel protagonizó una de sus obras maestras de propaganda. Gracias al economista Felipe Pazos, que había dirigido el Banco Nacional de Cuba con Prío Socarrás, y apoyaba al Movimiento, llegó al campamento rebelde el corresponsal del *New York Times*, Herbert Matthews. Matthews, con una serie de reportajes y entrevistas al líder revolucionario, le dio al levantamiento el carácter internacional que necesitaba. Incluido un aura de romanticismo que se mantuvo durante años y contrastaba con las declaraciones del por entonces embajador estadounidense en La Habana, Arthur Gardner: «Castro es un *gánster* que se apoderará de las industrias americanas y lo nacionalizará todo. Dudo que tengamos mejor amigo que Batista. Hace falta que apoyemos al actual gobierno y promovamos la expansión de los intereses económicos estadounidenses[29]».

Mientras en la montaña continuaban las acciones guerrilleras apoyadas por los campesinos, con los que se había establecido una estrecha relación, en las ciudades se desarrolló también con ímpetu la lucha clandestina. Acciones que ordenaba el Directorio Revolucionario, dirigido por José Antonio Echeverría, presidente de la Federación Estudiantil Universitaria. Ellos, con una amplia autonomía, organizaban sabotajes y atentados contra colaboradores del régimen o recaudaban fondos y recursos para la guerrilla.

El 13 de marzo, decididos a ejecutar un golpe de mano que acabara de una vez por todas con la dictadura, uno de

---

[29]   A finales de la década de 1950 el capital estadounidense dominaba por completo la economía cubana. Controlaba aproximadamente el 90% de la producción minera, el 80% de los servicios públicos, el 50% de los ferrocarriles, el 40% de la producción de azúcar y el 25% de los depósitos bancarios. Es muy conocido que la multinacional telefónica *ITT Corporation*, de propiedad estadounidense, regaló a Batista un teléfono de oro como agradecimiento por el aumento de las tarifas telefónicas, concedido a instancias del gobierno de Estados Unidos.

sus comandos compuesto de 64 jóvenes atacó el Palacio Presidencial en La Habana, con la intención de asesinar a Batista. Fracasó. Murieron Echevarría y 24 compañeros, pero tras la incursión, sobre todo se incrementaron las torturas a los detenidos y los asesinatos a manos de la policía.

Soldados cubanos sobre un blindado, armados con ametralladoras Thompson, toman posiciones en los alrededores del Palacio Presidencial de La Habana el 14 de marzo de 1957. Ese día, durante el asalto contra la residencia de Batista murieron asesinados 40 estudiantes.

Uno de ellos, el del abogado Pelayo Cuervo Navarro, de 56 años, muerto a golpes tras el asalto al palacio a pesar de que no había tenido nada que ver con él, fue el punto de inflexión para muchos de los opositores políticos de Batista, que vieron en Fidel Castro la única solución a sus problemas. Así lo reflejó, por ejemplo, el análisis que presentó ante su gobierno la embajada francesa poco después del ataque: «Las reacciones estadounidenses a los acontecimientos en Cuba —decía—, eran de horror, de simpatía por los insurrectos, de reprobación contra Batista. Al leer los editoriales que los principales periódicos dedicaron al evento, resultaba claro que el heroísmo de los patriotas cubanos marcó mucho a los Estados Unidos. Aunque una parte de la opinión pública estimara que los insurrectos del 13 de marzo estuvieron equivocados en sus métodos, mucho más que en sus objetivos, todos creyeron sin embargo que dieron su vida por una causa justa y que su ejemplo galvanizaría a la oposición cubana».

En mayo, financiada por Prío Socarras, llegó a Cuba una nueva expedición de disidentes embarcada en el yate *Corinthia*. La formaban un grupo de militantes del Partido Auténtico que tras recibir entrenamiento militar en Santo Domingo durante seis meses habían zarpado de Miami el día 19. Su intención era hacerse fuertes en Sierra Cristal, pero fueron capturados el 28, apenas cuatro días después de su llegada y asesinados.

Al fondo, junto a su vehículo, miembros del Buró de Represión de Actividades Comunistas —BRAC—, la policía secreta de Batista, durante el asalto al Palacio Presidencial. Ayudada por la CIA a partir de 1956 se ganó una reputación de enorme brutalidad en su lucha contra el Movimiento 26 de Julio.

Con el propósito de acabar con todas esas acciones independientes y unir a todos los grupos disidentes para derrotar juntos a la dictadura, se reunieron en la sierra el 12 de julio Felipe Pazos, como representante de los seguidores de Prío Socarras y del Partido Auténtico; Raúl Chibás, del Directorio y Fidel Castro, del Movimiento. Juntos, redactaron y firmaron el *Mani-*

fiesto de Sierra Maestra, un documento que reunía los ideales revolucionarios que querían hacer llegar al pueblo para asegurarse su apoyo, y demostrar que no eran tan radicales como intentaba demostrar el gobierno. Ese mismo mes, el día 30, la policía asesinó cuando salía de su domicilio a Frank País, que ya era el mayor organizador de células urbanas del Movimiento en toda la nación. El crimen desencadenó una nueva ola de protestas en todo el estado y provocó una huelga espontánea que lo paralizó en su mayor parte, aunque fuera rápidamente reprimida por las fuerzas de Batista. Comenzaba a extenderse un auténtico ambiente de guerra civil.

Poco después, el 5 de septiembre, como para remachar esa opinión, la sublevación de una fracción del ejército en el puesto naval de la ciudad de Cienfuegos puso en evidencia las profundas grietas entre las fuerzas armadas del gobierno. Fuera por la purga del cuerpo de oficiales de carrera, que en abril de 1956 habían intentado un golpe de estado dirigido por el general Ramón Barquín —lo que había supuesto que muchos de ellos fuera ejecutados por traición—, o porque Batista, que no tenía ninguna experiencia bélica se empeñara en interferir en el desarrollo de las operaciones, el caso es que el ejército cubano, que disponía de buques, armas, blindados y aviones con las últimas tecnologías suministradas por los estadounidenses, como bombas incendiarias de *napalm*, se veía totalmente incapaz de combatir con éxito a los rebeldes.

Ese mismo mes, el día 29, el Colegio Médico de Cuba publicó un informe sobre la situación política del país durante la XI Asamblea General de la Asociación Médica Mundial. Decía: «Los combatientes de la lucha armada que se rinden son liquidados. No hay prisioneros, solo hay muertos. Muchos opositores no son sometidos al Tribunal de Justicia sino ejecutados con un tiro en la nuca o ahorcados. Intimidan a los magistrados y a los jueces sin que las voces de protesta sean escuchadas. La desesperanza se difunde entre los jóvenes que se inmolan en una lucha desigual. El que es perseguido no encuentra refugio. En la embajada de Haití, diez solicitantes de asilo fueron asesinados por la fuerza pública. La prensa está totalmente censurada. No se permite la información periodística, ni siquiera por parte de agencias internacionales. En los locales de los cuerpos represivos de la policía y del ejército, torturan a detenidos para arrancarles por la fuerza la confesión de presuntos delitos. Varios heridos

La policía arresta a un sospechoso de atentar contra el régimen en la década de 1950. El respaldo campesino y la sublevación de la clase media en las ciudades, fue primordial para el éxito de la revolución de Castro. Los años siguientes todo cambiaría mucho y esos apoyos ya no serían los mismos.

presentes en las clínicas y hospitales fueron llevados por la fuerza y aparecieron varias horas después asesinados en las ciudades y en el campo». Un escrito que ratificaron el *Times Herald* y el *Washington Post* cuando señalaron a su vez que «los médicos cubanos son víctimas de atrocidades, incluso de asesinato, por curar a los rebeldes». Despacio, muy despacio, la opinión pública internacional iba dando la espalda a Batista.

Sierra Maestra

A finales de año, mientras los rebeldes se establecían definitivamente en la zona del Hombrito y se limitaban a realizar ataques con éxito contra pequeñas guarniciones mediante los que conseguían los pertrechos necesarios, el gobierno dio por fracasada su primera gran ofensiva en las montañas. Fueron unos meses en los que pareció declararse una especie de extraoficial alto el fuego. Ambos bandos se dedicaron a fortalecer sus posiciones y a prepararse para futuras operaciones.

La Sierra Maestra entre 1956 y 1959. Marcados con círculos negros y numerados, los principales puntos de producción de azúcar. A finales de 1957, Fidel Castro decidió la quema de las plantaciones con el fin de no permitir la zafra y alterar la economía de la isla. Las quejas de los campesinos en cuanto comenzaron los incendios llevaron a retirar de inmediato la medida.

En las montañas, ya a se había consolidado de forma definitiva una columna guerrillera de unos 150 miembros denominada José Martí n.° 1, bajo el mando directo de Fidel Castro, y era necesario establecer nuevos objetivos. Por parte del

❶ Central San Luis ❷ Central Isabel ❸ Central San Ramón
❹ Central Teresa ❺ Central Dos Amigos ❻ Central S. Salvador
❼ Beattie Sugar Co. ❽ Central Cabo Cruz ❾ Central Estrada
Palma ❿ Central Sofía ⓫ Central Masay

MAR CARIBE

gobierno, era el momento de conseguir dos metas. Una, desatar una campaña de terror. En un esfuerzo para recopilar información sobre el ejército de Castro, la policía secreta de Batista se dedicó a realizar detenciones de forma indiscriminada. Muchas personas inocentes fueron torturadas en los interrogatorios y otros tantos jóvenes sospechosos ejecutados públicamente como advertencia a todos aquellos que pensaran unirse a la insurgencia. Ese comportamiento brutal, solo sirvió para darle un mayor apoyo a la guerrilla, que de ser secundada únicamente por los más necesitados, comenzó a contar también con el respaldo de la influyente clase media.

La otra, acabar con el apoyo campesino en un amplio territorio que no podía ser ocupado por el ejército de manera habitual. Para ello, evacuó por la fuerza a las familias de la región con la intención de eliminar las bases de suministros rebeldes y las concentró en almacenes de la ciudad de Santiago. Aplicaba así los métodos del general español Valeriano Weyler durante la guerra de 1895 a 1898 —la odiada reconcentración—, lo que le sirvió para ganarse la enemistad de todos los nacionalistas, que aún vivían su independencia de España como su mayor triunfo. En un editorial, la revista *Bohemia* denunció una «situación de tragedia que recordaba las épocas más oscuras de Cuba». *El semanal* relató la suerte de esas víctimas: «Una historia dolorosa, de sufrimientos, de penas intensas. La historia de 6 000 cubanos obligados a dejar sus hogares, allí, en los rincones inextricables de la Sierra Maestra, para concentrarlos en lugares donde carecían de todo, donde era difícil ayudarlos, darles una cama o un plato de comida». A Batista se le abrían dos nuevos frentes.

Puede sorprender desde el punto de vista actual, ya muy tergiversado por las opiniones a favor y en contra del actual régimen de Castro, la forma de vida en aquella guerrilla que sería imitada durante el medio siglo siguiente. Para mantener la disciplina se hicieron cumplir a sus integrantes reglas muy estrictas, entre ellas no permitir en ningún momento que se requisaran alimentos a los campesinos sin pagar por ellos; no dejar nunca que un oficial rebelde comiera nada distinto que sus hombres; prohibir el alcohol, o advertir de que cualquier sospecha de espionaje, por mínima que fuera, podía suponer el fusilamiento inmediato. Ni siquiera las relaciones sexuales estaban bien vistas, a menos que la pareja accediera a casarse. Unas condiciones espartanas, que se explicaban desde el primer momento a cualquiera que quisiera incorporarse al grupo y que no impidieron el constante incremento de sus miembros.

Lo que sí mejoraron a medida que ampliaron su zona de control fueron sus condiciones de vida. Al principio, Fidel mantuvo su columna en constante movimiento por toda Sierra Maestra, con raras paradas de más de 24 horas. Luego, dormir en el suelo dio paso a utilizar hamacas y, más tarde, a levantar campamentos más permanentes con bohíos, cocinas y hospitales. Con la estabilidad, igual que sus instalaciones, mejoró el sistema de inteligencia de la guerrilla, a la que se incorporaron redes de alerta integradas por agricultores y habitantes de las montañas, que realizaban las labores de espionaje.

Los primeros días de 1958, el presidente, acosado por el movimiento clandestino, impopular por la feroz represión policial y con Estados Unidos amenazándolo por su comportamiento, decidió terminar ese año con la rebelión. El ejército, reforzado con otros 5 000 hombres, logró bloquear a los guerrilleros, pero sus columnas, débiles y sin apenas movilidad, finalizaron sus ataques con otro rotundo fracaso que dejó en manos rebeldes todo el territorio entre el Pico Caracas y Pino del Agua, de Oeste a Este; el mar, al Sur, y los pequeños pueblos de las estribaciones de la Sierra, al Norte, que ocupaban los militares —en el área de Manzanillo a Bayamo, por ejemplo, ya no había vehículos, trenes o patrullas militares que pudieran moverse de noche sin ser emboscados—. Para Fidel era el momento de avanzar sobre Pino del Agua y romper el cerco, lo que le permitiría extenderse por el resto de la isla.

El 16 de febrero, de madrugada, comenzaron los combates. Por primera vez, las tropas lograron organizar su resistencia y producir un gran número de bajas entre los rebeldes[30]. Luego, el día 17, con un nutrido fuego y la llegada de la aviación, consiguieron que se retiraran a sus inexpugnables posiciones de las montañas. El problema para el gobierno era que, aunque pareciera lo contrario, se marchaban victoriosos, con un abundante botín de guerra. Tanto que era suficiente como para llevar a cabo sus planes. Se acababa de producir un punto de inflexión en la guerra que marcaría el triunfo de la revolución.

Cuatro días después de lo ocurrido en Pino del Agua, Fidel presentaba los dos reglamentos que había redactado junto a sus más allegados para la organización legal, civil y militar de los territorios que a partir de entonces se consideraran «liberados». El texto del reglamento n°.1, el *Régimen Penal del Ejército Rebelde*, indicaba en su primer artículo: «La justicia corresponde a la jurisdicción de guerra del Ejército Revolucionario 26 de Julio, se administrará en el territorio ocupado por sus tropas y se ejercerá por las autoridades y sobre las personas que en el presente Reglamento se determina». El Reglamento n°. 2, de

---

[30] Los primeros combates nunca superaron la treintena de bajas en ninguno de los bandos, pero ese era un tanto por ciento muy elevado para el contingente rebelde. No para el gubernamental, que llegó a disponer de más de 30 000 hombres.

Régimen Civil, planteaba: «Corresponde a la jurisdicción civil el conocimiento y resolución de todas las contiendas de interés privado que se susciten en cualquier territorio ocupado por las tropas del Ejército Revolucionario 26 de Julio». Avaladas por esa seudolegalidad que las convertía en algo similar a un ejército regular, las fuerzas rebeldes organizaron su marcha hacia otras provincias. A su paso habían decidido también redistribuir la tierra entre los campesinos, lo que les aseguraba su ayuda para no tener que preocuparse de vigilar la retaguardia de sus unidades.

El domingo 23, Fidel le comunicó a su hermano Raúl, por entonces capitán, que lo había elegido para marchar hacia la zona noreste de Oriente, al mando de una nueva columna guerrillera formada por 50 hombres. Al día siguiente, esta vez como homenaje al 63.º aniversario del inicio de la Guerra del 95, Radio Rebelde comenzó sus emisiones desde Sierra Maestra. Se convertiría en un poderoso instrumento desde el punto de vista político e ideológico y para la propia marcha de la guerra.

El 27, dando por concluido el periodo de consolidación del ejército, Castro firmó las órdenes en las que se ascendía a Raúl y a un compañero más, Juan Almeida Bosque a comandantes. En ambos casos se precisaba también el territorio de los nuevos frentes que dirigirían. Raúl, como jefe de la columna n.º 6 —«Frank País», en homenaje al estudiante fallecido—, el territorio montañoso situado al Norte de la Provincia de Oriente, desde el término Municipal de Mayarí al de Baracoa. Almeida, al mando de la columna n.º 3 —denominada «Santiago de Cuba» —, el territorio de la Sierra Maestra desde al Este del poblado de María Tomasa, hasta lo más lejos que llegara en esa dirección. Ambos grupos iniciaron su marcha el 1 de marzo.

Con las dos columnas la zona de operaciones del ejército rebelde se ampliaba enormemente. La de Raúl, al extenderse, se convirtió el día 12 en el segundo frente oriental «Frank País». La de Almeida, en el tercer frente, «Doctor Mario Muñoz». Radio Rebelde anunció que el 1 de abril comenzaría la «guerra total».

En marzo también, el día 14, en vista de que todo parecía complicarse demasiado, Estados Unidos decidió guardarse las espaldas e impuso un embargo sobre los envíos de armas a las unidades de Batista. La consecuencia inmediata, además de debilitarlas, fue que la fuerza aérea cubana, el principal problema para los rebeldes, se deterioró rápidamente: era absolutamente imposible reparar o realizar el mantenimiento de sus aparatos sin importar recambios de los Estados Unidos. Fue una mala noticia para el presidente, que decidió posponer las elecciones que había anunciado para el 1 de junio, hasta el 3 de noviembre.

El 9 de abril se decidió forzar aún más la situación política con la convocatoria de una huelga general que rozase la insurrección generalizada y en la que las milicias del 26 de Julio participarían con acciones militares en todo su radio de acción desde Sierra Maestra. El resultado fue un despropósito que demostró que conseguir el colapso del régimen no iba a ser tan sencillo como parecía. Por mucho que los obispos católicos se hubieran unido también a los disidentes con una carta pastoral que pedía un gobierno de unidad nacional, a los rebeldes les faltaba todavía mucha más organización y apoyo en las ciudades, donde sus residentes, amenazados al mismo tiempo por los revolucionarios y la policía, no estaban dispuestos a arriesgar sus medios de vida para cumplir los sueños de Castro.

La huelga, además de un fracaso, fue un baño de sangre en el que cayeron muchas de las células del Movimiento. La solución que se tomó para que no volviera a ocurrir algo similar, fue decantarse por utilizar solo medidas militares para terminar con el gobierno. La primera, centralizar el mando alrededor del Ejército Rebelde y por lo tanto de Fidel Castro, que a partir de entonces fue reconocido como Comandante en Jefe de todas las fuerzas que se enfrentaban al régimen dictatorial, incluido el movimiento obrero de las ciudades, de fuerte influencia comunista. A partir de ese instante, la insurrección ya no volvería a hablar de dos zonas distintas, una urbana —El Llano— y otra guerrillera —La Sierra—, que hasta entonces parecían funcionar como dos organizaciones independientes.

Es el momento de hacer un nuevo alto. Esta vez para explicar el origen de las barbas rebeldes. Inicialmente, Castro y sus seguidores las dejaron crecer por razones prácticas que no se le escapan a nadie: no tenían máquinas de afeitar, disponían de poco o nada de jabón y no estaban dispuestos a desperdiciar el agua fresca. A medida que la rebelión se extendió, las barbas fueron adquiriendo un significado importante y, con el tiempo, se convirtieron en un útil rasgo distintivo entre los sublevados y los ciudadanos de a pie: A menos que en las fotos que enseñaba el gobierno de los rebeldes abatidos, los cuerpos fueran de barbudos, podían ser un engaño.

De igual manera, se convirtieron en un símbolo de rebeldía. Se conoce al menos el caso de un soldado de Batista que se encontraba de permiso y, al dejarse crecer la barba, fue confundido con un sublevado y asesinado a tiros desde un automóvil de la policía.

En 1958, como parte de la planificación de la huelga general, Fidel pretendió infiltrar algunos de los principales miembros de la guerrilla en las ciudades, con el fin de ayudar en la insurrección. Para ello debían afeitarse, pero fue el periodista y fotógrafo español Enrique Meneses, que se encontraba con ellos en Sierra Maestra haciendo un reportaje, quien convenció a Castro de que no lo hicieran. En este caso la razón fue propagandística. Meneses señaló que todas las fotografías que existieran de ellos en cualquier parte del mundo, perderían de inmediato su valor como noticia, si los rebeldes se quitaban la barba.

Finalmente, tras la victoria de la Revolución, todo el mundo, excepto Fidel y algunos otros casos muy específicos recibieron la orden de afeitarse. Esta vez era por el motivo contrario, muchos hombres que jamás habían estado en las operaciones de Sierra Maestra comenzaron a dejarse crecer la barba para tratar de hacerse pasar por rebeldes implicados directamente en la liberación del país.

A Batista, los buenos resultados obtenidos el 9 de abril le permitieron pensar en la vulnerabilidad de la rebelión y, en el verano, decidió lanzar sobre la Sierra Maestra una feroz ofensiva. Para ello, decidió cesar como jefe de las fuerzas armadas en la provincia de Oriente al general Alberto del Río Chaviano y nombrar en su puesto al general Eulogio Cantillo.

El último verano

Básicamente, la estrategia de Cantillo suponía organizar un bloqueo alrededor de las montañas para aislar a la guerrilla de suministros potenciales, armas y hombres. Una vez que estuviera establecido, 14 batallones atacarían por el norte y el noroeste, mientras otros 10 permanecían en reserva. Castro no tendría otra opción que retirarse hacia el oeste, a las llanuras al norte de Santiago, so pena de ser empujado al mar. Cantillo estaba convencido, y tenía razón, de que si los rebeldes se veían obligados a combatir en terreno abierto serían fácilmente derrotados y aniquilados.

Batista aprobó el plan, pero temía que un número tan grande de soldados comprometidos con una sola operación dejara otras zonas del país peligrosamente expuestas, por lo que solo autorizó a su general el uso de 14 batallones, unos 12 000 hombres. El mayor problema radicaba en que la mitad de ellos eran reclutas sin entrenamiento, dispuestos a defender su sueldo, la pensión y los privilegios que les suponía estar en el ejército, pero no tanto a dar su vida por el presidente. Una situación que se presentaría ya muy a menudo hasta el triunfo de la revolución y daría lugar a que en los últimos meses unidades casi al completo se pasaran a las fuerzas rebeldes. Máxime cuando a diferencia de lo que ocurría con los soldados de Batista, ellos se habían ganado la reputación de tratar bien a los prisioneros.

La ofensiva se encontraba todavía en periodo de planificación cuando Batista, convencido por su suegro el general Francisco Tabernilla, decidió permitir que Chaviano dirigiera de forma independiente toda la línea de frente del sector este. Una medida que enfureció a Cantillo por considerarla más política que militar —consideraba a Chaviano un inútil—, y que supondría una ruptura de relaciones casi completa entre ambos generales.

A la larga, se vio que Cantillo no iba desencaminado. Chaviano, que estaba a cargo del sector en el que operaba la columna de Raúl Castro, no hizo nada para comprometer sus actividades. Se limitó a su vez a quejarse a Tabernilla de la incompetencia de Cantillo, lo que supuso a menudo que se retrasara el apoyo logístico que este necesitaba. Intrigas y luchas internas que impidieron llevar adelante una operación militar seria.

A mediados de junio, Cantillo, incapaz de completar su plan de bloqueo, decidió utilizar a sus mejores tropas en una serie de ataques parciales que favorecieron la estrategia guerrillera —desde siempre, hacer sangrar y agotar al enemigo hasta que esté maduro para el contraataque—, basada en emboscadas y campos de minas que protegieran sus flancos y obligaran a las tropas a avanzar en columnas cuya vanguardia fuera fácil de derrotar. El primer combate lo tuvieron en Sugar Mill, a las afueras de Estrada Palma, el día 28. Su vanguardia era débil y su flanco pobre en defensas, por lo que las fuerzas que dirigía el «Che», sin ninguna duda el mejor estratega rebelde, los aplastaron.

Sumido en el caos, el primer batallón fue detenido y, a medida que sus vehículos blindados se desplegaron, cayeron en los campos de minas colocados a ambos lados de la carretera. Luego llegó un segundo batallón, pero se encontró de frente con los hombres del primero que se retiraban presa del pánico, por lo que la lucha se convirtió ya en una cacería. Los hábiles tiradores de Guevara mataron a 86 soldados con solo 3 bajas, capturaron 65 armas y vehículos diversos y se hicieron con cerca de 18 000 cartuchos de munición.

En vista de que la posición de Castro era demasiado fuerte para tomarla mediante el ataque por un solo punto, Cantillo ideo un audaz plan en pinza que incluía una operación anfibia en La Plata, ciudad costera al sur del campamento base rebelde, situado en el Pico Turquino.

El 11 de julio, el batallón n.° 18, al mando del comandante José Quevedo Pérez, compañero de estudios de Castro en la Universidad de La Habana, desembarcó a unos 10 kilómetros al sureste del Turquino, en la desembocadura del Río de la Plata. La mayoría de las tropas de Quevedo jamás habían entrado en combate, por lo que se movieron hacia el interior con mucha cautela, a la espera de una emboscada en cualquier momento. Alertado por sus informadores, Castro no los defraudó. Divididos y en movimiento constante, los rebeldes rodearon al batallón en cuestión de minutos y abrieron fuego. Solo que esta vez Cantillo observó toda la operación desde un helicóptero y se dio cuenta de que mientras los guerrilleros estaban ocupados con su frente eran vulnerables a un ataque sorpresa por el flanco. En consecuencia, ordenó el desembarco de otras dos compañías que avanzaran por el Oeste, pero subestimó a los rebeldes y a su servicio de información. Avisados, colocaron de cara a la playa dos ametralladoras de calibre 50 que hicieron imposible cualquier aproximación.

Cantillo optó entonces por enviar al batallón n.° 17 al completo, para que presionara por el Norte y el Este. Mientras, Quevedo recibía continuas peticiones de su antiguo compañero para rendirse y unirse a la revolución. Siempre se negó, a la espera de refuerzos, lo que no sabía era que el batallón 17, enfrentado a Guevara y a sus hombres, había huido. Desanimado y agotado, Quevedo se rindió el 21 de julio. En las filas de Castro había tres muertos, sin embargo Quevedo tenía 71 bajas —41 muertos y 30 heridos—, 241 prisioneros y dejaba en manos rebeldes 249 armas de diversos tipos —incluidos *bazookas*, ametralladoras y morteros— y 31 000 cartuchos de municiones.

Eso supuso para Cantillo, que estaba seguro de enfrentarse a 1 000 o 2 000 hombres porque no creía que solo 300 o 400 pudieran ser tan eficaces, un nuevo cambio de estrategia, ahora diseñada para aprovechar que el batallón n.° 17 continuaba por las montañas tras su fallido intento de ayudar a Quevedo. El plan era engañar a Castro para que persiguiera al batallón en plena retirada y conducirlo a una emboscada en los alrededores de la ciudad de Las Mercedes, al norte de la sierra.

Dependía de la ambición del líder rebelde, y Cantillo supo explotarla. Supuso correctamente que Fidel querría aprovechar su recién adquirida potencia de fuego para caer sobre un segundo batallón en apenas un mes, y derrotarlo. Eso le permitiría a la vez una importante victoria ofensiva, mantener el impulso de la insurrección y alimentar su propio ego.

La batalla de Las Mercedes comenzó el 29 de julio. Como Cantillo esperaba, Fidel movilizó a todas sus columnas y las hundió de cabeza en la trampa.

El primer día, alrededor de la mitad de las fuerzas rebeldes se situaron a lo largo de la ruta de retirada del 17.° batallón, mientras el resto hostigaba su retaguardia. Con su estilo ya clásico, 32 hombres se desplegaron en abanico a la llegada de la vanguardia al lugar de la emboscada, sin darse cuenta de que ellos mismos también habían caído en una, y esas tropas eran el cebo.

Mientras las fuerzas regulares comenzaban a cerrar el cerco, el comandante de grupo rebelde implicado, René «Daniel» Ramos Latour, que fallecería en los combates, intentó retirar a su columna y pedir refuerzos a Fidel. Le respondió dirigiéndose en su ayuda, solo para caer también en la trampa. Cantillo no podía desaprovechar la oportunidad única de enfrentarse a la guerrilla en el llano y ordenó a tres batallones acantonados en Estrada Palma, que disponían de tres carros de combate Sherman y un par de blindados T-17, avanzar hacia las posiciones rebeldes. Además, aumentó sus propias fuerzas con 1 500 soldados de las guarniciones de Bayamo y Manzanillo, entre ellos el potente batallón n.° 11 del coronel Ángel Sánchez Mosquera.

Con las últimas luces del día, Castro acabó por darse cuenta de su precaria situación y envió un mensaje al «Che», para que acudiera cuanto antes a socorrerlos. Ya hemos dicho, y lo mantenemos, que el «Che» era el único con capacidad desde el punto de vista táctico para ver todo el campo de batalla en cualquier encuentro. Del informe de Castro dedujo rápidamente el plan de Cantillo y se dio cuenta de que la única forma de salvar a todos de la catástrofe era retrasar a los refuerzos del ejército.

Sin dudarlo, Guevara y sus fuerzas los atacaron cerca de Cubanacao, infligiéndoles graves pérdidas y capturando unos 50 prisioneros. La brillante acción no rompió el sitio, pero supuso un breve estancamiento en la lucha. El suficiente para que Castro fuera capaz de retirar a parte de sus tropas y consolidar al resto en mejores posiciones defensivas. El día 31, la batalla no la habían ganado los rebeldes, pero el ejército había perdido toda la iniciativa.

El 1 de agosto, muy temprano, un Castro más político que militar envió un mensajero a Cantillo pidiéndole el alto el fuego y negociaciones. El general aceptó.

Avisado Batista, se quedó perplejo con las intenciones de Castro y, ante la insistencia de sus generales, decidió nombrar un intermediario como representante personal. Entre ligeros combates y movimientos de tropas, Fidel mantuvo las negociaciones hasta el día 8, luego las dio por concluidas. Para entonces todos sus hombres habían escapado del cerco y Cantillo no tenía a nadie contra quien reanudar la batalla. Su retirada posterior permitía a los rebeldes ocupar toda la Sierra Maestra.

El impacto sobre la moral del ejército fue devastador. Por una parte, a la mayoría de los jóvenes oficiales que habían luchado con firmeza las semanas anteriores les encolerizó que Cantillo se hubiera rebajado a negociar. Por otra, la maniobra de Castro llegaba justo en el momento en el que las tropas regulares, después de haber luchado bien por primera vez en la campaña, parecían tener todas las ventajas. Si ni así era posible derrotarlo, la guerra estaba perdida.

Azuzado por lo ocurrido, Fidel decidió pasar de inmediato a la ofensiva. No podía arriesgarse otra vez a una acción similar. El día 21 llamó al «Che» y a Camilo Cienfuegos, sus dos oficiales de más prestigio, les asignó a cada uno una columna —150 y 60 hombres respectivamente—, y los envió a Las Villas, más de 600 kilómetros al Este. Su misión era abrir allí, en la Sierra de Escambray, apoyados por los grupos de combatientes del Directorio Revolucionario y del Partido Socialista Popular, un tercer frente.

El problema era que para llegar debían cruzar la llana, próspera y hostil provincia de Camagüey, donde el Movimiento no tenía ninguna representación. Se intentó garantizar la seguridad de los dos grupos sobornando al comandante regional, pero fue apresado y, casi nada más entrar en la provincia, el ejército y la aviación cayeron sobre los rebeldes, que se vieron obligados a separarse. Guevara y Cienfuegos ya no lograrían reunirse hasta llegar a Las Villas.

El avance de las dos columnas, por el terreno más intransitable posible para evitar las emboscadas, fue extremadamente lento. A menudo tuvieron que esperar días sin comida ni agua para que el camino estuviera despejado y poder moverse. El 12 de octubre, escoltados por un campesino, los hombres de Guevara cruzaron el río Jatibonico y entraron en la provincia de Las Villas. Con habilidad y paciencia habían conseguido evitar cualquier enfrentamiento con el regimiento de la Guardia Rural de Camagüey, que seguía sus pasos. Cienfuegos, relativamente indemne, porque las fuerzas del gobierno habían estado empeñadas en capturar al «Che», había llegado unos días antes.

Mientras Guevara y Cienfuegos intentaban establecer el frente de Las Villas, los hermanos Castro fortalecían su control sobre Oriente. A mediados de octubre, sus fuerzas, que ya sumaban alrededor de 2 000 hombres, se movían libremente por toda la provincia. A partir de ese momento, la estrategia de Castro se centró en ocupar Santiago y Santa Clara, las capitales de Oriente y Las Villas respectivamente. Con las armas obtenidas podrían invadir Camagüey y, una vez asegurada la mitad occidental de la isla, abrir un cuarto frente en la provincia de Pinar del Río, donde las guerrillas eran pocas, estaban mal armadas y actuaban en un área geográfica que no ofrecía condiciones para ese tipo de operaciones.

En noviembre, como último esfuerzo para aplacar a sus oponentes, Batista convocó las anunciadas elecciones. Se presentaron tres candidatos principales, Carlos Márquez Sterling, del Partido del Pueblo Libre; el expresidente Ramón Grau San Martín, del Partido Revolucionario Cubano Auténtico y Andrés Rivero Agüero de la coalición de gobierno. Como había hecho en 1954, Grau retiró su candidatura días antes de los comicios, lo que dejó la contienda entre Márquez y Rivero.

La participación se estimó entre el 30 y el 50 % en las áreas donde se pudo votar, que no incluía las zonas de Las Villas y Oriente, controladas por los rebeldes, que se oponían a permitir unas elecciones que consideraban manipuladas. En buena parte los acontecimientos terminarían dándoles la razón. Primero, porque Márquez Sterling declaró que los resultados iniciales le eran favorables, pero que los militares ordenaron detener el recuento y cambiaron los votos reales por otros fraudulentos y, luego, porque aunque Batista declaró ganador a Rivero Agüero, ni siquiera le permitió tomar posesión del cargo como legítimo presidente de la República.

Mientras demoraba los planes para renunciar a su puesto, el dictador suspendió de nuevo las garantías constitucionales, lo que convirtió la defensa de su régimen en una causa perdida.

Así se lo hizo saber el 11 de diciembre el embajador estadounidense Earl Smith[31] cuando se reunió con él en Kuquine, su hacienda en Arroyo Arenas, a pocos kilómetros de la capital, para informarle de que no solo ya no lo respaldaban, si no que ni siquiera pensaban permitirle regresar a Daytona Beach cuando tuviera que huir de la isla, lo que ya se daba por hecho. «Mejor Portugal o España, le sugirió el embajador».

Poco más o menos al mismo tiempo —el 7 de diciembre—, se habían dado en Sierra Maestra los primeros pasos del Gobierno Revolucionario, con la llegada de Manuel Urrutia Lleó procedente de Venezuela. Urrutia había sido presentado por el Movimiento, en diciembre de 1957, como su candidato a la presidencia del Gobierno Provisional, a pesar de que no militaba en las filas de la organización. La propuesta partía del respeto que se había ganado el magistrado de la Audiencia de Santiago de Cuba, al emitir su voto absolutorio a los acusados en la Causa n.º 67 de 1956, por su participación en el alzamiento de Santiago y la expedición del yate *Granma*. Una can-

---

[31] Earl Tailer Smith, el primer embajador en Cuba nombrado por Eisenhower en junio de 1957, un hombre de negocios que ni siquiera hablaba español, declaró ante el Senado de Estados Unidos en 1960: «Hasta Castro, los Estados Unidos eran tan abrumadoramente influyentes en la isla, que el embajador de Estados Unidos fue el segundo hombre más importante. A veces, incluso más importante que el presidente de Cuba».

didatura que contaba también desde el 11 de agosto de 1958 con el beneplácito de los representantes de las organizaciones contrarias al régimen de Batista, que se habían reunido por entonces en Miami.

Pocos días después, el 18 de diciembre, en La Rinconada —sede temporal de la Comandancia General del Ejército Rebelde—, se reunió la Dirección Nacional del 26 de julio con los coordinadores provinciales y los comandantes Raúl Castro y Juan Almeida. En la agenda de trabajo de ese día ya se contaba con tratar diversas cuestiones referentes al cercano final de la guerra y al gobierno provisional. Designado por el mismo Urrutia en el cargo de Ministro de la presidencia y Secretario del Consejo de Ministros, Luis Buch informó a los reunidos de algunos nombramientos previstos por el presidente para su gabinete. Ahí comenzaron los problemas.

Una vez terminadas las conversaciones, Fidel anunció que el 24 de febrero, en el histórico poblado de Baire donde había comenzado el levantamiento de Martí contra el gobierno de Madrid, Urrutia juraría como presidente del gobierno provisional. Lo que no imaginaba era que el inmediato triunfo de la Revolución obligaría a adelantar la toma de posesión.

Al mismo tiempo que se desarrollaban las intrigas políticas, el «Che» y Cienfuegos, junto a las células del Directorio Revolucionario dirigidas por Rolando Cubela y rebeldes aislados del Movimiento 13 de Marzo liderados por los comandantes, Juan Abrantes, y el estadounidense William Alexander Morgan —en total unos 1 000 hombres—, se dispusieron a tomar Santa Clara. La ciudad geográficamente en el centro de Las Villas está rodeada por cuatro ciudades principales —Caibarién, Fomento, Cienfuegos y Yaguajay—, situadas estratégicamente, que forman una especie de barrera artificial a su alrededor. El plan de Guevara consistía en atacarlas simultáneamente. Una vez conquistadas, incluidas sus guarniciones, se procedería a asaltar la capital.

La batalla por Santa Clara comenzó el 14 de diciembre, cuando las unidades de Guevara atacaron Fomento, situada al sureste. La guarnición capituló sin resistencia seria el día 17 y tras dejar un pequeño retén, continuaron al día siguiente hacia Remedios.

En el norte, Cienfuegos avanzó con escasa oposición hasta llegar a Yaguajay, cuya guarnición de unos 250 hombres dirigía el capitán Abon Ly, de ascendencia china. Convencido de que le llegarían refuerzos desde Santa Clara, Ly defendió su posición con determinación. Se vería obligado a entregarla el 30 de diciembre, acabadas sus municiones, sin que nadie hubiera acudido a rescatarlo.

El 27 de diciembre, tras la rendición sin oposición de las ciudades portuarias de Caibarién y Cienfuegos, Guevara se reunió con el resto de oficiales para planear el ataque final sobre Santa Clara. El camino quedó abierto en cuanto se entregó Yaguajay.

Esos días, en Oriente, Fidel continuó su ofensiva general hacia Santiago. El 30 de diciembre, después de 20 días de sitio, cayó Maffo. La batalla por Santiago también podía dar inicio.

A primeras horas de la mañana del 31, las fuerzas rebeldes combinadas convergieron sobre Santa Clara desde todas las direcciones. A media tarde, en un ambiente de enorme confusión, todo había terminado. Más de 6 500 soldados y policías habían depuesto sus armas sin apenas resistencia.

La noticia de la derrota provocó el pánico de Batista, que se decidió a abandonar la isla de inmediato. A última hora convocó en palacio al general Cantillo y le comunicó que se pensaba marchar en breve y que debía asumir el control de las fuerzas armadas en sustitución del traidor Tabernilla, que había intentado detenerlo. Además, le propuso una junta civil formada por personas que no habían estado involucradas en el gobierno y que el miembro más antiguo de la Corte Suprema, el septuagenario magistrado Carlos Manuel Piedra, asumiera la presidencia de conformidad con el artículo 149 de la Constitución. Sin vacilar, Cantillo estuvo de acuerdo con ese plan.

Antes de partir, Batista dirigió al pueblo un último manifiesto: «Teniendo en cuenta las pérdidas de vidas —dijo—, los daños materiales a la propiedad y el perjuicio evidente que se viene haciendo a la economía de la República y rogando a Dios que ilumine a los cubanos para poder vivir en paz, resigno mis poderes de Presidente de la República entregándolos a su sustituto constitucional. Ruego al pueblo que se mantenga dentro del orden y evite que lo lancen a ser víctima de pasiones que podrían ser desgraciadas a la familia cubana».

A las 02.10, embarcó con sus familiares y 40 de sus funcionarios más allegados en un DC-4 estacionado en el cuartel de Columbia y salió de Cuba. Estar derrotado política, militar y psicológicamente no fue un obstáculo para volar con una inmensa fortuna a Ciudad Trujillo, en República Dominicana, donde ya le esperaban. Tras él, en La Habana, quedó un gobierno provisional difícilmente apuntalado por Cantillo, que se refugió en Columbia con los restos del ejército gubernamental.

Primera página del diario La Vanguardia *publicada el 2 de enero de 1959. Todos los periódicos de ese día se hicieron eco de la huida de Batista —en muchos casos hablaban de lo tarde que se había decidido y la tranquilidad que deparaba a los estadounidenses su marcha— y del triunfo de la revolución dirigida por Fidel Castro.*

Castro no se enteró de la partida de Batista hasta más o menos las nueve de la mañana. Le informaron también de los intentos de Cantillo para formar una junta civil o militar, por lo que de inmediato ordenó al «Che» y a Cienfuegos que llegaran cuanto antes a La Habana para que fuera el Movimiento 26 de Julio y nadie más, quien consolidara el control de la capital. Luego pronunció un dramático llamamiento por Radio Rebelde para anunciar al pueblo la salida del dictador y alertarle de la manera cómo el general pretendía hacerse con el poder. Finalizó con una llamada a los trabajadores para que tuvieran preparada una huelga masiva que pudiera contrarrestar su actitud. Una vez concluida la emisión, a la cabeza de sus fuerzas, se dirigió a Santiago, cuya guarnición aún controlaba la ciudad.

Sinfonía inacabada

La madrugada del 2 de enero, después de un azaroso día de acuerdos y conversaciones, Fidel salió al balcón del ayuntamiento de Santiago para pronunciar el discurso de la victoria que hemos reproducido integro al final del libro. «Esta nueva revolución —afirmó entonces—, no será como la de 1898, cuando los norteamericanos llegaron y se hicieron dueños de nuestro país». Terminada la alocución, Urrutia prestó el juramento de toma de posesión y se dirigió al pueblo ya como Presidente Provisional de la República.

Esa mañana, al mismo tiempo que Camilo Cienfuegos entraba en La Habana al frente de su columna dispuesto a terminar con cualquier resistencia, Urrutia dio a conocer su decisión de declinar a favor del comandante Fidel Castro la jefatura de las fuerzas de tierra, mar y aire, cuyo mando —según la Constitución del 40— le correspondía.

Los días 3 y 4 de enero, el Gobierno Revolucionario celebró sesiones en la Universidad de Oriente y, el 5, junto a algunos miembros de su gabinete, Urrutia partió rumbo a La Habana. El vuelo hizo escala en el aeropuerto de Camagüey. Allí, el presidente se encontró con Fidel, que había llegado a la ciudad al frente de la «Caravana de la Libertad». A su paso, mientras despertaba entre la población un entusiasmo salvaje, ocupaba sin resistencia las ciudades y pueblos de la isla.

Acompañados por el «Che», Fidel y Urrutia conversaron «largo y tendido» en el interior del avión. Luego, el mismo Fidel, como comandante en jefe, informó públicamente sobre algunas decisiones tomadas por el presidente para completar el Consejo de Ministros. Entre ellas, sobresalía la designación como primer ministro de José Miró Cardona, presidente del Colegio de Abogados de La Habana y asesor jurídico de importantes empresas estadounidenses.

Fidel llegó finalmente a La Habana rodeado de sus guerrilleros el 8 de enero, tres día después de Urrutia, un presidente al que nadie prestaba atención. La atracción principal de los acontecimientos era Castro. Todo lo demás parecía secundario. Solo de él hablaban los periódicos, y las inscripciones de todas las pancartas y banderas colgadas de la mayoría de los edificios de la capital, donde la emoción llegaba a alturas incalculables.

Los siguientes días Castro se mostró como un hombre impulsado por la euforia. Organizó los juicios de cientos de policías y soldados[32] de Batista acusados de crímenes de guerra, asesinato y tortura; pronunció discursos en todas partes en las que hubiera un grupo de personas —fuera del tamaño que fuera— y apareció en cualquier medio de comunicación disponible. Dormía apenas tres horas y parecía gobernar desde su hotel. Poco podían hacer Urrutia y Miró Cardona, salvo observar todo con impotencia.

Instalado en el Palacio Presidencial, Urrutia se apresuró a completar su gabinete, que cerró el 23 de enero cuando se aprobó su propuesta de crear el Ministerio de Bienestar Social, a cuyo frente estaría la doctora Olga Mederos. La composición del gobierno, quedó de la forma siguiente: Primer Ministro, José Miró Cardona; Ministerio de Estado, Roberto Agramonte Pichardo; Ministerio de Justicia, Ángel Fernández Rodríguez; Ministerio de la Presidencia, Luis María Buch Rodríguez; Ministerio de Gobernación, Luis Orlando Rodríguez Rodríguez; Ministerio de Obras Públicas, Manuel Ray Rivero; Ministerio de Agricultura, Humberto Sorí Marín; Ministerio de Comercio, Raúl Cepero Bonilla; Ministerio de Educación, Armando Hart Dávalos; Ministerio de Trabajo, Manuel Fernández García; Ministerio de Hacienda, Rufo López Fresquet; Ministerio de Comunicaciones, Enrique Oltuski Ozacki; Ministerio de Defensa Nacional, Augusto Martínez Sánchez; Ministerio de Recuperación de Bienes Malversados, Faustino Pérez Hernández; Ministerio de la Ponencia y Estudio de las Leyes Revolucionarias, Osvaldo Dorticós Torrado; Ministerio de la Economía, Regino Boti León; Ministerio del Transporte, Julio Camacho Aguilera; Ministerio de Bienestar Social, Elena Mederos Cabañas.

Mayoritariamente masculino e integrado por personalidades de diferentes tendencias políticas, era en realidad muy heterogéneo, pero estaba fuertemente dividido en dos bloques. De un lado, combatientes revolucionarios —en su mayoría provenientes de las filas del Movimiento 26 de Julio—, y especialistas destacados cuyas ideas pensamiento se habían ido radicalizando durante la lucha; del otro, reformistas, pero de pensamiento conservador, que no veían con buenos ojos muchos de los cambios que se pedían y que, de hecho, los consideraban bastante «extremistas». Entre estos se encontraban el

---

[32] La mayoría fueron condenados por los tribunales revolucionaros y ejecutados por un pelotón de fusilamiento. Otros recibieron largas penas de prisión. Los más afortunados fueron expulsados del ejército y la policía o, en el caso de algunos altos funcionarios, exiliados como agregados militares.

propio Urrutia, Miró Cardona y los titulares de Obras Públicas, Agricultura, Trabajo, Estado y Bienestar Social, que a pesar de haber mantenido siempre una postura opuesta al régimen de Batista, no estaban dispuestos a que Cuba se deslizara tanto hacia a la izquierda.

En febrero, como no podía ser de otra forma, se produjo la primera crisis de un gobierno que no funcionaba con la agresividad que exigían los revolucionarios y que parecía no tener en cuenta los cambios que estos habían previsto en el Programa del Moncada.

La medianoche del día 12, tras concluir una sesión del Consejo, Miró Cardona decidió dimitir. Ocupó su puesto Fidel —a pesar de haber asegurado que no formaría parte del gobierno—, con la condición de que al cargo le correspondiera también el control directo de la política general. Urrutia, que no tenía otra opción, presentó la petición al día siguiente al Consejo de Ministros, que lo aprobó por mayoría. Era el primer peldaño de una corta escalera destinada a que Castro se hiciera con el poder absoluto.

Casi de inmediato, el nuevo gobierno, que ahora si podía considerarse revolucionario, comenzó el camino para implantar una política de nacionalización de empresas extranjeras y nacionales y hacer posible la aprobación de la Ley de Reforma Agraria. Ambas decisiones, además de abrir a corto plazo una crisis de gobierno aún más profunda que terminaría con la sustitución de Urrutia, se oponían directamente a los intereses de los Estados Unidos en la isla.

4

EL LARGO BRAZO DE LA CÍA

De actos irresponsables que han originado guerras
catastróficas está llena la historia humana, solo que
por primera vez en la vida del hombre, este no podría
sobrevivir a sus consecuencias.

Fidel Castro

APENAS UNOS DÍAS DESPUÉS del triunfo de la revolución, el 5 de
enero, Washington reconoció oficialmente al nuevo gobierno
tras un memorando enviado por el secretario de estado estadounidense John Foster Dulles a su presidente, Dwight David
Eisenhower. «El gobierno provisional —decía Foster Dulles—,
aparece libre de mancha comunista y hay indicios de que se
pretende llevar a cabo relaciones de amistad con los Estados
Unidos». Era una información importante, ya que tanto Dulles como Eisenhower basaban la política exterior del país en
lo que habían denominado Doctrina de Represalias Masivas.
Una idea que ponía todo su énfasis en el uso disuasivo de
las armas nucleares y en la intervención en cualquier conflicto,
en cualquier parte del mundo, donde se observara la influencia soviética.

El 19 de abril, durante el primer viaje que hizo Fidel Castro a Washington tras la revolución, se entrevistó con el vicepresidente Richard Nixon durante tres horas y media. Acabada la reunión, Nixon, que siempre se había caracterizado por utilizar un vocabulario poco elegante, informó en un memorando secreto de cuatro páginas dirigido a Eisenhower, al nuevo secretario de estado Christian Archibald Herter —acababa de sustituir el día 22 a Dulles, enfermo de cáncer ya en fase terminal—, y al director de la CIA, el abogado Allen Dulles[33] —primer director civil de la agencia—, que: «Era evidente que mientras hablaba de boquilla de cuestiones como la libertad de expresión, de prensa y religión, su preocupación fundamental era desarrollar programas para el progreso económico». También llegó a la conclusión —y así se lo comunicó a los tres—, que Castro «o bien es increíblemente ingenuo acerca del comunismo o está bajo la tutela comunista». Una «evaluación» que concluyó con una valoración mucho más peligrosa para los intereses estadounidenses: «De lo que sí podemos estar seguros de, es de que posee esas cualidades indefinibles que lo hacen ser líder de los hombres. Pensemos lo que pensemos de él, va a ser un gran factor en el desarrollo de Cuba y muy posiblemente en el de los asuntos de América Latina en general». Sobre esas afirmaciones se basarían desde entonces las relaciones entre Estados Unidos y Cuba.

No llegó al año el tiempo que le dieron los estadounidenses a Castro. El 11 de diciembre de 1959, el alto cargo de la CIA Joseph Caldwell King, jefe de la división del hemisferio occidental —WH/4—, envió un informe confidencial a Dulles que hacía referencia a la Revolución Cubana. King argumentaba en su escrito que finalmente, demasiado próximo a las playas estadounidenses, se había instaurado un régimen dictatorial de extrema izquierda, posiblemente comunista, que bien podría producir una oleada de revoluciones similares en contra de Estados Unidos a lo largo de toda América Latina. Era un riesgo muy peligroso, máxime cuando Cuba estaba a punto de

---

[33] Los hermanos Dulles —John Foster y Allen—, inmensamente poderosos, marcaron la política exterior estadounidense de la década de 1950 fomentando una serie de aventuras en el extranjero cuyos efectos aún sacuden al mundo. Tanto, que hoy muchos de sus paisanos creen que el papel internacional que debe desempeñar Estados Unidos es el que ellos mismos crearon: el de un noble pistolero que mata a los malos y limpia una ciudad sin ley.

firmar acuerdos comerciales con la Unión Soviética, por lo que sugería intervenir.

Dulles, uno de los creadores del moderno sistema de inteligencia de su país, no era ajeno a la realización de operaciones clandestinas, al contrario, había utilizado la Guerra Fría para establecer redes en todo el mundo que controlaran y contrarrestaran a los soviéticos y a los movimientos comunistas internacionales, por lo que no le pareció una idea descabellada. Era lo mismo que habían hecho en 1953, en Irán, para eliminar al primer ministro Mohammad Mossadeq y sustituirlo por el *sha* Mohammad Reza Pahlevi —mediante el que controlaban la *Anglo-Iranian Oil Company* e impedían que cayera en manos soviéticas—, o en 1954, cuando habían dirigido un golpe de estado para deponer al presidente de Guatemala Jacobo Arbenz Guzmán —la operación *PB Success*—.

Una muestra de las extrañas relaciones entre Cuba y Estados Unidos. La policía militar estadounidense cachea a empleados cubanos en la década de 1960 antes de entrar a ocupar su puesto de trabajo en la base de Guantánamo.

A King le gustaba sobre todo hacer hincapié en dos cuestiones, que evaluaba cómo básicas, hacia las cuales estimaba que había que dirigir las acciones más inmediatas: Que la Revolución contaba como máximo con un 70 % de respaldo popular y era necesario reducir su base de apoyo y que las fuerzas de la oposición en Cuba, que no disponían de un líder real, estaban divididas en muchos grupos y tenían pocas posibilidades de mantenerse.

Con esas premisas, el 18 de enero de 1960, Tracy Barnes, director adjunto de planes, convocó una reunión un tanto informal en su oficina temporal, próxima al monumento a Lincoln, en Washington, a la que asistió el mismo equipo que tan bien había funcionado en Guatemala: David Atlee Phillips, Jacob Esterline, William «Rip» Robertson, Howard Hunt y Gerry Droller. Todos formaron el *Branch* 4, un grupo especial encargado de tomar las decisiones políticas de la CIA relativas a la revolución cubana, que se ampliaría más adelante con cuatro miembros nuevos: William Harvey, Ted Shackley, Desmond Fitzgerald y el coronel de los *marines* Jack Hawkins, que se incorporaría al grupo el 4 de septiembre[34] con la responsabilidad directa sobre el entrenamiento militar.

Estaban a la espera de tomar alguna determinación, cuando el 4 de marzo explotó en el puerto de La Habana el buque francés *La Coubre*, cargado con 76 toneladas de armas belgas destinadas al gobierno de Cuba. Castro acusó de inmediato a la CIA, pero era bastante improbable que fuese la responsable. Más parecía un accidente provocado al incumplir las normas portuarias o una acción terrorista aislada de algún contrarrevolucionario[35], que una operación bien organizada. Aunque Estados Unidos negó cualquier intervención en el incidente, para entonces los ánimos estaban ya tan caldeados que nadie lo creyó.

Fue el detonante que necesitaba *Branch* 4. El día 9, cuando todavía resonaban las ardientes y agresivas acusaciones de Castro, King, que había mantenido latente su idea de eliminar la amenaza cubana, pasó a plasmarla en una propuesta concreta durante una reunión del WH-4: «Suprimir en «un solo paquete» a Fidel y Raúl Castro y al «Che» Guevara[36]». El pro-

---

[34]   *Branch 4*, dirigido por Esterline, comenzó con una plantilla de 20 personas y llegó a tener más de 500 en abril de 1961. Disponía de sus propias comunicaciones, propaganda y secciones militares.

[35]   Normalmente se acusa de lo ocurrido al excomandante William Alexander Morgan, que como vimos había contribuido a la toma de Santa Clara, pero eso nunca ha podido probarse. Morgan fue arrestado en octubre de 1960 y fusilado el 11 de marzo de 1961 por conspirar contra la Revolución, que comenzaba a tomar un tinte socialista con el que no estaba de acuerdo, no por el hundimiento del *La Coubre*.

[36]   Informe al Senado de los Estados Unidos: *Alleged Assassination Plots Involving Foreign Leaders*. Publicado en 1975.

pio King veía altamente improbable poder realizar una acción de esas características, por lo que aconsejaba tomar medidas militares, aunque era previsible que las operaciones contra un gobierno que solo podía ser derribado por el uso de la fuerza, fuesen largas.

Ese mismo informe se llevó el día 17 a una reunión celebrada en la Casa Blanca con la CIA y el Departamento de Estado. La conclusión fue que era imposible poder llegar un acuerdo con Cuba, particularmente por el discurso sumamente hostil del régimen y el apoyo popular de que disponía. Con esos datos, resultó relativamente sencillo conseguir que Eisenhower tomara la decisión de derrocar a Fidel. Firmó una directiva del Consejo de Seguridad Nacional —nombre en clave *JMarc*—, que autorizaba a la CIA a organizar «un programa de acción encubierta contra el régimen de Castro». Una operación secreta destinada en principio a intervenir en Cuba, pero que también podía ampliarse para derrocar en caso de necesidad a los jefes de estado del Caribe, América Central y México, que fueran poco afines con la política de los Estados Unidos.

Con la autorización en la mano, Dulles pudo dar inicio a la Operación 40 o el Grupo de los 40 —tenía en principio 40 agentes, que en 1961 ya eran 86—, destinados a preparar acciones subversivas que allanaran el camino para una intervención de más trascendencia. Para ello organizó y entrenó a un primer y selecto grupo de refugiados anticastristas con experiencia militar. Políticamente dependían del vicepresidente Richard Nixon, que tenía como asesores a Livingston Merchant, del Departamento de Estado; al consejero de seguridad nacional, Gordon Gray; al almirante Arleigh Burke y a él mismo. Juntos prepararon el asalto a la isla.

En junio, tras un mes en el que se reclutó a cientos de cubanos anticastristas exiliados en el área de Miami, muchos de ellos antiguos oficiales del ejército de Batista, se estableció el primer campo de entrenamiento guerrillero en Useppa Island, frente a las costas de Fort Myers, al suroeste de Florida. Hasta abril de 1961 le seguirían 13 distintos, diseminados por Estados Unidos, Guatemala, Nicaragua, la Zona del Canal de Panamá y algunas bases estadounidenses en Puerto Rico.

El plan de invasión diseñado por la CIA, denominado Trinidad, sufrió cambios durante casi un año. Al principio solo se planeó introducir poco a poco, por los alrededores de Casilda

—puerto adyacente a la ciudad de Trinidad, en el sur de la provincia de Sancti Spíritus—, pequeñas unidades de 50 guerrilleros hasta completar la mayor parte de los cerca de 1 200 voluntarios disponibles. La intención era que se unieran a los más de 2 000 hombres del Ejército Cubano Anticomunista —ECA—, que combatían contra el régimen en las montañas de Escambray a las órdenes del comandante Evelio Duque, y fortalecieran la resistencia interna. Ese sistema se desechó enseguida. En Cuba no había suficiente oposición al régimen como para conseguir así un levantamiento popular que provocara su caída. Además, el tiempo apremiaba. El régimen se fortalecía y en unos meses —en abril o mayo de 1961—, llegarían a la isla nuevos aviones Mig cedidos por los soviéticos, con pilotos cubanos entrenados en Checoslovaquia. Era necesaria una acción más rápida y de mayor envergadura.

Se optó por un gran desembarco en Casilda con el grueso de los guerrilleros, mientras otro grupo de 160 combatientes hacían lo mismo al sur de la provincia de Oriente para distraer a los castristas y convencerles de que ese era el desembarco principal. Idéntica meta que tenía un último equipo en la costa noroeste, en la provincia de Pinar del Río: simular un gran ataque con varios buques y el máximo ruido posible.

El objetivo estratégico fundamental de la operación consistía en aislar y fortificar una parte del territorio, una vez se hubiera concluido satisfactoriamente el desembarco, para situar allí un gobierno provisional —el Consejo Revolucionario Cubano, liderado por el antiguo primer ministro Miró Cardona—, que ya se había formado en el exilio de Miami. Después, pediría el reconocimiento internacional, que sería rápidamente otorgado por los Estados Unidos y la Organización de Estados Americanos y, desde la zona ocupada, se comenzarían acciones de desgaste encaminadas al levantamiento popular contra el régimen castrista de forma que acabara por derrocarlo. Si lo conseguían, Miró Cárdona se convertiría en Presidente Provisional de Cuba. En definitiva, un proyecto que lo único que hacía era fomentar la guerra civil.

A primeros de noviembre, las elecciones estadounidenses encumbraron a un nuevo presidente: John Fitzgerald Kennedy, un joven católico de buena familia, representante del Partido Demócrata, que había logrado arrebatarle el triunfo a Nixon después de una de las votaciones más ajustadas de la historia del país. Kennedy también conocía los planes de las actividades contra Cuba al menos desde ese verano. Le había informado Dulles, aunque no con demasiado detalle y, de hecho, había utilizado esos datos contra Nixon en la campaña electoral para criticar duramente a la administración Eisenhower. El problema era que no se sabía a ciencia cierta qué camino iba a tomar, y era urgente optar por una decisión.

A finales de mes, aunque ni siquiera había jurado su cargo —lo haría el 20 de enero de 1961—, Dulles y Richard Bissell, otro directivo de la CIA, buen amigo del presidente, cuyo nombre se mencionaba para suceder a Dulles cuando se retirara, le presentaron en Palm Beach el Plan Trinidad. Según los asistentes a aquella reunión, escuchó en silencio y no se mostró ni a favor ni en contra, por lo que consideraron que la idea contaba con su aparente apoyo. En los meses siguientes esa actitud sería una constante. Si hacemos una revisión de los documentos internos de la Casa Blanca, desde la toma de posesión hasta el 17 de abril de 1961, resulta sorprendente que el presidente nunca apoyara específicamente, ni de palabra ni por escrito, los planes para derrocar el régimen castrista mediante una invasión.

Por entonces, el concepto de formación guerrillera que se tenía para la fuerza de ataque, que no había interrumpido en ningún momento su entrenamiento, se cambió al de unidad de combate convencional. Eso dio más ánimos durante los meses siguientes a sus miembros, que daban por descontado que, a la hora de la verdad, contarían con el apoyo de la armada, la aviación y el ejército de los Estados Unidos. Quedó bautizada como Brigada de Asalto 2506 por el número de socio de Carlos Rafael Santana Estévez, que había muerto en septiembre, durante un accidente en los entrenamientos[37]. Reunía características similares a las unidades de asalto anfibias de las fuerzas armadas estadounidenses y disponía ya de cerca de1 500 hombres bien equipados, provistos incluso de modernas unidades blindadas del *US Army*. Para apoyo de las unidades de tierra incluso se organizó una fuerza aérea —la *Lyberty Air Force*—, que se formó en agosto en el Campo Trax, próximo a Retalhuleu, en Guatemala.

---

[37] La CIA había comenzado la numeración de los voluntarios con el 2 500, la práctica habitual para que el número de miembros de cualquier organización parezca mayor.

Con el fin de ocultar mejor los preparativos para la invasión, la CIA organizó una serie de empresas fachada para poder disponer de todo lo necesario. Por ejemplo, los aparatos de la *Lyberty Air Force*, 26 B-26Cs *Invader*, de los que finalmente solo 20 se consideraron útiles y plenamente operativos, se compraron a través de la empresa de aviación *Intermountain*, y el personal técnico y de vuelo, tanto estadounidense como cubano, fue contratado a través de la *Double-Check Corporation*, con la ayuda del general George Doster, por entonces comandante de la Guardia Nacional Aérea de Alabama. Doster consiguió reunir unos 70 cubanos y algo más de 80 estadounidenses, entre ellos muchos expertos en el B-26 del Ala de Entrenamiento 117.ª de la *US Air Force*.

No fueron las únicas compañías implicadas. Otra de esas célebres empresas de apoyo fue Transporte Aéreo Civil —conocida como CAT—, que había sido fundada en 1946 por el exgeneral Claire Chennault para las operaciones estadounidenses en China y luego adquirida por la CIA[38]; y no podemos olvidar a *Zapata Offshore*, por entonces una compañía de perforaciones petrolíferas marinas propiedad de George Bush —futuro presidente estadounidense entre 1989 y 1993—, que se utilizó como tapadera para comprar al menos dos de los buques utilizados, el *Houston* y el *Bárbara J*. Uno lo bautizó con el nombre de su ciudad adoptiva y el otro con el de su esposa.

En la cresta de la ola

La versión definitiva de Trinidad la conoció Kennedy el sábado 28 de enero durante una reunión en la Casa Blanca en la que estaban presentes el vicepresidente Lyndon Johnson; el secretario de defensa Robert McNamara; el secretario de estado Dean Rusk; el jefe del estado mayor conjunto, general Lyman Lemnitzer; el asesor de seguridad nacional McGeorge Bundy y otros subsecretarios y asesores. La presentación la hizo Dulles, asistido por Tracy Barnes, con notas preparadas por Bissell.

Tenía tres puntos cruciales. Primero, como se había dicho desde el principio, el plan debía activarse en marzo, lo más

---

[38] La CAT se convirtió en la *Pacific Corporation Holding*. Incluía a una empresa principal nueva, *Southern Air Transport*, y a otras dos más pequeñas, *Air Asia* y la conocida *Air America*.

tarde en abril, para evitar la llegada de los Mig y la temporada de lluvias, que dificultarían las actividades militares no solo en Cuba, sino también en Guatemala y Nicaragua, desde donde partiría la brigada y su fuerza aérea. Segundo, eliminar a toda la fuerza aérea revolucionaria y obtener el control del espacio aéreo era absolutamente imprescindible para asegurar el éxito. Tercero, una vez obtenida una cabeza de playa que pudiera mantenerse dos semanas o un mes, los Estados Unidos intervendrían y comenzarían una ocupación militar que acabaría por provocar la caída del régimen.

Nadie puso pegas, excepto el general Lemnitzer, que expresó sus dudas de que tan pocos hombres pudieran defender la cabeza de playa. Kennedy ordenó entonces una evaluación del plan a los jefes militares, que le entregó el secretario McNamara el 3 de febrero. La firmaba Lemnitzer, pero la había preparado el general del *US Army* David Gray. Fue favorable, sin demasiados compromisos. Concluía: «Los jefes del estado mayor consideran que la oportuna ejecución de este plan tiene posibilidades finales de éxito. Aunque no consiga inmediatamente todos los resultados deseados, pudiera contribuir al eventual derrocamiento del régimen de Castro».

En cualquier caso, la reunión final para tomar una decisión sobre la operación se celebró el 15 de marzo en la Casa Blanca —5 días después de la fecha que la CIA había elegido para comenzar la invasión—. Y, puesto que las dudas de Kennedy habían aumentado considerablemente durante esas semanas, se decidió no aprobarla. Solo gracias a la machacona insistencia de Rusk y sus asesores del Departamento de Estado, el presidente ordenó la elaboración un plan alternativo, más discreto, que tuviera origen en algún lugar menos evidente que Trinidad.

En tres días, la CIA, codo con codo con la junta de jefes de estados mayores de las fuerzas armadas estadounidenses, planificó la Operación Pluto[39], estableció los objetivos y misiones de la brigada de asalto y cambió el lugar del desembarco a Bahía de Cochinos, a 90 millas al oeste de Trinidad. Según sus estudios, era el único lugar alternativo de la costa sur para el desembarco. El resto —Oriente y la Sierra Maestra—, que-

---

[39] A partir de la década de 1980 comenzó a llamarse Operación Zapata, un nombre que sorprendía hasta a José Pérez San Román, comandante de la brigada y jefe militar de la invasión. Él no lo había oído nunca hasta entonces.

daban demasiado lejos de los campamentos de Centroamérica desde donde partirían los voluntarios, ya organizados en 7 batallones. El 1.°, de paracaidistas; los 2.°, 5.° y 6.°, de infantería; el 3.°, blindado; el 4.°, de armas pesadas y el 7.° de reserva. Los acompañaría un cuartel general y una sección de buceadores dividida en 6 pelotones de 4 hombres.

Quizá por las prisas, el lugar estaba mal elegido. Se había seleccionado para la incursión una estrecha franja de playa al sur de la provincia de Matanzas, rodeada por la Ciénaga de Zapata y sus pantanos. Tenía arrecifes —que los analistas de la CIA insistieron, en considerar algas cuando vieron las fotos aéreas— y, aunque existía una pista de aviación lista para usarse, era un lugar completamente aislado con pocas vías de acceso. Kennedy prefería que estuviera así, retirado, pero aunque eso ofrecía la posibilidad de incomunicar la zona y establecer una cabeza de playa que permitiera consolidar el desembarco para extender las acciones militares, hacía también que las montañas del Escambray quedaran demasiado lejos para que, en caso de fracaso, la brigada tuviera una ruta de escape.

La mayor diferencia con el Plan Trinidad era que ya no se contaba con la insurrección interna para acompañar la invasión y, por consiguiente, se decidió no informar a las organizaciones clandestinas de la isla de cuándo se produciría el desembarco. Según los estadounidenses, porque los cubanos hablaban demasiado y no querían arriesgarse a que se descubriera la fecha debido a una indiscreción. Una explicación demasiado simple con la que pretendían ocultar que Castro había anunciado el 4 de marzo, durante el acto conmemorativo del primer aniversario de la explosión del *La Coubre*, «la neutralización de más de 420 contrarrevolucionarios que esperaban la invasión que organizaba el gobierno de Estados Unidos». Eso sin contar con que Fidel, desde que el *The New York Times* publicara en primera plana que la brigada se entrenaba en Guatemala, ya se había encargado de detener a miles de probables opositores.

En lo que sí coincidían ambos planes era en buscar la forma de incluir cinco bombardeos estratégicos dos días antes de poner en marcha el ataque, y lanzar uno final la madrugada del desembarco. Su intención era destruir en su totalidad a las Fuerzas Aéreas Revolucionarias, que contaban con 17 B-26, 15 Hawker *Sea Fury* FB Mk.11, —los había comprado

Batista de segunda mano a finales de 1958—, un F-51 *Mustang* y 5 modernos Lockheed T-33 armados con cañones y cohetes. Según la CIA, al menos la mitad estaban inutilizados por falta de piezas o problemas mecánicos.

Kennedy lo aprobó con condiciones —se reservó el derecho de cancelar la operación hasta 48 horas antes de comenzar—, y se fijó el desembarco para el 17 de abril. Seis días antes, el *New York Times* publicó la proclama del Consejo Revolucionario Cubano, firmada por Miró Cardona, que llamaba a la insurrección de la isla. En sus párrafos finales decía:

> ¡A las armas, cubanos, que es preciso vencer para no morir asfixiados en la esclavitud! Hay miles de cubanos, hermanados en el ideal, que luchan ya en las sierras y en los llanos contra los que vendieron a la Patria. ¡Únete a ellos! Es la hora de la decisión y de la victoria. Invocando el favor de Dios, aseguramos que con la victoria vendrán la paz, la solidaridad humana, el bienestar general y el respeto absoluto a la dignidad de los cubanos sin excepciones. El deber nos llama a la guerra contra los verdugos de nuestros hermanos. Cubanos: ¡A vencer! ¡Por la Democracia. Por la Constitución. Por la Justicia Social. Por la Libertad!
>
> En Nueva York, Estados Unidos de América, a 8 de abril de 1961. Consejo Revolucionario Cubano: Doctor José Miró Cardona, presidente. Doctor Manuel Antonio de Varona; Ingeniero Manuel Ray; Ingeniero Carlos Hevia; Doctor Antonio Maceo; Doctor Manuel Artime; Doctor Justo Carrillo.

Tal y como se había establecido, el sábado 15 de abril, el mismo día que zarpaba la expedición de Puerto Cabezas, en Nicaragua, 8 de los 16 B-26Cs que estaban operativos, despegaron hacia los objetivos que tenían asignados. Iban pintados con los colores y emblemas de la Fuerza Aérea Revolucionaria y organizados en tres secciones: Vuelo Puma, con Puma 1, 2 y 3, cuyo objetivo era el aeródromo de Ciudad Libertad —Campamento Libertad, para los equipos contrarrevolucionarios—; Vuelo Gorila, con Gorila 1 y 2, que debía bombardear el Aeropuerto Internacional Antonio Maceo, de Santiago de Cuba y Vuelo Linda, con Linda 1, 2 y 3, que atacaría la base aérea de San Antonio de los Baños[40]. Cada avión estaba armado con dos bombas de 250 kilogramos y diez de 125, así como con ocho ametralladoras Browning de calibre 50, montadas en la proa.

Los primeros en llegar a su destino fueron Vuelo Gorila, que habían sido descubiertos por una patrullera de la Marina de Guerra cubana. Una vez en Santiago, Ponzoa bombardeó la pista, que tenía los depósitos de combustible enterrados, y Herrera ametralló los emplazamientos antiaéreos. Luego dieron una segunda pasada tras intercambiar sus objetivos. Desde el aeródromo respondieron con sus antiaéreos de 23 y 37 mm, pero los dos *Invaders*, a pesar de la alerta, pudieron realizar un tercer ataque. De forma similar actuaron Vuelo Puma y Vuelo Linda. Los pilotos regresaron con buenas impresiones e informaron de que habían infligido daños considerables.

A partir de ese momento la CIA inició la parte «pública» de la campaña. A las 04.00, Mario Zúñiga, uno de los pilotos de la brigada, despegó en el B-26B matrícula FAR 933 de Nicaragua y aterrizó directamente a las 08.21 en el aeropuerto internacional de Miami. Allí, mostró los impactos de balas que le habían hecho al fuselaje y declaró ser uno de los pilotos desertores de la fuerza aérea castrista, que había atacado su base antes de huir a los Estados Unidos. Solo algunos observadores notaron que el avión era un B-26 con nariz «dura» que contenía ocho ametralladoras, mientras que las FAR volaban con B-26 de nariz «vidriera» y armados con ametralladoras en las alas. Tampoco nadie hizo preguntas sobre por qué las armas del aparato no habían sido utilizadas. De momento, el engaño funcionó.

Mientras, un avión U2 de la *US Air Force* regresó con las imágenes posteriores al ataque Puma. Solo cinco aviones de las FAR podían confirmarse como destruidos en tierra, el resto no parecían tener más que daños de diversa consideración. Era una pésima noticia.

La CIA y los pilotos de la brigada pidieron poder realizar ataques adicionales, pero Kennedy se negó rotundamente. En parte, porque ya no había forma de explicar cómo el B-26 que

---

[40]   Puma 1: José Crespo y Lorenzo Pérez. Puma 2: Daniel Fernández y Gastón Pérez. Puma 3: Osvaldo Piedra y José Fernández. Gorila 1: Gustavo Ponzoa y Rafael Garcial Pujol. Gorila 2: Gonzalo Herrera y Ángel López. Linda 1: Luis Cosme y Nildo Batista. Linda 2: René García y Luis Ardois. Linda 3: Alfredo Caballero y Alfredo Maza.

había aterrizado en Miami estaba de nuevo camino de Cuba. Solo la captura de un aeródromo cubano —y eso era un imposible—, le hubiese hecho cambiar de opinión. A pesar de que las fuerzas aéreas revolucionarias tenían aun suficientes aparatos como para contar con clara superioridad aérea, la operación siguió su curso.

La flota de desembarco de la brigada estaba compuesta por 5 viejos cargueros —*Houston, Rio Escondido, Caribe, Atlántico y Lake Charles*—, algunos del tipo *Lyberty Ships*, que actuaban como transportes de tropas y material. Alquilados por la *García Steamship Lines*, desplazaban aproximadamente 2 400 toneladas, llevaban bandera de Liberia y estaban equipados con ametralladoras del calibre 50. Además, contaban con dos buques mejor armados, que debían utilizar su fuego como apoyo: el *Blagar* y el ya citado *Bárbara J*, antiguos LCI —*Landing Craft Infantry*[41]— utilizados durante la Segunda Guerra Mundial por la *US Navy* que habían sido posteriormente adaptados como dragaminas. Ambos barcos, ahora con bandera nicaragüense de circunstancias, actuaban también como buques de mando y en cada uno de ellos viajaba un agente de la CIA[42].

El convoy, con los hombres hacinados bajo el sol del Caribe sin apenas agua ni comida, fue escoltado desde su partida hasta el punto de reunión «Zulú», próximo a las Islas Caimán, por los destructores estadounidenses *Bache, Beale, Conway, Cony, Eaton, Murray y Waller*, que se encargaban cada uno de proteger a un barco. Allí los esperaba la *Task Force Alpha*, formada por el portaaviones *Essex*[43] —con su comandante, el almirante John A. Clark a bordo—, el portahelicópteros de asalto *Boxer*, los destructores *Purdy, Hank, John W. Weeks y Wren* y los submarinos *Cobbler y Threadfin*. Todas las marcas y números de buques y aeronaves estaban convenientemente tapadas con una burda capa de pintura para que no se pudiera implicar a los Estados Unidos en la operación.

---

[41] Lanchas de desembarco de infantería.

[42] Los dos buques eran propiedad de la CIA. El *Bárbara J*, por ejemplo, que había servido en la armada con el número 884 y el nombre *Longspur*, había sido dado de baja y vendido para el desguace en mayo de 1960. Comprado por la CIA para su flota secreta se había rearmado en las Islas Caimán y tenía su base de operaciones en la isla de Vieques, Puerto Rico.

[43] Llevaba embarcadas las alas aéreas CVS-9 y CVSG-60. Su intervención se limitó a realizar un reconocimiento sobre el campo de batalla el 18 de abril.

También se unió en ese momento a la expedición el *USS San Marcos*, una especie de dique flotante[44] en el que viajaban 3 LCUs —*Landing Craft Utility*— y 4 LCVPs —*Landing Craft Vehicles Personnel*—, que a su vez transportaban los blindados, camiones y jeeps. Unos 300 brigadistas se trasladaron al buque para ocuparse de todas las operaciones necesarias para su manejo.

En «Zulú» se recibió finalmente la autorización formal de Kennedy para proceder al desembarco el 16 de abril. La flota se separó de los buques de escolta estadounidenses y comenzó a aproximarse a la costa de Cuba. Solo los acompañó el *San Marcos*, que aproximadamente a 5 millas de la costa liberó sus lanchas de desembarco con todo el equipo a bordo.

Según el plan establecido, poco después de la medianoche del 17 de abril, en total oscuridad, el *Blagar* y el *Barbara J* desembarcaron en botes de goma a un grupo de submarinistas, encargados de explorar la playa y preparar el desembarco, mediante señales luminosas. Ellos fueron los que hicieron los primeros disparos de la invasión: cuando llegaban a la playa dispararon a un jeep del ejército cubano que había escuchado ruidos y giraba para alumbrar hacia el agua con sus faros. Luego, desde el *Barbara J* llegó el primer grupo de la brigada, cuyo objetivo era la que habían denominado como playa *Blue*, cerca de Girón —donde también había una pequeña pista de aterrizaje—. Ese primer desembarco contó con apoyo aéreo y el lanzamiento de 177 paracaidistas unos 7 kilómetros hacia el interior, destinados a proteger cuanto antes el avance. Poco después llegó a tierra la segunda parte de la brigada en playa *Red*, cerca de Playa Grande, en la Bahía de Cochinos. A los dos primeros buques los siguió el *San Marcos* y sus siete lanchas de desembarco, que dejaron cinco blindados M-41 en Playa Larga.

Todo empezaba bien. En playa *Blue*, entre las señales puestas en sitios visibles para marcar obstáculos y facilitar el desembarco del resto de sus compañeros, podía verse con facilidad el cartel colocado por los buzos cubanos y el agente de la agencia norteamericana Grayston Lynch: «Cortesía de los submarinistas del *Bárbara J* ¡Bienvenidos!».

---

[44] El *San Marcos* fue transferido a España en 1971, y adoptó el nombre de *Galicia* y el numeral L31. Participó en los sucesos en torno a la «Marcha Verde» en el Sahara y en otras muchas misiones. Fue dado de baja en 1988.

Bahía de Cochinos

Pelotones de observación del batallón 339 de las milicias nacionales revolucionarias y milicias campesinas fueron las primeras en enfrentarse a la invasión en la misma orilla de Playa Larga. Dieron la alarma y consiguieron retrasar algo el avance enemigo, pero no pudieron hacer mucho más. Sobre las 02.30 iniciaron la retirada. Con una resistencia tan débil la Brigada 2506 no tuvo demasiados problemas en establecer una cabeza de playa de varios kilómetros de profundidad.

Esa misma mañana, Castro ordenó la movilización de efectivos hacia la zona de desembarco y se trasladó a Central Australia, en Jagüey Grande, para dirigir las operaciones. Mientras, los alumnos de la Escuela de Responsables de Milicias y dos batallones de milicianos se enfrentaron a los paracaidistas, los derrotaron y forzaron que se dirigieran a Playa Larga.

No fue lo único que salió mal ese día. La fuerza aérea cubana, derribó a seis de los aparatos de apoyo y hundió o averió varios de los buques que escoltaban la operación, lo que obligó a toda la agrupación naval a retroceder, incluidos los dos últimos mercantes en buen estado, *Atlántico* y *Caribe*, que abandonaron la zona sin descargar la mayor parte de sus suministros. Una maniobra que dejó a las tropas desembarcadas en situación crítica, ya muy cortas de munición. De nada les sirvió que un transporte C-130 Hércules de la *USAF*, partiera de la base Kelly, en Texas, para dejar caer algunas provisiones al abrigo de la oscuridad. Esa noche, la infantería castrista apoyada por blindados y artillería, lanzó una nueva ofensiva contra Playa Larga. La tomó a primeras horas de la mañana. Poco después comenzó un avance en tres direcciones hacia Playa Girón que rompió las defensas enemigas en importantes vías de acceso a los reductos que ocupaban los invasores.

El día 19, ante el ataque simultáneo de todas las fuerzas que la cercaban, y sin posibilidad de refuerzos, la brigada 2506, rota su resistencia, retrocedió para tratar de abandonar Cuba. Parte de los que intentaban escapar fueron capturados al nordeste de sus posiciones y un pretendido reembarque fue frustrado por el fuego de la artillería y el vuelo rasante de la aviación. A las 17.30, después de 65 horas de combates, caía el último reducto de Playa Girón. Los asaltantes dejaban 88 muertos, numerosos heridos, 1 197 prisioneros y habían perdido gran cantidad de material bélico, además de 11 aviones, dos buques de transporte y varias lanchas de desembarco.

La mayoría de los prisioneros tuvo que cumplir 20 meses de cárcel en las celdas del Castillo del Príncipe, en La Habana, construido en tiempos de Carlos III, cuando tras la toma de la capital de Cuba por los ingleses en 1762, España decidió convertir a la llave del Nuevo Mundo en la ciudad más fortificada del continente americano. El gobierno de Fidel Castro finalmente los entregó a sus familiares en diciembre de 1962, tras duras negociaciones, a cambio de 52 millones de dólares en medicinas y alimentos, donados por empresas estadounidenses, y un pagaré para hacer efectivo de 2,9 millones de dólares, que recaudó el propio Kennedy de forma anónima entre sus acaudalados amigos.

Las consecuencias de lo ocurrido no se hicieron esperar. Miró Cardona, defraudado por el fracaso de la expedición cuestionó duramente al gobierno estadounidense y a su presidente. En todas sus declaraciones posteriores sostuvo que habían prometido intervenir con tropas propias y que finalmente, al no hacerlo, habían dejado a los cubanos aislados y abandonados.

Castro, tras su victoria, aplastó a la oposición en la isla con el encarcelamiento de más de 100 000 ciudadanos sospechosos de ser enemigos de la revolución en los días anteriores y posteriores al desembarco. A partir de ese momento fortaleció su poder asumiendo el papel de un nacionalista que combatía al «imperialismo norteamericano» y aceleró su alianza con la Unión Soviética. Los cubanos nunca más volvieron a enfrentarse al régimen de una manera tan rotunda y bien organizada, como lo había hecho la Brigada 2506.

Fuera de Cuba y Estados Unidos, especialmente en los oscuros campos de batalla de la Guerra Fría en el Tercer Mundo, la estrella de Castro brilló mucho más fuerte después de aquel episodio bélico, sobre todo cuando él mismo comenzó a nombrar Playa Girón como el lugar de «la primera derrota del imperialismo en América Latina». Le valió para tratar de exportar la revolución entrenando y armando a un amplio número de guerrillas latinoamericanas durante las tres décadas siguientes o, como veremos, para enviar miles de soldados a África.

Pero, sin duda, el efecto más duradero del desastre de Bahía de Cochinos afectó a la comunidad cubana exiliada en el sur de Florida. A su modo de ver, como decía Miró Cardona, Kennedy los había abandonado. Incluso traicionado. Para muchos, el fracasado intento de invasión los obligó a aceptar el hecho de que no regresarían a la isla y los motivó para hacerse ciudadanos estadounidenses y poder votar en las elecciones por el Partido Republicano, opuesto al demócrata que Kennedy representaba. Algo parecido a lo que ocurriría en los comicios del año 2000, cuando el fuerte apoyo de los electores cubanoestadounidenses llegó a ser un factor importante en la victoria del republicano George W. Bush en Florida, por unos cuantos cientos de votos.

¿Es posible que con superioridad aérea, como estaba previsto, los cubanos solos, sin la intervención militar estadounidense, hubiesen podido completar el desembarco con posibilidades de hacerse fuertes? Seamos claros: rotundamente no.

Las tropas gubernamentales fueron derrotadas en varias acciones el primer día, y muchos milicianos se rindieron pensando que tras la invasión venía el grueso de las fuerzas estadounidenses, sin embargo, se olvida, o se quiere olvidar, que el 18 de abril, nada más conocerse el ataque, se pusieron en marcha desde Pinar del Río 30 000 soldados bien entrenados y armados de la auténtica infantería del país, la curtida en los combates de la revolución y la lucha contraguerrillera —no como los milicianos de la zona de Bahía de Cochinos, por mucho que dijera Castro—, con una abrumadora cantidad de piezas de artillería, al mando del experimentado comandante Dermidio Escalona. De manera que hubiera sido imposible para los brigadistas resistir su ofensiva. Puede objetarse que los B-26 de la *Lyberty Air Force* hubieran causado estragos en esas tropas, pero no dejan de ser especulaciones.

Es verdad que Kennedy negó su ayuda a los invasores la noche del 19 de abril, cuando ni siquiera permitió que sobrevolaran las playas sus aviones, pero no es menos cierto que nunca había prometido a nadie intervenir, por lo que tampoco puede decirse que traicionara a los brigadistas. Salvo que se le acuse de permitir, por razones políticas, que se llevara a cabo la operación, cuando sabía que su fracaso estaba asegurado. Quizá la solución a este enigma se encuentre en las palabras que le dijo al escritor Arthur Meier Schlesinger, su asesor e historiador personal, el 7 de abril, una semana antes de la invasión: «*If we have to get rid of these 800 men, it is much better to dump them in Cuba than in the United States, especially if that is where they want to go*» —«Si tenemos que deshacernos de estos 800 hombres, es mucho mejor descargarlos en Cuba que en los Estados Unidos, especialmente si es allí donde quieren ir»—.

Salvo que se opte por enfocar esta historia como una cuestión de fe, no hay nada secreto. Los detalles de la operación llevan años disponibles en los archivos del Departamento de Estado —*Foreign Relations of the United States, Volumen X, Cuba, 1961-1962*—.

Operación Mangosta

Para la administración Kennedy, el fracaso de la invasión en Playa Girón fue un desastre que no solo la ponía en ridículo, sino que añadía combustible a la Guerra Fría, que se encontraba en todo su apogeo. Un par de meses después del suceso, el por entonces general retirado Maxwell Taylor —Kennedy lo reincorporaría al servicio activo como su asesor militar personal y lo nombraría jefe del estado mayor conjunto el 1 de octubre de 1962—, encargado de una investigación especial sobre lo ocurrido, aseguraba en su informe: «No tendremos que estar mucho tiempo con Castro».

Parecía una buena noticia, pero a pesar de su «brillante» opinión, no era la paciencia una de las virtudes de los Kennedy, y menos aún la de Robert, el hermano del presidente, con el que estaba muy unido —era por entonces Fiscal General de los Estados Unidos—. Él, ni necesitaba escuchar tales indicaciones, ni estaba dispuesto a esperar. «Vamos a tomar medidas contra Castro de cualquier forma —escribió—. Podría ser mañana, podría ser en cinco o diez días, o esperar durante meses. Pero llegarán».

Su declaración, más una declaración de intenciones que otra cosa, abría a su círculo más íntimo la posibilidad de imaginar cientos de maneras posibles de acabar con Castro. Muchas, como los puros explosivos o envenenados, los ataques biológicos o las posibles maneras de ponerlo en ridículo, serían pura ficción —hasta se habla de una entrevista privada entre Ian Fleming, autor de la saga de James Bond, y Kennedy, para comentar métodos de asesinato que no dejaran huella—, pero no ocurriría así con la Operación Mangosta, la mayor acción de los Estados Unidos contra una nación extranjera en la década de 1960, destinada no solo a terminar con su molesto vecino, sino a acabar para siempre con la independencia económica de la isla y hacerla volver al redil estadounidense.

Como la mayoría de las operaciones encubiertas, estudiar el nuevo plan que se organizó para derrocar al líder cubano es un poco complicado. Lo único seguro es que se tejió en el despacho del presidente. Kennedy, convencido de que había sido traicionado por sus asesores militares y de inteligencia, puso todos los asuntos sobre Cuba en manos de un hombre en el que sabía que podía confiar ciegamente: su hermano «Bobby», que tras una reunión sobre Cuba celebrada en la Casa Blanca en noviembre de 1961, dejó aún más clara su postura: «Mi idea es llevar el caos a la isla mediante el espionaje, el sabotaje y el desorden general, administrado y operado por los propios cubanos de todos los grupos, tanto seguidores de Batista como comunistas. No sé si vamos a tener éxito en el derrocamiento de Castro pero no tenemos nada que perder».

Dicho y hecho. A partir de ese momento el Consejo de Seguridad Nacional planificó un vasto programa subversivo en el que intervinieron el Pentágono, el Departamento de Estado, la Agencia Central de Inteligencia y la Agencia de Información. Como querían los Kennedy, no tenía previstos grandes movimientos de tropas, sino pequeñas operaciones encubiertas mucho más sutiles. Los términos que acuñaba el presidente para describirlas, enamorado de los arriesgados e infalibles espías de Fleming, eran «el arte de la contrainsurgencia» o uno mucho más metafórico y sofisticado: «la reforma social bajo presión».

Como jefe de operaciones de la que se bautizó como Mangosta, se eligió a alguien igual de exquisito, el legendario general de las fuerzas aéreas y agente de la CIA Edward Lansdale, cuyas hazañas en la lucha contra los comunistas en Filipinas en la década de 1950 lo habían convertido en modelo para un personaje de la novela de Graham Greene: *El americano impasible*. Estaba subordinado directamente a Robert, dentro de una estructura que se denominó Grupo Especial Ampliado —SAG—.

En el primer trimestre de 1962 Robert comunicó a los principales artífices de Mangosta que Cuba era la máxima prioridad de los Estados Unidos, que todo lo demás era secundario. No debían escatimarse recursos, medios técnicos, medios financieros o personal. Así de claro lo dejó también el presidente, completamente de acuerdo con la opinión de su hermano, cuando se le expuso el plan inicial en el mes de marzo.

Mangosta, tal y como se había planteado, comprendía 33 tareas —tantas como especies distintas del animal—, para desestabilizar al régimen de Castro: 13 de ellas eran económicas, 6 políticas, 5 militares, 4 de inteligencia y 4 de guerra psicológica. La última era una acción de guerra biológica que permitiera utilizar un medio químico para afectar la vista de los macheteros y sabotear la zafra azucarera.

El fin de todas esas actividades era promover levantamientos internos —hubo tres intentos en mayo, agosto y septiembre, que fueron descubiertos y liquidados por los órganos de la seguridad del estado cubano—, con el propósito de desencadenar una insurrección armada contrarrevolucionaria que facilitara la intervención directa de los Estados Unidos con la cobertura de la Organización de Estados Americanos. Para llevarlas a cabo la CIA dispondría de una estación en el sur de Florida conocida como JM Wave, la mayor del mundo, que funcionaba como una subdirección especial. Aunque el director de la CIA, Richard Helms, se mostró siempre muy escéptico en privado sobre el futuro de la operación, autorizó que dispusiera de un presupuesto anual superior a los 50 millones de dólares; una plantilla de 500 personas fijas y aproximadamente 3 000 colaboradores. Se incluyó también el uso de un dispositivo logístico independiente, en el que ya hemos visto que no faltaban los medios navales y aéreos propios que permitieran realizar operaciones paramilitares.

Desde su presentación hasta que fue retirado a finales de 1962, se intentó introducir cada mes un método diferente de desestabilización, para lo que llegaron a montarse 415 equipos de intervención que lograron infiltrar 117 agentes. Eso supuso que se multiplicaran las incursiones de sabotaje, fueran asesinados castristas en la isla y fuera de ella y se pagaran sobornos a proveedores extranjeros para introducir en Cuba mercancías con las que buscar alguna forma de culpabilizar al régimen de todo tipo de delitos. De esa forma, según Mangosta, agentes de acción política de la CIA reestructurarían las organizaciones contrarrevolucionarias en el interior del país, crearían grandes redes de inteligencia y forjarían un importante Frente Nacional en el que se integrarían las principales organizaciones anticastristas que operaban en las seis provincias.

Según contó Helms años después, la presión de los Kennedy para terminar con Castro fue tan grande que bajo el paraguas de Mangosta se llegó a organizar uno de los capítulos más controvertidos y grotescos en la historia presidencial: la contratación de la Mafia para asesinar al líder cubano.

Aunque los detalles son turbios y la participación de «Bobby» nunca se ha probado, Robert Maheu, un veterano agente de la CIA experto en actividades de contraespionaje, fue el encargado de ofrecer a la organización 150 000 dólares por matarlo[45].

La ventaja de emplear a la Mafia era que proporcionaba a la CIA un argumento creíble para no implicar a la administración estadounidense, pues Castro había cerrado sus rentables burdeles y casinos. Si los asesinos hubieran sido abatidos o capturados, los medios de comunicación habrían aceptado que ellos lo habían hecho por su cuenta.

Mangosta sería tan interesante como los políticos quisieran, pero no lo que buscaba el Pentágono, ansioso por intervenir de forma más contundente. El 2 de febrero de 1962, dentro de lo que habían denominado Operación *Northwoods*, el Estado Mayor Conjunto presentó al Secretario de Defensa, Robert McNamara, un memorando titulado *Posibles acciones para provocar, molestar o perturbar Cuba*.

Kennedy, escandalizado, las desestimó desde el primer momento, pero a la larga algunas de ellas son las que han alcanzado más relevancia por su carácter «diferente»: La Operación Bingo —atacar las instalaciones navales estadounidenses en Guantánamo como excusa para la intervención—; la Operación Truco Sucio —hacer que se estrellara el primer vuelo espacial tripulado *Mercury* y luego probar que habían sido los cubanos al realizar interferencias electrónicas—; hundir un buque estadounidense en el puerto de La Habana —tal y como se había hecho con el *Maine* en 1898—, o una de las más elaboradas y que al lector puede que le suene: crear un incidente que demostrara de forma convincente el ataque y derribo de un avión de pasajeros por otro de las fuerzas aéreas cubanas. Debería cubrir el trayecto desde los Estados Unidos a Jamaica, Guatemala, Panamá o Venezuela —cualquiera que sobrevolara Cuba— y ser sus pasajeros principalmente turistas estadounidenses o, mucho mejor, un grupo de estudiantes universitarios de vacaciones.

---

[45]   Por si todo esto fuera poco sórdido, el director del FBI, J. Edgar Hoover, se enteró también mediante sus tramas de espionaje que el jefe de la Mafia, Sam Giancana, compartía una posible amante con John Kennedy, Judith Exner. Todas estas maquinaciones han alimentado durante años las diversas teorías sobre la conspiración del asesinato del presidente Kennedy, en Dallas, en 1963.

Mangosta terminó por fracasar estrepitosamente: las organizaciones contrarrevolucionarias sufrieron contundentes golpes, el programa de sabotajes fue neutralizado y los posibles atentados contra Castro oportunamente descubiertos y liquidados. Eso lo convirtió en el segundo gran revés político de la administración Kennedy en relación con sus planes de acabar con el régimen cubano. Por varias razones. La principal, porque estaba destinado al fracaso desde su inicio. En 1962, y no les entraba en la cabeza a los estadounidenses, la contrarrevolución no disponía de ninguna clase o grupo social para organizarse o reestructurarse y sus organizaciones en el interior o el exterior del país, aunque contasen con algunos miles de partidarios, no podían elaborar mensajes que fueran aceptables para las masas que adoraban a Fidel.

Al final, lo que resultó más amenazante fue algo mucho más tradicional: unas maniobras militares estadounidenses a gran escala realizadas en el Caribe, en las que un par de divisiones de *marines* y otras dos de tropas aerotransportadas —unos 40 000 soldados en total—, practicaron la invasión de una isla anónima para derrocar a un dictador imaginario de nombre en código «Ortsac». Si Kennedy quería así alarmar a Castro, lo consiguió.

La crisis de los misiles

Cuatro meses después de los sucesos de Bahía de Cochinos, en el verano, Castro, que poco antes de la invasión había confirmado el carácter socialista de la revolución cubana con la intención de recibir ayuda soviética si venían mal dadas —una declaración que, a decir verdad, apenas tuvo eco oficial en la URSS—, decidió fusionar sus fuerzas políticas con las del partido comunista, con intención de formar un partido único. Lo hizo ese diciembre y aprovechó para anunciar de nuevo, ahora ya de forma oficial, su total adhesión y la de su gobierno al marxismo-leninismo. Sin embargo, a pesar de todos sus esfuerzos, los soviéticos continuaron mostrándose reticentes a reconocer a Cuba como miembro del campo socialista. La razón era sencilla, hasta entonces ese campo socialista se había desarrollado siempre en torno a las fronteras de la URSS, por lo que tenían serias dudas de poder proporcionar a la isla mayores garantías de protección en caso necesario. Además, consideraban que la nueva posición de Castro lo único que hacía era aumentar la vulnerabilidad de Cuba. Ahora sí que Estados Unidos no se mostraría tan «flexible». Los acontecimientos parecieron darles la razón. A finales de enero de 1962, durante la conferencia de la Organización de Estados Americanos celebrada en Punta del Este, Uruguay, Estados Unidos consiguió expulsar a Cuba de la OEA con el argumento de que «el marxismo-leninismo era incompatible con el sistema panamericano». Una importante victoria para Washington, que hasta entonces ni siquiera había conseguido que un solo miembro de la organización regional apoyara las sanciones que solicitaba contra el gobierno de Castro, que precipitó también la ruptura de relaciones diplomáticas de Cuba con los mismos países —todos excepto México—.

El resultado fue una declaración de guerra. Por una parte contra los gobiernos latinoamericanos —a partir de la Segunda Declaración de La Habana el 4 de febrero, en la que Fidel expuso con firmeza «el deber de todo revolucionario es hacer la revolución»—, lo que le llevaría a ofrecer su ayuda a cualquier movimiento disidente de la región; por otra contra Estados Unidos, que el día 7, de forma definitiva, pudo implantar el embargo que tantas veces había intentado hasta entonces.

Tampoco a Kennedy le resultó su nueva posición tan provechosa como esperaba. Es cierto que los dirigentes soviéticos más conservadores, aún imbuidos de la teoría estalinista de «la historia no puede retroceder» no aceptaban a Cuba para no correr el riesgo de permitir por primera vez en la historia del mundo comunista un estado miembro fuera arrancado de su sistema, pero no lo es menos que algunos estaban dispuestos a correr riesgos. El que más Nikita Kruschev, que aunque por entonces todavía se encontraba en minoría en el Soviet Supremo, defendía que la URSS debía aceptar el desafío cubano y, además, aguardar a las repercusiones que eso pudiera tener en América Latina.

En abril, cuando ya las relaciones entre La Habana y Moscú corrían el riesgo de deteriorarse ante el creciente malestar de Fidel Castro, Kruschev obtuvo la mayoría que necesitaba para llevar adelante sus planes. A continuación, de forma muy discreta —tanto que solo se publicó en *Pravda*—, reconoció a Cuba como socialista.

La decisión de instalar misiles en la isla llegó poco después. La mayoría de los autores que han escrito sobre la crisis posterior, probablemente influidos por la visión estadounidense de lo ocurrido, sostienen que la Unión Soviética buscaba modificar a su favor el equilibrio de fuerzas nucleares, pero nosotros no nos mostramos tan de acuerdo: La principal preocupación de los soviéticos era la defensa de Cuba y su integración militar al campo socialista, y la única forma de hacerlo con relativas garantías era instalar misiles que sustituyeran a un tratado de defensa y asistencia mutuas casi imposible de cumplir en caso de ataque a la isla —tratado que, por otra parte nunca llegaron a firmar Cuba y la Unión Soviética de manera oficial—. De hecho, si Estados Unidos no hubieran descubierto los misiles

La «crisis de los misiles», según el ya desaparecido periódico británico Daily Sketch del 23 de octubre de 1962. Fidel Castro se sintió ofendido por no ser consultado en las negociaciones, al pensar que lo más coherente hubiera sido hacerlas sobre la base de las demandas cubanas y no de las soviéticas.

antes de que fueran operativos, es muy difícil imaginar cómo habrían podido cumplir su amenaza de bombardear las bases si no estaban desmanteladas en un plazo de tres días.

Se han escrito miles de páginas sobre el posible inicio de una guerra nuclear, y el magnífico papel desempeñado por los estadounidenses y su presidente, todo muy inflado por una propaganda muy interesada en levantar un gobierno que hasta entonces estaba por los suelos. Lo cierto es que el resultado de la crisis del otoño solo sirvió para desprestigiar a los soviéticos, hasta entonces muy prudentes en todo lo relativo a su política exterior. Tuvieron que retirar sus misiles y contentarse con el compromiso menor estadounidense de que no se invadiría Cuba. Esa compensación, que en principio parecía pequeña y solo aceptada para mantener la dignidad, tampoco era despreciable para ellos si volvemos a tener en cuenta su obsesión sobre la vulnerabilidad de la isla. Más aún, ese era un resultado mucho más satisfactorio que la retirada de los misiles estadounidenses de Turquía, que tampoco parecían preocuparles demasiado.

Sin embargo, a Fidel no le gustó nada la forma en que se desarrollaron los acontecimientos, ni se fio por un momento de la promesa estadounidense, a pesar de los esfuerzos soviéticos por convencerlo. El resultado fue el primer deterioro serio de las relaciones entre ambos países y un ligero acercamiento de Cuba hacia China, que en Corea se había mostrado mucho más dispuesta a la acción. En contraposición, los dirigentes soviéticos se esforzaron aún más en tranquilizarlo.

Primero, aumentaron considerablemente sus suministros de armas convencionales, lo que convirtió al ejército cubano en uno de los más poderosos del hemisferio occidental e hizo imposible una intervención militar estadounidense directa que no fuera masiva. Luego, además de reforzar la pertenencia de Cuba al campo socialista como miembro activo, le dieron una sustancial y muy ampliada ayuda económica. Ambas soluciones parecieron satisfacerlo, al menos de momento, a juzgar por las manifestaciones a favor de los logros socialistas que realizó Fidel Castro tras sus visitas a la URSS en 1963 y 1964.

Lo que siempre se olvida en occidente en cualquier reflexión sobre la «crisis de los misiles» es que le sirvió a la Unión Soviética para tomar otra decisión que también repercutió en el trato con su nuevo aliado: expandir su marina de guerra. A partir de 1969 comenzaron una serie de visitas intermitentes de buques de guerra soviéticos a Cuba, entre los que se encontraban submarinos nucleares, que fondeaban en aguas de la isla durante periodos prolongados. Actividades militares que respondían sin ninguna duda a los compromisos solicitados por Fidel y que encajaban a la perfección con la estratégica general soviética.

Ya lo dijo en 1970 el almirante Serguéi Gorshkov, principal responsable del agresivo programa de construcción naval que permitió a la Unión Soviética disponer a finales de esa década de una gigantesca flota de submarinos y buques de superficie capaces de competir con el poder naval occidental: «La presencia de nuestros buques en todas estas regiones ata las manos de los imperialistas y limita su posibilidades de intervenir libremente en los asuntos internos de los pueblos».

5

AÑOS DE EXPANSIÓN

El pueblo cubano no es un pueblo nacionalista, es un pueblo internacionalista. El pueblo cubano lucha por el socialismo, y la esencia del socialismo es el internacionalismo.

Fidel Castro

Un tibio día de invierno de diciembre de 1961, durante una operación desarrollada en el más absoluto secreto, el buque cubano *Bahía de Nipe* descargó en Casablanca, Marruecos, municiones, armas —especialmente carabinas estadounidenses M-1 y obuses de 105 mm— y personal médico. Nada más terminar, zarpó de nuevo hacia Cuba con 78 heridos argelinos del FNL y 20 niños huérfanos de guerra de los campamentos de refugiados.

Fue la primera acción en el continente africano ordenada por el primer ministro Fidel Castro —que desde el año anterior actuaba como si el jefe del estado cubano, el presidente Osvaldo Dorticós Torrado, no existiera—, en apoyo del Frente Nacional para la Liberación argelino, con simpatías en el mundo entero por aquel entonces. Luego, ya de forma pública, el régimen cubano se unió a la campaña internacional que capitaneó el bloque soviético en su apoyó, lo que terminaría por hacer mella en la opinión pública francesa, cuyo gobierno, dirigido por el general Charles De Gaulle, luchaba «a brazo partido» por salvaguardar los restos de su imperio colonial.

Argelia acabó por obtener su independencia el 3 de julio de 1962. El 26 de septiembre, la Asamblea Nacional eligió a Ahmed Ben Bella, el líder del FNL, un experimentado y condecorado[46] sargento del ejército francés que había combatido en la Segunda Guerra Mundial, primer ministro. Dos semanas más tarde, Ben Bella voló de Argel a Nueva York para asistir a la ceremonia que marcaba el ingreso de su país ante las Naciones Unidas. Desde allí, el 16 de octubre, en pleno apogeo de la «crisis de los misiles» se subió a un aparato de Cubana de Aviación para realizar una visita de dos días a su buen amigo Fidel Castro y darle su respaldo. Las treinta y seis horas que duró su estancia fueron de intensas conversaciones pero, sobre todo, un gesto de compañerismo, que Fidel nunca olvidó.

Ben Bella y Castro mantenían una idea común, la proyección exterior de su política en favor de la lucha armada de los movimientos de liberación nacional afroasiáticos, entre ellos la galvanización de los movimientos antirhodesianos y antisudafricanos, así como la promoción de focos guerrilleros en estados ya constituidos, como el Congo, Senegal, Chad, y Camerún. No les costó nada concertar a partir de entonces una estrategia insurgente, donde Cuba asumiera como suya la política argelina en África y, específicamente, el sostén a los alzamientos tribales en el Congo. Una estrategia que desembocaría en un torrente de movimientos armados del Tercer Mundo contra los países «proimperialistas».

Aventura en el desierto

A finales del verano de 1963 la tensión entre Argelia y su vecino, Marruecos, se incrementó progresivamente por el control de una amplia franja de suelo argelino a lo largo del mal definido límite territorial entre ambos países. Hacía dos años que había subido al trono alauita el joven Hassan II y, con gran alarde

---

[46]   Miembro del 14.º regimiento de infantería alpina y del 5.º regimiento de cazadores marroquíes, obtuvo cuatro menciones al valor y fue condecorado con la Cruz de Guerra y la Medalla Militar

de nacionalismo, exigió ampliar el país heredado de españoles y franceses, con esa región, el Sahara —aún en manos españolas—, Mauritania y un rincón de Malí. Le venía bien para tapar las crecientes tensiones económicas, sociales, y políticas de su reino y, si a eso se la añadía el descubrimiento en los terrenos en litigio de petróleo y grandes cantidades de minerales, merecía la pena arriesgarse a un conflicto armado.

Fidel Castro en 1979, con Raúl, en La Habana, durante el 20 aniversario del triunfo de la Revolución Cubana. Un año después tendría que enfrentarse con la crisis de los marielitos, una de las primeras grandes crisis de refugiados. Unas 10 000 personas se precipitaron a la embajada de Perú en La Habana en busca de asilo político. El conflicto se resolvió con la salida de unos 130 000 cubanos hacia Florida, por el puerto de Mariel.

El 25 de septiembre, tras semanas de incidentes fronterizos, tropas marroquíes ocuparon los puestos argelinos de Hassi-Beida y Tindjoub. El 8 de octubre, los argelinos los reconquistaron en un duro y sangriento enfrentamiento. La Guerra de las Arenas, agravada por las diferentes perspectivas políticas entre la conservadora monarquía marroquí y el gobierno revolucionario argelino, había comenzado.

Argelia estaba en desventaja. Su ejército disponía de decenas de miles de experimentados guerrilleros, pero no tenía ni equipo moderno, ni armamento pesado, ni formación para enfrentarse con su enemigo en combates convencionales. Aprovechando esa superioridad militar, y sus líneas logísticas más cortas, las tropas marroquíes se anotaron enseguida varios éxitos a lo largo de la frontera en disputa, por lo que Ben Bella decidió recurrir a su amigo Castro.

Por entonces, Rabat acababa de firmar un contrato de tres años con La Habana para comprar un millón de toneladas de azúcar por 184 000 000 dólares, una cantidad más que considerable de divisas en un momento en que Estados Unidos trataba de paralizar el comercio exterior de Cuba, sin embargo, tan pronto como se recibió la petición de asistencia, el gobierno cubano decidió enviar un contingente militar en ayuda de los compañeros argelinos que fuera capaz de enfrentarse por sí solo a los marroquíes. Lo precedió para ver cuáles eran las necesidades estratégicas, un grupo de siete oficiales que llegó al aeropuerto de Argel, vía Madrid, en un vuelo de Cubana de aviación.

Al contingente de voluntarios de las FAR que se organizó ese año en la isla se le bautizó como Grupo Especial de Instrucción —GEI—. Una fuerza de unos 700 hombres que quedó al mando del general Efigenio Ameijeiras. Partiría hacia Argelia a cualquier precio. Aunque peligrase el contrato del azúcar.

El 9 y el 17 de octubre respectivamente zarparon de Cuba los buques *Aracelio Iglesias* y *Andrés Gonzáles Lines*. Transportaban un batallón de carros de combate con veintidós T-34; un grupo de artillería con dieciocho cañones de 122 mm; dieciocho morteros de 120 milímetros; artillería antiaérea; una donación de 4 744 toneladas de azúcar y 516 hombres que debían reunirse con los 170 que saldrían de La Habana el 21 de octubre en dos vuelos especiales de Cubana de Aviación.

En la madrugada del 22 de octubre el *Aracelio Iglesias* llegó al puerto de Orán. Los primeros hombres desembarcaron vestidos con uniformes argelinos para no llamar la atención, pero no tenían suficientes y, cuando se acabaron, el resto bajó a tierra vestido de civil. Trabajaron lo más rápido posible para descargar los blindados y la artillería, y hasta algunas unidades pudieron atravesar la ciudad camino de la estación central de ferrocarril, para subir en los trenes que los conducirían a Sidi Bel Abbés, a unos 70 kilómetros de la capital, pero allí, ya a plena luz del día, bajo la mirada de los legionarios franceses que guarnecían el fuerte de Mers-el Kébir gracias a los acuerdos firmados en Evian[47], se acabó la posibilidad de mantener en secreto la llegada de los cubanos.

El plan argelino era lanzar un ataque inmediato contra la ciudad marroquí de Bedeau, en la frontera, el día 29, el siguiente a la llegada del *Andrés Gonzáles Lines* con el resto del material pesado, pero esa misma mañana el presidente Ben Bella suspendió el ataque al iniciar conversaciones con Hassan II para encontrar una solución al conflicto.

El alto el fuego definitivo al que, sin ninguna duda había contribuido la llegada de los blindados cubanos se firmó el día 30. El GEI no pondría fin a su primera aventura africana hasta el 17 de marzo de 1964, después de instruir a los argelinos y entregarles todos los blindados y artillería que habían llevado desde Cuba.

Aunque las tropas cubanas nunca llegaron a entrar en acción, para el gobierno de Fidel Castro la operación fue una poderosa prueba de la solidaridad que el régimen estaba dispuesto a ofrecer a los países que le pidieran ayuda. Además, le demostraba al mundo que Cuba —con muchos esfuerzos, pero eso no lo decía su líder—, tenía la capacidad de organizar y transportar a África una considerable fuerza militar en un tiempo extraordinariamente corto. La experiencia de la intervención en Argelia resultó crucial para futuras intervenciones en el extranjero, y, sin ninguna duda, sirvió como modelo para una intervención aún mayor en Angola, doce años más tarde.

La ruptura. «El Che»

Nada ilustra mejor la duración e intensidad de la presencia cubana en África que el hecho de que el mismo Guevara combatiera con la guerrilla en el Congo.

En diciembre de 1964, tras pasar tres meses en Argelia, decidió que África era el lugar propicio para establecer focos revolucionarios similares al que había triunfado en Cuba e intentar acabar con el imperialismo que atenazaba al continente. A partir del día 25, inició un periplo por siete países de reciente

---

[47] Los acuerdos de Evian autorizaban a los franceses a mantener tropas en su antigua colonia durante los tres años siguientes a la independencia.

independencia que habían manifestado de un modo u otro su intención de romper con Occidente. Un recorrido preparatorio en el que tuvo la oportunidad de conocer no solo a dirigentes de los movimientos revolucionarios, sino también las dificultades y preocupaciones de parte de la población. Interrumpió inesperadamente su gira para ir dos días a Paris y desde allí volar a China, en un viaje que nunca llegó a aclararse del todo, pero luego regresó para continuar con sus planes iniciales.

En Tanzania se entrevistó con los dirigentes congoleños Gastón Soumialot —líder del Consejo Nacional de la Revolución— y Laurent Kabila —por entonces un secundario jefe de operaciones—, seguidores del asesinado primer ministro de la República Democrática del Congo Patrice Lumumba. Ambos estaban dispuestos a terminar con el régimen de Moisés Tshombe, un gobierno títere del colonialismo belga y las compañías mineras internacionales[48]. Le parecieron la causa y el lugar propicios para intervenir. El país, ubicado en el centro de África y con fronteras compartidas con otros nueve estados, podría utilizarse como un gigantesco foco desde el que irradiar la revolución a todo el continente.

En todo momento mantuvo contacto con Fidel Castro, quien en una carta fechada en diciembre de 1964, le comunicó las gestiones políticas en la zona que, mientras tanto, él realizaba desde la isla. El 14 de marzo, cuando después una larga ausencia de 98 días que le había llevado por cuatro continentes, el «Che» pisó de nuevo el aeropuerto de La Habana, nadie era consciente de que pronto desaparecería de la escena pública.

Cuba había empezado a preparar tropas, formadas en su mayor parte por hombres de raza negra, para acudir con la mayor discreción posible a ayudar a los rebeldes del Congo. Guevara pidió tomar el mando del contingente y prometió actuar solo como consejero de los congoleños, cuando entraran en combate. Ocho días después de su regreso, el 22 de marzo, se despidió de sus colaboradores en el gran salón del Ministerio de Industria. En su alocución final, nombró, reiteradamente África y el Congo. A partir de entonces, desapareció por completo.

---

[48] Tshombe, cristiano anticomunista y proccidental, estuvo exiliado en España de 1963 a 1964 y de 1966 a 1967. Para comprender la aberrante situación en que se encontraba el antiguo Congo Belga, que alcanzó la independencia en 1960, ver nuestro libro *Esclavos*. EDAF, 2014.

La inesperada salida de Guevara de la isla trajo consigo una ola de especulaciones en torno a su posible destino y a las verdaderas razones por las que había dado ese paso. Entre otras, que la decisión de abandonar Cuba y emprender de nuevo la acción revolucionaria era consecuencia de su fracaso en la gestión económica, discrepancias con Fidel y otros dirigentes cubanos, y fricciones con la Unión Soviética, dado que él se mostraba más próximo a las tesis socialistas chinas. Es cierto que había desacuerdos en algunos puntos de vista entre Fidel y el «Che», pero no parece que fueran motivos tan antagónicos —ni con Fidel, ni con la URSS— para que se marchara de Cuba de una forma tan brusca.

Su ausencia de las celebraciones del Primero de Mayo fue lo que terminó por dar pie a las hipótesis más locas, sobre todo porque Fidel, el 20 de abril, declaró a unos periodistas extranjeros que «el comandante Guevara estaba donde mejor servía a la Revolución». La más aceptada fue la de que yacía sepultado en una fosa común tras la invasión de Santo Domingo que habían iniciado los estadounidenses el día 29 para terminar con los rebeldes del Movimiento Revolucionario 14 de Junio, e impedir que surgiera, en palabras del presidente Lyndon Johnson, «una segunda Cuba».

Nada más lejos de la realidad. Había llegado el 19 de abril, bajo la falsa identidad de un pasaporte uruguayo a nombre de Ramón Benítez a Dar es Salaam, en Tanzania, desde donde pensaba organizar el apoyo cubano a los rebeldes congoleños, fortalecer lo más posible el movimiento de liberación del país, lograr un frente único y seleccionar a todos aquellos que estuvieran dispuestos a luchar por la liberación definitiva de África. Él aportaría a esa nueva revolución, toda la experiencia obtenida en Cuba. El problema era que, aunque mantenía contactos con Kabila, pensaba hacerlo por cuenta propia, sin avisar a nadie.

La falta de conocimiento del idioma suajili y la cruda realidad del Congo, con sus atrasadas costumbres —se pretendía detener al enemigo con conjuros mágicos—, múltiples fracciones internas y externas de los grupos revolucionarios, desorganización, falta de disciplina y mínimo desarrollo político e ideológico del pueblo, golpearon fuerte al Che desde el primer momento. Finalmente el cese del apoyo de Tanzania, llevó a su guerrilla de 120 hombres a una derrota tras otra.

Quizá por casualidad, ese momento en el que la CIA[49] ya sabía que los cubanos estaban en el Congo fue el que eligió Fidel para comunicar al mundo el paradero de Guevara y que actuaba por su cuenta. El 3 de octubre, el mismo día en que se dio a conocer que el Partido Unido de la Revolución Socialista adoptaba el nombre de Partido Comunista de Cuba y se presentaba su primer Comité Central, Fidel dio lectura pública a la carta de despedida del «Che»: «Siento que he cumplido la parte de mi deber que me ataba a la Revolución cubana en su territorio —leyó Fidel en una emisión televisada a toda la isla— y me despido de ti, de los compañeros y de tu pueblo que ya es mío. Hago formal renuncia de mis cargos en la Dirección del Partido, de mi puesto de Ministro, de mi grado de comandante, de mi condición de cubano. Nada legal me ata a Cuba, solo lazos de otra clase que no se pueden romper como los nombramientos. Otras tierras del mundo reclaman el concurso de mis modestos esfuerzos. Yo puedo hacer lo que te está negado por tu responsabilidad al frente de Cuba y llegó la hora de separarnos».

Un mes después Guevara ordenaba a sus hombres que se retiraran de inmediato. El Ejército de Liberación del Congo había decidido firmar un armisticio y abandonar la lucha tras el golpe de estado que había derrocado a Tshombe, y las tropas de mercenarios blancos que apoyaban al nuevo gobierno, —eran las mismas que apoyaban al anterior: principalmente españoles[50], austriacos y pilotos cubanos disidentes—, ocupaban la mayor parte del territorio «liberado» dispuestos a tomar su base y hacerlos prisioneros.

El 20 de noviembre, en un vuelo regular a Dar-es-Salaam, Guevara abandonó el país como había llegado, sin ruido. Los nueve meses de campaña que él mismo había calificado como «vergonzosa», en referencia a los congoleños, dejaban seis bajas entre los guerrilleros cubanos. En Tanzania, se ocultó varias semanas en la embajada de Cuba, luego, con su pasa-

---

[49]   Estados Unidos reconoció su participación en el asesinato de Lumumba y su presencia en el Congo en enero de 2014: *Foreign Relations of the United States, Volume XXII, Congo, 1960-1968.*

[50]   Unos 100 mercenarios enrolados en Madrid, a las órdenes del comandante Carlos Martínez de Velasco y Farinos, formaban el II *Choc*, integrado en el VI *Commando*. Utilizaban la enseña nacional del Congo y la bandera española, tenían un capellán, su propio himno en lingala con música del *Himno de la Legión* —aunque la mayoría fueran paracaidistas—, y llevaban distintivos de graduación españoles.

porte falso, se trasladó a Praga, donde permaneció otros cinco meses en una casa de seguridad del servicio secreto cubano, presa de una fuerte depresión. Allí se olvidó de África y decidió continuar su labor revolucionaria lo más cerca posible de Argentina, su meta final.

El 21 de julio de 1966 Guevara volvió secretamente a Cuba, donde se reunió con su esposa, Fidel Castro, y el grupo de guerrilleros que lo acompañaría a iniciar un nuevo foco de revoluciones en Bolivia, gobernada por la dictadura militar del general René Barrientos y estratégicamente situada igual que el Congo, pero en el corazón de Sudamérica. Allí, entre noviembre de ese año y octubre del siguiente, perseguido por el ejército boliviano y la CIA, el «Che» viviría su última aventura revolucionaria.

No todos los cubanos abandonaron África cuando lo hizo Guevara, lo que hace aún más difícil creer que Fidel no sabía en todo momento donde estaba. Algunos de sus hombres fueron a Brazzaville, para dedicarse a entrenar unidades guerrillas del PAIGC —Partido Africano de la Independencia de Guinea Bisáu y Cabo Verde, entonces conducido por Amilcar Cabral— y otros, especialmente, se dedicaron a instruir a miembros del MPLA —Movimiento Popular de Liberación de Angola—, de tendencia marxista. Uno de estos grupos cruzó de forma subrepticia la frontera norte de Angola y, bajo el nombre de Columna Cienfuegos, comenzó en la provincia de Luanda —en una de cuyas aldeas, Ícolo e Bengo, había nacido el líder independentista del MPLA Agostinho Neto—, el adiestramiento de los guerrilleros. Otro, con los mismos fines, se infiltró tras cruzar el Río Congo en la aislada provincia de Cabinda. Era el prólogo de una delicada operación en la que terminaría embarcándose 10 años más tarde Fidel Castro. Una guerra regular, a 10 000 kilómetros de distancia de Cuba, que tendría consecuencias políticas, un incalculable gasto y un desconocido coste humano.

Operación Carlota

La historia de la Guerra de Angola, su internacionalización y su influencia en conflictos posteriores, resulta extremadamente compleja. En enero de 1975, Portugal firmó un acuerdo para conceder la independencia al país africano el 11 de noviembre de ese año. En esos meses intermedios fracasó un gobierno provisional y estallaron los enfrentamientos entre sus facciones principales: el MPLA, por un lado, y UNITA —Unión Nacional para la Independencia Total de Angola— y FNLA —Frente Nacional para la Liberación de Angola—, ambos inclinados a las corrientes capitalistas, por el otro.

Neto pidió ayuda inicialmente a la Unión Soviética, que organizó una operación de envío de armas. Sin embargo, el programa de ayuda militar fracasó cuando el presidente de la República del Congo, desde 1969, Marien Ngouabi, detuvo a los barcos soviéticos. En julio, el FNLA llegó a unos 50 kilómetros de Luanda, junto al Océano Atlántico, la capital y el principal puerto del país y amenazó con tomarla antes de noviembre. Desesperado, Neto acudió a Fidel Castro.

A comienzos de agosto, el comandante Raúl Díaz Argüelles viajó en secreto a Angola y se entrevistó con Neto. Llevaba como regalo personal de Castro 100 000 dólares en efectivo para los primeros gastos de la defensa, toda una fortuna para la época. Su misión era establecer de forma precisa la ayuda que necesitaba el MPLA, ya que en las reuniones previas, las peticiones que se habían hecho resultaban, como mínimo, contradictorias. Neto fue entonces más conciso: solicitó el envío de un grupo de instructores para organizar y dirigir cuatro centros de entrenamiento militar. Las conclusiones que sacó Argüelles del encuentro, sellaron de forma definitiva la entrada de Cuba en la guerra, como queda redactado de forma clara en su informe posterior: «Consideramos debamos ayudarlos directa o indirectamente a resolver esta situación que en definitiva significa la resistencia total del pueblo contra la reacción y el imperialismo internacional».

Fidel decidió mandar un contingente de 480 especialistas que en un plazo de 6 meses debían instalar los cuatro campamentos y organizar 16 batallones de infantería, así como 25 baterías de morteros y ametralladoras antiaéreas. Como complemento, envió también una brigada sanitaria, 115 vehículos y un equipo adecuado de comunicaciones. Aquel primer grupo realizó el viaje en tres buques de transporte improvisados: el *Vietnam Heroico*, que entró en Puerto Amboim el 4 de octubre a las 06.30; el *Coral Island*, que lo hizo el día 7 y *La Plata*, que atracó el 11 en Punta Negra.

Llegaron sin ningún permiso portugués, pero sin su oposición. Los instructores cubanos fueron recibidos por el MPLA, y pusieron de inmediato en marcha los cuatro campos. Uno en Delatando, a 300 kilómetros al Este de Luanda; otro en el puerto atlántico de Benguela; el tercero en Saurino, en la remota y desierta provincia oriental de Lunda y el último en Cabinda. El 23 de octubre, las tropas regulares sudafricanas penetraron desde Namibia con una brigada mecanizada, y tres días después, ocuparon sin resistencia las ciudades de Sa da Bandeira y Moçamedes. Al final de la semana habían penetrado más de 600 kilómetros en territorio angoleño y avanzaban hacia Luanda a unos 70 kilómetros diarios. Los dirigentes del MPLA, preparados para la lucha de guerrillas pero no para una guerra masiva, angustiados, solicitaron que Cuba les ayudase de manera más intensa. Fidel, respondió de inmediato.

El 7 de noviembre aterrizaban en Luanda 100 especialistas en armamento y, en la madrugada del 9, lo hacían los 164 primeros hombres de los 652 que formaban un batallón de fuerzas especiales de élite. Su prioridad era ayudar al MPLA a mantener la capital cuando el día 11 se retiraran los portugueses y sostener la resistencia hasta que llegaran refuerzos por vía marítima. La madrugada del 12, cuando Neto proclamó la independencia y la formación de la República Popular de Angola tras entregar los portugueses el país a un hipotético «pueblo angoleño», el MPLA controlaba poco más que la capital, una franja de tierra en el interior y Cabinda. Ese día el FNLA y la UNITA anunciaron también la creación de una República Democrática Popular con capital provisional en Huambo. La guerra civil estaba servida.

A diferencia de las acciones en el extranjero de los años sesenta la intervención cubana no se trataba de una operación secreta. Fidel había decidido apoyar a Angola con todas sus fuerzas, por su cuenta y con sus propios medios. Lo único igual a las misiones anteriores era que el personal lo formaban voluntarios y su convocatoria había resultado extremadamente popular. Para enviar el grueso de las tropas y el equipo, se requisaron todas las naves disponibles de la marina mercante, las tres primeras —de nuevo *Coral Island*, *La Plata* y *Vietnam Heroico*[51]— salieron de La Habana el 8 de noviembre y atracaron en Luanda con 1 253 soldados, sus respectivos equipos y

---

[51] Entre octubre de 1975 y marzo de 1976 los tres buques realizarían 42 viajes y trasladarían más de 20 000 hombres y cientos de toneladas de armamentos y suministros.

su armamento ligero y pesado el 27, el 29 de noviembre y el 1 de diciembre, respectivamente.

Lo que sí resultó un problema fue el transporte aéreo. Cuba solo tenía tres viejos aparatos turbohélice Bristol Britannia de mediano alcance que no servían para realizar travesías atlánticas de 9 000 kilómetros sin escalas. Sin embargo, entre el 7 de noviembre y el 9 de diciembre, los cubanos se las apañaron para llevar a cabo 70 vuelos a Luanda con refuerzos, mediante escalas en Barbados, las Azores o Terranova, lo que provocó la presión de Washington para que se le negaran a Cuba los permisos de aterrizaje. Eso supuso trasladar los despegues a Holguín el aeropuerto más oriental de la isla, disminuir el peso a lo imprescindible y utilizar depósitos de combustible adicionales. Un gran trabajo de ingeniería aeronáutica que demostraba que a los cubanos no les faltaba imaginación para superar las dificultades.

Tuvieron que hacer muchos viajes hasta que los soviéticos se decidieron a intervenir. Porque el despliegue de tropas no se había hecho con su consenso, al contrario, estaban tan sorprendidos como los estadounidenses. Es más, tuvieron que aceptarlo por obligación, para no poner en peligro las relaciones con su aliado más importante fuera de Europa y, al principio, se limitaron a enviar en secreto armas y unos pocos especialistas a Brazzaville y Dar-es-Salaam. Moscú no se decidió a apoyar abiertamente la intervención con 10 vuelos de transporte que cubrieron el trayecto entre Cuba y Angola hasta que, dos meses después de su inicio, los combates empezaron a inclinarse hacia el bando cubano y los Estados Unidos aprobaron la Enmienda Clark que, en teoría, prohibía la ayuda a los ejércitos mercenarios que participaban en las operaciones de la región.

Entre el 8 y el 13 de noviembre, tres batallones del FLEC —Frente de liberación del Enclave de Cabinda—, uno de infantería de Zaire y 150 mercenarios franceses y estadounidenses, invadieron Cabinda para atacar Luanda por el Norte. La primera semana de diciembre la situación era tan desesperada, que se pensó en la posibilidad de salvar una cabeza de playa en torno a la capital para iniciar la evacuación. Era un mal momento. En La Habana se preparaban para celebrar el Primer Congreso del Partido, entre el 17 y el 22 de diciembre, y sus dirigentes eran conscientes de que un revés militar en Angola suponía un importante golpe político. A los angoleños les ocurría algo similar. La conferencia de la OUA era inminente y deseaban asistir con una posición militar más propicia, para inclinar a su favor a la mayoría de los países africanos.

El día 11, en Hengo, murió Díaz Arguelles cuando su vehículo pisó una mina y, el 12, a solo cinco días del Congreso del Partido, se produjo un enorme revés para los cubanos en Catofe: una columna sudafricana logró reparar un puente destruido sobre el río Nhia, lo cruzó y, amparada por la niebla del amanecer, sorprendió a la retaguardia cubana.

En el acto de clausura del Congreso del Partido, el día 22, Cuba reconoció por primera vez de manera oficial que sus tropas luchaban en Angola y que la marcha de la guerra era incierta, pero solo hasta el discurso final de Fidel Castro. En una nueva demostración del uso de la retórica y la propaganda, el líder cubano reveló que los invasores de Cabinda habían sido aplastados en 72 horas, que en el Frente Norte, las tropas de Holden Roberto —el fundador del FNLA—, que se encontraban a 25 kilómetros de Luanda el 10 de noviembre, habían tenido que retroceder a más de 100 kilómetros, y que a las columnas blindadas de Africa del Sur, que en menos de 20 días habían avanzado 700 kilómetros, las habían detenido a más de 200 kilómetros de Luanda y ya no podían avanzar más.

Era un éxito. Pero, sobre todo, era cierto. Las tropas cubanas y el MPLA, de forma lenta pero constante, conseguían pasar al ataque. Fue el momento en que los soviéticos, hasta entonces a la expectativa, accedieron a realizar los diez vuelos de largo alcance de los que hablábamos antes. Además, firmaron un acuerdo por el que a partir de entonces suministrarían directamente todo el armamento y lo transportarían ellos a Angola, lo que permitía al puente aéreo cubano concentrarse solo en trasladar al personal necesario.

La ofensiva final en el Norte comenzó el 1 de enero de 1976 en las colinas de Tongo y Medunda. Al día siguiente, cayó Carmona, la capital del FNLA y, pocas horas después, la base militar de Negage. Para el día 11 todos los batallones de mercenarios habían sido derrotados y, el 17, abandonaron Angola. A primeros de febrero, con armamento sofisticado y un mayor número de efectivos cubanos —de 5 a 6 000, según los estadounidenses y entre 3 500 y 4 000 en las fuentes cubanas—, la guerra cambió a favor del MPLA en todos los frentes.

En el Norte, el FNLA fue aniquilado y sus restos empujados junto al ejército de Zaire al otro lado de la frontera. En el

Sur, los sudafricanos, que se consideraban políticamente abandonados por los Estados Unidos, la OEA y Occidente, comenzaron a retirarse rápidamente hacia la frontera, acosados por
las columnas motorizadas del Ejército Revolucionario, con el
temor de que la persecución continuara a través de Namibia y
llevara la guerra hasta su propio territorio.

Huambo, la capital de la UNITA, cayó el 8 de febrero, los
puertos de Lobito y Benguela, el 10. Para el 14, se había conseguido controlar por completo la imprescindible vía férrea de
Benguala y, el 13 de marzo, por primera vez bajo el fuego de los
MIG-21 cubanos, UNITA perdió Lumbala N'guimbo, su último
punto de apoyo en el extremo sureste de Angola.

El 10 de febrero, la misma semana que el FNLA, UNITA,
y su República Democrática Popular casi habían desaparecido,
Angola y el gobierno del MPLA obtuvieron el reconocimiento
de la OUA. La mayoría de la comunidad internacional, aunque
no los Estados Unidos, lo hicieron poco después. Por entonces
se hablaba de que Cuba tenía desplegados en la zona 36 000
soldados.

Entre 4 000 y 5 000 efectivos de las SADF mantuvieron
una franja de 80 kilómetros de profundidad en territorio de Angola, a lo largo de la frontera de Namibia, para asegurar que
no se organizaran grupos de las guerrillas del SWAPO —singlas
en inglés, del Ejército Popular de Liberación de Namibia—, y
que se continuaría con el suministro de electricidad a Namibia
desde los embalses del río Cunene. Cuando los cubanos y las
fuerzas angoleñas se acercaban ya lentamente a la frontera, el
gobierno de Pretoria y el MPLA iniciaron negociaciones indi-
rectas a través de Londres y Moscú para negociar la definitiva
retirada sudafricana.

Neto, de acuerdo con Fidel, ordenó detenerse a ambos
ejércitos lejos de los límites entre ambos países, anticipándose
a lo que algunos temían que podía convertirse en un conflicto
de mucha más envergadura. A cambio de que Sudáfrica la re-
conociera, Angola aseguró que garantizaría la seguridad del
complejo hidroeléctrico de Cunene, una inversión sudafricana
de 180 millones de dólares, que estaba entre los objetivos del
SWAPO.

El 25 de marzo, el primer ministro sudafricano John Vors-
ter, anunció la retirada total de las tropas de Angola antes del
día 27. Esa mañana, los últimos 60 vehículos militares de su
ejército, cruzaron la frontera y se internaron en Namibia.

Con la marcha de las tropas sudafricanas, la resistencia del FNLA y UNITA se desmoronó. Además de hacerse con el poder absoluto y vencer a sus rivales más enconados, el MPLA, con la ayuda de sus aliados cubanos, había expulsado a la CIA, humillado a la poderosa maquinaria bélica de Pretoria y desacreditado en el escaparate internacional a varios de sus vecinos por sus vínculos con el gobierno del apartheid, los servicios secretos estadounidenses y los mercenarios blancos.

El Consejo de Seguridad de las Naciones Unidas se reunió para examinar «el acto de agresión cometido por Sudáfrica contra la República Popular de Angola» y, el 31 de marzo, la señaló como país agresor y la exigió el pago de una indemnización por los daños de guerra. Internacionalmente Sudáfrica se encontraba completamente aislada y las repercusiones internas de su debacle se hicieron sentir rápidamente. El 16 de junio, envalentonados por la derrota que habían sufrido sus opresores a manos de los angoleños y los cubanos, se levantaron los estudiantes negros de Soweto. Fue el inicio de un periodo de disturbios civiles en el país que se prolongó hasta más allá del colapso del apartheid[52].

En su reunión en Conakry, Guinea, el 14 de marzo, cuando la victoria ya estaba asegurada, Castro y Neto habían decidido que los cubanos se retirarían gradualmente, pero dejarían a los hombres suficientes el tiempo necesario para organizar un ejército fuerte y moderno, capaz de garantizar el futuro del MPLA sin ayuda externa. Cuba no tenía ninguna intención de estancarse en una larga lucha contra la insurgencia interna y ordenó el regreso, como estaba previsto. A finales de año las tropas que mantenía desplegadas se habían reducido a 12 000.

Un documento de la Agencia Central de Inteligencia, desclasificado en 2007, calculaba en enero de 1976 los costos de la Operación Carlota entre septiembre y diciembre de 1975. Los analistas concluyeron que Cuba gastó 4 millones de dólares —en precios cubanos—, el equivalente a 20 millones en dólares estadounidenses, solo para mantener a las primeras fuerzas enviadas, que estimaban en unos 7 500 hombres con su correspondiente armamento pesado. Un coste enorme para un país que no podía decirse que fuera rico.

---

[52] Ver nuestro libro *Nelson Mandela. El triunfo de la libertad*. EDAF, 2014.

Con otro ritmo

Nadie puede poner en duda que las relaciones entre las empo-
brecidas naciones de Etiopía, un antiguo imperio que consiguió
a duras penas mantener su independencia durante los siglos
XIX y XX, y Somalia, una moderno país creado el 1 de julio de
1960 a partir de la unión de los territorios del Protectorado de
la Somalilandia Británica y la Somalia Italiana, han sido siempre violentas y tempestuosas. La causa principal del conflicto
entre ambos países es el anhelo nacional somalí de crear una
gran patria que incluya a la provincia abisinia del Ogaden —un
extenso territorio fronterizo de 280 000 kilómetros cuadrados
que se encuentra entre ambos—, de mayoría somalí y religión
musulmana, que forma parte de la nación etíope y que, evidentemente, el gobierno de Adís Abeba se ha negado siempre
a entregar.

En 1977, la crisis interna etíope causada por la caída de
Haile Selassie en septiembre de 1974, decidió al general Mo-
hamed Siad Barre, que gobernaba Somalia desde 1969, a intentar tomar el Ogaden por la fuerza, para llevar adelante sus
planes de crear una Gran Somalia que incluyera territorios de
sus vecinos Yibuti, Kenia y Etiopía. Para ello, gracias a que había declarado que su país era socialista y había firmado un tratado de cooperación con la Unión Soviética que incrementaba
la ayuda militar que recibía[53], comenzó a apoyar en secreto a
las guerrillas del Frente de Liberación de Somalia Occidental
—WSLF—, que buscaban conseguir la independencia de la región para luego anexionarla, tal y como pretendía Barre.

Los conflictos internos entre los militares etíopes termina-
ron el 11 de febrero de 1977 con la toma del poder por el teniente coronel Mengistu Haile Mariam. De inmediato, declaró
socialista a su país, cerró el programa de asesoramiento militar
estadounidense que se había mantenido durante decenios y se
acercó también a Cuba y a la Unión Soviética. Un mes después,
ambos países enviaban ya a sus primeros asesores militares, lo
que no dejaba de suponer un problema, pues eso suponía que
los tenían a ambos lados de la frontera.

---

[53] Por entonces estaban en Somalia unos 2 000 asesores soviéticos y 50 cubanos que preparaban a los pilotos somalíes, reorganizaban sus fuerzas armadas y reconstruían sus bases aéreas.

Con el fin de llegar a una solución que favoreciera a todas las partes, el 16 de abril Fidel Castro viajó al Cuerno de África y se reunió en Aden, Yemen, con Siad Barre, Haile Mariam y el presidente yemenita Ali Rubayi. Allí, sugirió la formación de una federación regional que también incluyera a Yemen del Sur, un «autónomo» Ogaden, una «autónoma» Eritrea —donde combatían los etíopes desde 1961— y Yibuti. A pesar de que Mengistu estaba dispuesto a dialogar, Siad Barre se mostró intransigente en sus ambiciones expansionistas confiado en su poderío militar, aunque al final le asegurara a Castro que no atacaría a Etiopía.

Como se esperaba, a pesar de lo acordado en la reunión, los choques armados fronterizos entre ambos países se multiplicaron poco después y, el 11 de julio, ya abiertamente, las fuerzas regulares somalíes invadieron Etiopía en ayuda de los 50 000 milicianos del WSLF.

La agresión fue vista como una enorme traición y supuso duras críticas de La Habana y Moscú, a las que Siad Barre respondió con la ruptura de relaciones, seguida de la expulsión de los asesores cubanos y soviéticos. Si hasta entonces ya había cometido errores, este fue el mayor. Los asesores llegaron a Etiopía con información completa sobre las fuerzas armadas somalíes que ellos mismos habían formado.

El ejército invasor contaba con 50 000 hombres en 34 brigadas de infantería, motorizadas y de blindados, que se mostró imparable. Logró conquistar el 90% del territorio en disputa, pero se vio sorprendido por un inesperado cambio geopolítico que decidiría el resultado final de la campaña: en noviembre, a petición de Mengistu, Cuba decidió ahora enviar ayuda militar, tropas y suministros a Etiopía. La Unión Soviética, para quien la intervención en el conflicto de una potencia extranjera podía suponer que somalíes o eritreos solicitaran tropas árabes y se agudizara el conflicto en Oriente Medio se mostró abiertamente en contra de la participación cubana, pero finalmente decidió apoyar también a los etíopes.

El 25 de noviembre los soviéticos enviaron a cerca de 1 500 asesores al mando del general del ejército Vasily Petrov y establecieron un gran puente aéreo con 225 aviones de transporte An-12, An-22 y Il-76 que llevaron, entre otros suministros, 600 carros de combate —T-55, T-62 y PT-76—, 300 blindados y 2 400 piezas de artillería. Luego, la aviación recibió 48 cazas

MiG-21bis y MiG-21R para pilotos cubanos y etíopes, 10 helicópteros Mi-6, 6 de ataque Mi-24 y varios de transporte Mi-8 y, en diciembre, llegaron los cubanos procedentes de Angola, al mando del general de división Arnaldo Ochoa. En total, unos 10 000 efectivos. En esas condiciones era difícil que las tropas somalíes aguantaran.

A principios de enero los MiG-17F y MiG-21bis cubanos comenzaron sus ataques desde la base aérea de Dire Dawa contra las tropas somalíes en Harer. Su acción fue tan eficaz y destruyeron tal número de armamento pesado que el día 6 el presidente de Egipto Anwar Sadat anunció su apoyo militar a Somalia, que ya recibía ayuda de Estados Unidos, Arabia Saudita, Irak, Siria y Pakistán. Pero era tarde, para que los egipcios pudieran movilizar a sus unidades, la gran contraofensiva organizada por Ochoa comenzó el día 22 entre Harer y Dire Dawa con la intención de empujar a todas las fuerzas somalíes en dirección a Jijiga y destruirlas allí. Presionadas por la aviación y las brigadas blindadas cubanas, las fuerzas de Siad Barre comenzaron a dirigirse hacia la trampa que las habían preparado el 2 de febrero. Su defensa antiaérea era buena, pero sola no podía impedir que los constantes bombardeos destruyeran paulatinamente todo el equipo pesado de su ejército cuando los MIG cubanos penetraban profundamente en su territorio.

En Jijiga los somalíes intentaron hacerse fuertes en los pasos montañosos que controlaban la ciudad, pero fue una catástrofe. Sus reforzadas y bien situadas posiciones fueron machacadas por la artillería y la aviación a partir del 3 de marzo, mientras que una brigada cubana de carros de combate T-55 al mando del general Gustavo Fleitas rodeaba las montañas por el sur y otra dirigida por el general Leopoldo Cintra Frías caía sobre Jijiga por el noroeste. Un ataque masivo, apoyado por la infantería etíope en el paso de Marda, que decidiría el resultado de la campaña.

El 5 de marzo Jijiga fue capturada, y en una semana se liberaron el resto de ciudades de Ogaden. El día 9 Siad Barre admitió la derrota y anunció la retirada de sus tropas. Para el 13, las tropas cubanas y etíopes ya habían limpiado todo el Ogaden de invasores y daban por finalizada una guerra que había dejado más de 60 000 muertos y 600 000 refugiados. Somalia jamás se recuperaría de sus pérdidas humanas y económicas, ni de su derrota. Hoy, por ejemplo, ya no tiene ni siquiera fuerza aérea.

El 13 de septiembre de 1978 Fidel Castro visitó Etiopía, y presidió junto a Mengistu un triunfal desfile militar. Diez años después, en abril de 1988, Etiopía y Somalia firmaron un acuerdo de paz por el cual renunciaba al Ogaden y la misión cubana se daba por finalizada. Las últimas tropas abandonaron el país y regresaron a Cuba en septiembre de 1989. Hasta entonces, más de 40 000 militares cubanos habían pasado por Etiopía.

Cuito Cuanavale. El triunfo esperado

Fidel tenía puestas grandes esperanzas en que después de la victoria en Angola y, en cooperación con los soviéticos, podría eliminar de toda África meridional la influencia de Estados Unidos y China. Mandó organizar docenas de campos de entrenamiento para las guerrillas del SWAPO, ZAPU —Unión del Pueblo Africano de Zimbabwe, por entonces Rhodesia—, y las sudafricanas del Congreso Nacional Africano, de Mandela.

A principios de 1977, a pesar de la presencia de los cubanos, el nuevo gobierno estadounidense de Jimmy Carter reconoció al MPLA. Asumió que se retirarían definitivamente cuando la cuestión de Namibia se hubiera solucionado y la frontera sur de Angola fuera segura, pero aunque el MPLA y las tropas cubanas controlaban todas las ciudades del sur, sus carreteras, atacadas repetidamente por la UNITA, distaban mucho de ser seguras.

Jonas Savimbi, su líder, que había recibido su formación política y militar en la China de Mao Zedong, expresó su voluntad de acercamiento con el MPLA y la formación de un gobierno socialista de unidad, pero también insistió primero en la retirada de Cuba. «El verdadero enemigo es el colonialismo cubano —dijo a los periodistas durante una entrevista—. Los cubanos se han hecho cargo del país, pero tarde o temprano van a sufrirán su propio Vietnam en Angola». Estaba claro que en esas circunstancias Fidel no iba a dar por perdido todo el esfuerzo empeñado en África.

A finales de la década de 1970 y durante los primeros años de la de 1980, la opinión pública internacional dejó de ocuparse de Angola. El 10 de septiembre de 1979 falleció Neto mientras recibía tratamiento médico en Moscú. Le sucedió, tras unas controvertidas elecciones que le enfrentaron a Savimbi, José Eduardo Dos Santos. Apenas un mes más tarde Ronald Reagan, un republicano decidido a terminar con el comunismo a cualquier precio y, si era posible, también con el régimen de Castro, se convirtió en presidente de los Estados Unidos. De inmediato adoptó contra el MPLA una línea más dura que su predecesor con un objetivo único: expulsar a los cubanos de Angola a cualquier precio. La guerra todavía estaba lejos de concluir.

Con paciencia, tenacidad y el apoyo militar y logístico de Sudáfrica, interesada en terminar con las bases del SWAPO en el sur de Angola, Savimbi fue capaz de plantear poco a poco operaciones de cierta entidad en toda la región y volver a complicar la situación.

El MPLA continuaba su lucha por el control del país en otros frentes menos complicados y la mayoría de los cubanos estaban desplegados en unidades de infantería motorizada, artillería y defensa aérea, por lo que sus misiones se limitaban a disuadir, defenderse de los ataques, proteger las instalaciones estratégicas y económicamente importantes —al menos 2 000 cubanos custodiaban Cabinda, la provincia productora de petróleo— y proporcionar seguridad en retaguardia a la capital y a las principales instalaciones militares. Era un escenario perfecto para que se intensificara la lucha entre el MPLA y UNITA y, con ella, regresaron a primer plano cubanos y sudafricanos, pero esta vez con apoyo directo de la Unión Soviética y Estados Unidos.

Como resultado de una de las misiones Askari, dirigidas por Pretoria contra el SWAPO en diciembre de 1983, los soviéticos no solo aumentaron su ayuda material al MPLA, si no que se hicieron cargo de la dirección táctica y estratégica de las operaciones, para comenzar la planificación de una ofensiva a gran escala contra los enclaves de UNITA en el sureste del país. El mando soviético no incluía a las fuerzas cubanas, cuyas opiniones militares diferían considerablemente de las de sus aliados, y desaconsejaron vivamente el ataque. Según su criterio sería una oportunidad para la masiva intervención sudafricana, que fue exactamente lo que ocurrió.

La ofensiva de 1984 salió mal, pero la de 1985, que volvieron a liderar los soviéticos sin presencia cubana fue aún peor.

Un fracaso absoluto. A diferencia del Ejército Revolucionario, con diez años de práctica en el teatro africano, la dirección soviética ni tenía experiencia, ni aceptaba consejos, por lo que las relaciones entre los dos estados mayores se hicieron especialmente tensas. Además, en marzo de 1985 Mijail Gorbachov se había convertido en el nuevo secretario general del PCUS y Castro mantenía con él desacuerdos más que considerables.

Después de la debacle de ese año, los soviéticos enviaron más equipos y asesores y comenzaron a preparar la siguiente ofensiva. Mientras, UNITA recibió su primera ayuda militar de los Estados Unidos. Incluía modernos misiles tierra-aire Stinger y eficaces misiles anticarro BGM-71 TOW. Fueron el inicio de un suministro que abarrotó los almacenes de la base aérea de Kamina, en Zaire, donde se abastecían por igual UNITA y el ejército sudafricano, que, oficialmente, seguía bajo el embargo de armas impuesto por Naciones Unidas en 1977. En esas condiciones, la ofensiva de mayo de 1986, en la que sí participaron los cubanos, tuvo un mal comienzo y un final aún peor. A finales de agosto UNITA y los sudafricanos la detuvieron sin apenas esfuerzo.

Al año siguiente, 1987, como parte de otra de las repetidas campañas del gobierno de Angola contra la UNITA y para hacerse de una vez por todas con el conflictivo sureste, el ejército angoleño lanzó la operación Saludando Octubre. La intención era derrotar a Savimbi en sus ciudades fortalezas de Mavinga —una antigua base militar portuguesa—, y Jamba, justo por encima de la franja de Caprivi[54]. Al igual que todas las operaciones que se habían llevado a cabo hasta entonces, su planificación y mando quedó en manos soviéticas, lo que no incluía dar órdenes a las tropas cubanas.

Los soviéticos rechazaron otra vez el consejo de los cubanos, que les advirtieron de la posibilidad que la operación diera una nueva oportunidad a las Fuerzas Armadas Sudafricanas para justificar su posible intervención en el conflicto y decidieron iniciar el ataque desde Cuito Cuanavale, junto al río

---

[54] Un estrecho territorio de unos 450 kilómetros de longitud, en la parte más nororiental de la actual Namibia. Recibió su denominación en homenaje a Leo von Caprivi, canciller de Alemania, que negoció en 1890 su anexión a los territorios que el país tenía en África Occidental, para conseguir un acceso al río Zambeze. A cambio de ese terreno y la isla de Heligoland, en el mar del Norte, Alemania entregó a Gran Bretaña la isla de Zanzíbar, en la costa de Tanzania.

Cuando, la ciudad angoleña de mayor entidad más próxima a la frontera de Namibia.

Por entonces, el MPLA tenía cerca de 70 000 soldados enrolados en sus fuerzas armadas, SWAPO unos 9 000 guerrilleros y Cuba unos 40 000 hombres. Para la ofensiva se movilizaron 20 000 soldados angoleños bajo el mando del general soviético Konstantín Shaganovitch y, aunque los cubanos al principio no se involucraron activamente en el combate y solo ejercieron labores de apoyo, acabaron por aportar un contingente de 5 000 asesores y soldados que combatieron directamente contra las defensas que había construido el enemigo. Unas posiciones guarnecidas por 10 000 rebeldes de la UNITA —aproximadamente un 35 % de su fuerza total—, apoyados por cerca de 7 000 sudafricanos. Casi todo el contingente enviado a toda prisa por el gobierno de Johannesburgo —el total eran 9 000 hombres—, que desde el 15 de junio, en el mismo momento en que sus informes le habían advertido de la gran acumulación de fuerzas enemigas junto a la frontera, se había dado cuenta de que UNITA no sería capaz de detener el ataque y había decidido intervenir.

La campaña comenzó bien para el MPLA, que con sus 150 carros soviéticos T-55 y T-62 y el apoyo aéreo de los helicópteros Mi-24 consiguió conquistar una gran parte del sudeste del país, aunque sin conseguir entrar en Mavinga ni en Jamba, pero todo cambió el 4 de agosto, cuando el 61.º batallón mecanizado sudafricano cruzó la frontera desde su base de Rundu y lanzó la Operación Moduler, que detuvo de inmediato el avance de las fuerzas armadas angoleñas hacia Mavinga en la ribera norte del río Lomba.

Tras unas semanas en las que ambos contendientes fortalecieron sus posiciones, se produjeron una serie de combates entre el 9 de septiembre y el 7 de octubre. Los sudafricanos y UNITA impidieron que las FAPLA, que sufrieron grandes pérdidas, cruzaran el río y los soviéticos acabaron por retirar a sus asesores por lo que dejaron a los angoleños sin un mando militar realmente competente. En vista de la situación, el 29 de septiembre, UNITA y sus aliados sudafricanos decidieron pasar a la ofensiva y comenzaron la Operación Hooper. El 3 de octubre, un batallón de las FAPLA fue atacado y aniquilado en la orilla sur del río Lomba y, apenas dos días después, el resto de fuerzas comenzó una urgente retirada hacia Cuito Cuanavale, donde —ahora sí, con la ayuda de las unidades cubanas—, comenzaron a organizar una defensa desesperada. Si Cuito Cuanavale se perdía, el siguiente puesto comparable sería ya Menongue, a 300 kilómetros de Mavinga y a casi 500 de la sede de UNITA en Jamba. Una situación de la que eran muy conscientes los generales de Castro.

Cuito Cuanavale quedó asediada a partir del 14 de octubre mediante el bombardeo de la artillería de 155 mm. que abría fuego desde una distancia de 30 a 40 kilómetros. A primeros de noviembre, las fuerzas armadas sudafricanas acorralaron a los restos de tres brigadas angoleñas —la 59.ª de infantería motorizada y las 21.ª y 25.ª de infantería ligera—, el este del río Cuito y en posiciones cerca de Tumpo. Las tres unidades, ya muy desmoralizadas, estaban realmente aisladas, ya que la artillería sudafricana controlaba el puente sobre el río y la cercana pista de aterrizaje. Lo mismo que hacía UNITA con la carretera de Menongue, que había minado y tenía preparada para una emboscada. Si no recibían apoyo ni cobertura, las unidades de las FAPLA se enfrentaban sin remedio a la aniquilación.

El 15 de noviembre el gobierno angoleño solicitó ayuda militar urgente a Cuba, que decidió intervenir de forma decidida para evitar un desastre total del MPLA. Castro consiguió que los soviéticos se decidieran a apoyar de nuevo a los angoleños y ordenó la «Maniobra XXXI Aniversario de las FAR», lo que suponía el regreso a África de otros 15 000 soldados. Los primeros refuerzos —entre 160 y 200 técnicos, asesores, funcionarios y fuerzas especiales—, llegaron a Cuito en helicópteros el 5 de diciembre.

El general Ochoa quedó al mando de todas las fuerzas militares —tanto cubanas como angoleñas—, y el general Cintra Frías de las tropas que guarnecían Cuito Cuanavale. La prioridad cubana era asegurar Cuito, pero a la larga también se decidió abrir un segundo frente al oeste de la ciudad, en Lubango, que desde hacía ocho años estaba en poder de UNITA.

El 21 de diciembre, los sudafricanos planearon lanzar un ataque final contra las unidades angoleñas acantonadas al este del Cuito. El 9 de enero destruyeron el puente sobre el río y se lanzaron al asalto. Los detuvieron los cubanos, que habían enterrado parcialmente sus blindados para utilizarlos como artillería oculta y habían construido una pasarela de madera para sustituir al puente destruido, bautizada de una forma un tanto exagerada como «Patria o Muerte».

Las SADF llevaron refuerzos y, entre el 13 de enero al 23 de marzo, incrementaron sus duros ataques. Lanzaron seis en el este del río, sin apenas resultados. Quizá el único que obtuvo algo de éxito fue el del día 13, que llevó casi a la destrucción de una brigada angoleña, pero no logró sostenerse y las unidades sudafricanas se vieron obligadas a regresar a sus bases de partida. El resto fueron rotundos fracasos.

Tras el último ataque sin obtener ningún resultado —el del 23 de marzo—, el gobierno de Pretoria, para el que el coste de la guerra había aumentado drásticamente, ordenó la retirada definitiva del grueso de sus fuerzas. Dejó solo a los 1 500 hombres del Grupo de Combate n.º 20 con el fin de minar el territorio e impedir o retrasar un posible contraataque enemigo. Gracias a eso, los cubanos consiguieron desplegarse de forma más ofensiva, lo que les facilitaba la posibilidad de poder repatriar a un gran número de sus hombres sin poner en peligro la integridad de los objetivos de sus aliados.

De hecho, cuando las tropas cubanas avanzaron hacia el sur en dirección a Namibia, se permitieron no atacar las posiciones sudafricanas y se limitaron a rodearlas. Según Castro, para aislarlas y evitar bajas, ya que gran parte de la artillería enemiga permanecía en sus posiciones, dada la dificultad que suponía moverla durante la estación lluviosa. Quizá la auténtica razón fuese otra muy distinta: no hacer peligrar las negociaciones de paz, que se habían iniciado el 9 de marzo bajo el amparo de los Estados Unidos y a cuya mesa negociadora se incorporaron los sudafricanos el 3 de mayo.

Es posible que Castro se equivocara, pues la guerra continuó su curso durante junio, julio y gran parte de agosto. El tratado de paz no se firmó en Ruacana hasta el día 22. Para entonces Cuba tenía dos divisiones —diez brigadas—, en el suroeste de Angola, había construido dos bases aéreas en Cahama y Xangongo con las que su fuerza aérea podía operar en Namibia y tenía cubierto todo el sur del país por una red de radares y defensas antiaéreas, suministradas por los soviéticos, que ponían fin a cualquier posibilidad de que la Fuerza Aérea Sudafricana, muy marcada por el embargo militar, dominara los cielos de esa parte del continente.

Los sudafricanos, que se habían retirado de Namibia el 27 de junio, acordaron durante las negociaciones de paz retirarse también de Angola el 1 de septiembre y, con la aplicación de la Resolución 435 de la ONU, de toda África del Sudoeste el 1 de noviembre, lo que de inmediato condujo a la independencia de Namibia. Los cubanos a cambio iniciarían la retirada de Angola en un plazo de 30 meses, que se prolongaría hasta julio de 1991. El acuerdo definitivo de paz entre Angola, Cuba y Sudáfrica se firmó finalmente el 22 de diciembre de 1988, en Nueva York. Un mes antes de que finalizara el segundo mandato de Reagan.

El coste humano total de la guerra de Angola sigue sin conocerse. Según cifras del gobierno cubano, durante todas las misiones realizadas en África desde principios de 1960 hasta la retirada del último soldado, perdieron la vida un total de 2 289 cubanos. Sin embargo, otros analistas han señalado que solo de los 36 000 soldados cubanos comprometidos en la lucha en Angola desde 1975 hasta 1979, los caídos en combate oscilaban entre 3000 y 10 000.

En las conmemoraciones y homenajes posteriores que se ofrecieron a los combatientes de África, recibidos como héroes, nunca más se mencionó al hombre que había dirigido a las tropas en Etiopía y a buena parte de las de Angola, el general Arnaldo Ochoa. Lo fusilaron en una base militar de Baracoa, al oeste de La Habana, al amanecer del 13 de julio de 1989, junto a otros tres oficiales. Estaba acusado de realizar operaciones de narcotráfico vinculadas al Cartel de Medellín, contrabando de diamantes y avergonzar a la Revolución con actos calificados de alta traición. Según algunos rumores, el que era por entonces la tercera figura militar más poderosa de la isla, después de Fidel y Raúl Castro, tramaba un golpe de estado.

La intervención en la que se había empeñado Fidel y en la que había llegado a tener 52 000 cubanos desplegados, tuvo un impacto sustancial en el sur de África, especialmente en la independencia de Namibia. En palabras del embajador Charles Freeman, encargado de la política africana en el Departamento de Estado de Estados Unidos: «Castro podía considerarse como el padre de la independencia de Namibia y el que había puesto fin al colonialismo en África».

El 26 de julio de 1991, con motivo de las celebraciones del 38.º aniversario del asalto al cuartel Moncada, Mandela pronunció un discurso en La Habana para alabar a Cuba por su papel en Angola: «El pueblo cubano tienen un lugar especial en los corazones de los pueblos de África —dijo—. Los

internacionalistas cubanos han hecho una contribución a la
independencia de África, la libertad y la justicia sin precedentes, por su carácter desinteresado. La derrota del ejército del
apartheid fue una inspiración para las personas que luchan en
Sudáfrica. La derrota del ejército racista en Cuito Cuanavale
hizo posible para mí estar aquí hoy. Cuito Cuanavale fue un
hito en la historia de la lucha por la liberación del sur de África». Fidel Castro, estaba encantado.

Un lugar en el Caribe

Granada, una isla descubierta por Colón, tan pequeña que
poca gente sabía dónde estaba, fue el último acto de una obra
inacabada tan larga como uno de los célebres discursos de
Fidel.

El 7 de octubre de 1983, Maurice Bishop, un abogado
y político nacido en la isla de Aruba, que desde 1979 ejercía
como presidente del gobierno popular revolucionario del país,
sostuvo conversaciones con Castro en La Habana en el camino
de regreso a su país tras realizar una visita diplomática a Checoslovaquia y Hungría. Seis días después, el 13, el ejército, bajo el
mando del general Hudson Austin, dio un golpe de estado, asumió el poder para que ocupara la presidencia el hasta entonces
viceprimer ministro Bernard Coard, también con tendencias
socialistas y detuvo a Bishop y a sus colaboradores.

El golpe preocupó a los Estados Unidos, obsesionados
con que una sola isla comunista en el Caribe era más que suficiente y pilló por sorpresa a los cubanos, los mejores amigos del
presidente. En una contrajugada arriesgada, los seguidores de
Bishop tomaron las instalaciones de Fort Rupert y liberaron a
su líder, pero acudieron tropas de refuerzo que acabaron asesi-
nándolo a él y a decenas de manifestantes, lo que terminó por
extender la violencia por toda la isla. El 22 de octubre, la Organización de Estados del Caribe Oriental pidió la intervención
militar de los Estados Unidos y acordó organizar una fuerza
policial que acompañara a los *marines* en la tarea de instaurar
el orden en la isla. Ese mismo día la radio de Granada comenzó
a alertar de la inminente invasión estadounidense.

El 24 de octubre, a las 05.20, despegó de La Habana
un AN-26. Lo pilotaban los tenientes coroneles Jesús Mateo
y Rafael Gil y llevaba como pasajero al coronel Pedro Tortoló,

que marchaba a ponerse al frente del contingente cubano en Granada, formado por una curiosa mezcla de obreros y militares. Se vieron sorprendidos al día siguiente por la anunciada invasión de las fuerzas combinadas de los Estados Unidos y del Sistema de Seguridad Regional, con sede en Barbados. Reagan, temeroso de que la pista de aterrizaje que se estaba construyendo pudiera ser utilizada por aviones soviéticos o cubanos destinados a apoyar a los insurgentes comunistas de América Central, había puesto en marcha de manera inminente la Operación Furia Urgente para hacerse con el control de la isla.

Los líderes de las tres revoluciones caribeñas de carácter socialista de la década de 1980. De izquierda a derecha: Daniel Ortega, de Nicaragua; Maurice Bishop, de Granada y Fidel Castro.

De nada sirvieron las declaraciones de los contratistas estadounidenses y europeos, que aseguraron que estaba destinada a vuelos comerciales, ni las de la Comunidad Económica Europea, que proporcionó financiación parcial. La invasión, dos días después del atentado contra el cuartel que compartía Estados Unidos y Francia en Beirut, fue una locura destinada a apaciguar a la opinión pública estadounidense.

La Segunda Flota de la *US Navy*, a las órdenes del vicealmirante Joseph Metcalf III, desembarcó a cerca de 8 000 hombres junto a 353 de la Fuerza de Paz del Caribe, en la primera gran operación anfibia que se llevaba a cabo tras la Guerra de Vietnam. Los invasores se encontraron a unos 1 500 granadinos y 784 cubanos, incluido el personal diplomático y sus familiares. De ellos, alrededor de 40 eran asesores militares y de seguridad, pertenecientes a unidades de ingenieros y fuerzas especiales; el resto eran médicos, maestros, y obreros de la construcción que trabajaban en el aeropuerto de Punta Salinas. Ninguno, como tampoco lo hicieron los 49 soviéticos, 24 norcoreanos, 16 alemanes del este, 14 búlgaros y 3 o 4 libios que se encontraban en la isla, participaron en los combates. Aunque todavía hoy se discuta si eran personal civil o militar.

Fuentes oficiales estadounidenses afirmaron que algunos de los defensores estaban bien preparados y posicionados, y que presentaron una tenaz resistencia, por lo que la noche del 26 de octubre tuvieron que desembarcar dos batallones de fuerzas especiales de refuerzo —SEAL—, que pidieron apoyo de fuego naval y la intervención de helicópteros de combate. Lo que no dijeron era que las unidades de carros de combate BTR-60 o las baterías antiaéreas a las que se enfrentaban —y puede verse en cualquiera de las muchas imágenes que se obtuvieron de la operación—, eran de las fuerzas armadas de Granada, que defendían su territorio, no cubanas.

Las fuerzas estadounidenses sufrieron 19 muertos y 116 heridos; los cubanos, 25 muertos, 59 heridos y 638 prisioneros; las fuerzas armadas de Granada, 45 muertos y 358 heridos. Al menos 24 civiles fueron víctimas colaterales, 18 de los cuales murieron en el bombardeo accidental de un hospital mental. Lo dicho, una locura criticada a nivel internacional que el Departamento de Estado de Estados Unidos intentó justificar con una mentira: una falsa fosa común que contenía los cadáveres de 100 isleños asesinados por los comunistas.

Durante esas dos décadas en que el castrismo se internacionalizó, exportó con éxito su revolución y se convirtió en un referente para los países del Tercer Mundo, Fidel consolidó su dictadura «democrática» sobre la isla.

A partir de 1971, se revitalizaron las organizaciones revolucionarias y se inició la institucionalización del país. Se produjo la integración de la isla en el Consejo de Ayuda Mutua Económica que agrupaba al bloque soviético en julio de 1972 y, en diciembre de 1975, como culminación de una profunda reorganización, el Partido Comunista de Cuba celebró su primer congreso —que comentábamos en la páginas anteriores—, después de haber sometido sus principales documentos a una amplia discusión popular. Luego, el 24 de febrero del año siguiente, se proclamó una nueva Constitución Socialista, aprobada en plebiscito por el voto secreto y directo del 95,7 por ciento de la población mayor de 18 años.

14 de junio de 1972. Werner Lamberz, secretario del Comité Central del Partido Socialista Unificado de Alemania, con Fidel Castro en la puerta de Brandenburgo, Berlín, cuando aún formaba parte de la República Democrática Alemana. A la izquierda de Castro, el teniente general Arthur Kunath, comandante de la ciudad.

Años contradictorios, en los que tras la firma de nuevos convenios comerciales con la Unión Soviética, Cuba ingresó en el Consejo de Ayuda Mutua Económica —CAME— y, pese a todo, se produjo un afianzamiento en su posición mundial que pareció romper el cerco tendido por las administraciones estadounidenses durante la década anterior. Se asistió a un acercamiento de los países latinoamericanos que se materializó con el restablecimiento de relaciones diplomáticas con Perú, Panamá o Chile y la anulación por parte de la Organización de Estados Americanos de las sanciones a la isla en julio de 1975 y se mejoraron, a partir de 1977, las relaciones con los propios Estados Unidos —con un comprensivo Jimmy Carter—, que llevó al acuerdo entre La Habana y Washington para la apertura de oficinas diplomáticas bajo banderas de Checoslovaquia y de Suiza en mayo de ese año.

Pero nada como 1979. En julio, se reanudaron los viajes comerciales regulares entre los Estados Unidos y Cuba. En septiembre, se celebró en La Habana la 6.ª Cumbre de los Países No Alineados, lo que ponía en clara evidencia el prestigio internacional ganado por la Revolución y, en noviembre, para dar una sensación de apertura, se liberó a cerca de 3 600 presos políticos.

A partir de ese momento en que a la Cuba de Fidel Castro se la vio con más respeto, mucho más de como se había hecho hasta entonces, todo quedó controlado por el régimen: los medios de producción, el comercio, la educación. La vida.

6

PERESTROIKA

Son impresionantes los logros del pueblo soviético en todos
los terrenos. Ninguna colectividad humana realizó jamás
en tan pocos años las proezas revolucionarias, sociales,
económicas y técnicas, llevadas a cabo por el pueblo soviético
desde el día luminoso de octubre en que Lenin condujo al
Partido bolchevique a la toma del poder.

Fidel Castro

LOS COMIENZOS DE LA DÉCADA DE LOS SETENTA DEL SIGLO XX fueron
aparentemente afortunados para la Unión Soviética y los países
comunistas de Europa central. La primera crisis del petróleo[55]
que se inició en agosto de 1973, coincidiendo con la guerra del
Yom Kippur entre árabes e israelíes, la favoreció, pues a fin de
cuentas eran uno de los más importantes productores mundiales de crudo.

A su vez, las incalculables sumas de dólares obtenidas
por la OPEP —Organización de Países Exportadores de Petró-

---

[55] En general, el aumento del precio unido a la gran dependencia que tenía el
mundo industrializado del petróleo, provocó un fuerte efecto inflacionista y
una reducción de la actividad económica de los países afectados. Para las
guerras entre árabes e israelíes ver nuestro libro *David y Goliat*. EDAF, 2013.

leo—, comenzaron a estar al alcance de aquellos países que lo requirieran y, a través del sistema bancario internacional, la Unión Soviética accedió también a ellas, por lo que los millones de dólares que ingresó gracias a ambos conceptos permitieron aumentar las importaciones desde el Occidente capitalista y postergar reformas tecnológicas necesarias. Lo mismo que hicieron, ante la inactividad del Comecon —Consejo de Asistencia Económica Mutua—, algunos países socialistas de Europa central que, sin reservas de petróleo y con una producción muy limitada, se endeudaron mucho más de lo que podían permitirse.

A partir de 1975, con Leonidas Brezhnev como presidente, un ucraniano de la línea dura del partido que había llegado al poder en octubre de 1964, la Unión Soviética aprovechó la crisis coyuntural que afectaba a la economía de las principales potencias occidentales para incorporar a su órbita y a la de sus aliados estados tan lejanos como Vietnam, Laos, Angola, Mozambique, Etiopía, Yemen del sur, Camboya o Nicaragua y hacia 1979, tras su invasión, Afganistán[56].

Un espléndido panorama internacional, supuestamente muy favorable, que llevó a Brezhnev a pretender igualar la superioridad en armamentos que poseían los Estados Unidos y sus aliados militares de la OTAN —la Organización del Tratado del Atlántico Norte—, lo que requería un enorme esfuerzo monetario y material que la URSS, pese a que creyera lo contrario, no estaba en condiciones de asumir.

A comienzos de la década de 1980 la situación cambió de forma repentina y se tornó cada vez más desfavorable para la Unión Soviética. Ya en 1977 todo había sufrido un vuelco espectacular en Oriente Medio cuando el presidente egipcio Anwar el-Sadat, olvidando las buenas relaciones que su antecesor Gamal Abdel Nasser había mantenido tradicionalmente con los soviéticos, buscó un acercamiento con los Estados Unidos. Un año después firmó los acuerdos de Camp David, para dar inicio a una política de entendimiento con Israel que terminaba con casi treinta años de enfrentamientos, lo que suponía que la URSS pasaba de un plumazo —nunca mejor dicho—, a desempeñar un papel secundario en la región, con las consecuencias geopolíticas y económicas que eso acarreaba.

---

[56] Ver *Exilio en Kabul*. EDAF, 2013.

Paradójicamente, por la misma época, el socialismo reapareció en distintos países europeos, e incluso llegó al gobierno. Fue el caso de Mario Soares en Portugal, en 1976; François Mitterrand, en Francia, en 1981, y Felipe González, en España, en 1982. Sin embargo, el hecho de que fueran partidos socialistas elegidos en las urnas, no significaba el triunfo del comunismo ni, mucho menos, que quedaran bajo la influencia soviética. Todo lo contrario. Esa tendencia a la izquierda mucho más *light*, lo que supuso fue el hundimiento del comunismo europeo en Occidente, que comenzó a expresar una fuerte división y llevó a algunos de sus partidos a anunciar su intención de maniobrar con independencia de las decisiones que se tomasen en Moscú.

Sin ningún apoyo real en Europa Occidental y con un producto nacional bruto de un tercio del de su principal oponente, los Estados Unidos, a la URSS comenzó a costarle demasiado caro mantener su condición de superpotencia. Debía atender a las tropas estacionadas en Europa Oriental, la frontera China, el arsenal nuclear, la carrera de misiles y espacial, al cuerpo expedicionario que mantenía en Afganistán, a la Cuba de Fidel y conceder ayudas económicas indispensables a sus aliados políticos, que últimamente habían aumentado donde más las necesitaban, en el Tercer Mundo.

Pero incluso aunque todo eso fuera preocupante, no era lo peor. Sus problemas más agudos se encontraban en su propia economía y en la política social. La primera, al no haberse reorganizado y modernizado a tiempo, lejos de alcanzar a la estadounidense, acentuaba aún más retraso. La segunda, en lugar de avanzar hacia una distribución más equitativa, como correspondería a un régimen comunista, profundizaba las desigualdades entre el trabajador común y el gran dirigente del partido. Una burocratización —lo que tanto había preocupado a los líderes de la revolución de octubre de 1917—, que durante la época de Brezhnev se había recalentado hasta hacer saltar las alarmas.

A partir de 1983, fallecido Brezhnev y con Yuri Andropov en el poder, la problemática de una sociedad bloqueada que requería inmediatas y efectivas soluciones económicas, comenzó a ocupar un lugar central en la evolución política que no había tenido hasta entonces. La misma prensa soviética aceptaba que, durante el año 1982, el ausentismo laboral había causado la pérdida de 125 000 horas de trabajo, lo que significaba en la práctica que 66 500 000 soviéticos —prácticamente la mitad de la población activa—, no trabajara durante un año. En cuanto a su estructura industrial, la maquinaria soviética, en general un 25 % más pesada que la de Occidente, exigía para su funcionamiento una provisión cuatro veces mayor de materias primas, acero y energía que la de los países de economía capitalista. Sin cambios era imposible hacer frente a una situación que amenazaba con derrumbarse estrepitosamente.

Andropov lo intentó. Su corto mandato estuvo orientado en un sentido reformista que trató de aligerar el peso de la burocracia y revitalizar la economía y la administración del país, gravemente estancada durante la era Brézhnev, pero los problemas de salud lo mantuvieron apartado de la actividad política. Murió en febrero de 1984, tras quince meses de mandato, sin haber realizado grandes reformas. Lo sustituyó un anciano de 73 años, hijo de campesinos siberianos, que aún estaba estancado en el estalinismo que había llevado en la década de los años 30 algunas transformaciones a su paupérrima región natal, Konstantín Chernenko. Le dio tiempo a muy poco. Lideró una reforma educativa, realizó diversos ajustes en la estructura burocrática del estado, negoció un pacto comercial con China y falleció en marzo de 1985. Ni siquiera había desempeñado un año la presidencia del Soviet Supremo.

En paralelo, las actividades que se desarrollaban en los Estados Unidos comenzaban a presentar un perfil cada vez más desfavorable para la Unión Soviética. Al presidente Jimmy Carter, que parecía realmente dispuesto a aplicar una política de apaciguamiento y a terminar con el embargo de Cuba, pero que se encontró con una grave crisis económica que dificultó el logro de sus objetivos, le sucedió el duro republicano Ronald Reagan. En su primer mandato, entre enero de 1981 y 1984, se dedicó más a organizar la economía del país y a intervenir en la pequeña isla caribeña de Granada, convencido de que se enfrentaba a una nueva revolución cubana que a otra cosa y, tras la reelección, se consagró por completo, en cuerpo y alma, a los asuntos internacionales. Entre ellos la oposición directa a la Unión Soviética —a la que describió públicamente en uno de sus discursos como «el imperio del mal»—. Sus medidas, la afectaron tanto a ella directamente como a los países que aún seguían en su entorno. Entre otras, la determinación de apoyar a los movimientos anticomunistas del mundo entero, lo que evidentemente suponía una esperanza para los anticastristas que se encontraban en Florida, que tras unos años de apagada indecisión, comenzaron a mostrarse de nuevo muy activos. Apoyado por una mejora de su economía interna gracias a la desregularización del sistema financiero, fuertes rebajas de impuestos y mano dura con los sindicatos, Reagan duplicó el presupuesto militar estadounidense e impuso un programa de alta tecnología al que denominó «Guerra de las Galaxias». El nuevo plan de sus antiguos rivales exigió a los soviéticos enfrentarse a un gran esfuerzo económico y militar que, ni remotamente, estaban en condiciones de asumir.

Punto sin retorno

Pese a una situación que ya se preveía claramente amenazadora, la enorme economía soviética, con inmensos recursos naturales, continuó sin dar señales de reacción. Al contrario, comenzó a presentar durante esos años indisimulables signos de estar más próxima a las del Tercer Mundo que a las del Primero, es decir, una economía en la que las ventas de materias primas eran mayores que las de manufacturas. De hecho, hacia 1982, el total de exportaciones soviéticas de productos manufacturados y maquinaria alcanzaba solo el 13 %. El resto se limitaban a materias primas, productos energéticos y vodka, que a duras penas podía considerarse como un artículo elaborado.

Fue el sustituto de Chernenko, Mijail Gorbachov, un hombre que contaba con una intachable trayectoria en el Politburó —el principal Comité Ejecutivo del Partido Comunista de la Unión Soviética—, del que había sido su miembro más joven en 1978 cuando tenía 49 años, quien, a partir de 1985, cambió definitivamente el rumbo soviético. Inmediatamente después de ser designado Secretario General del PCUS, lanzó su nueva política basada en las reformas y la reorganización, la *uskoréniye* —aceleración—, pero ese concepto se fue diluyendo en otros que finalmente fueron los que le dieron fama: la *perestroika* —reconstrucción— y la *gladnost* —apertura—. Con la primera enunció la modernización de la economía y la sociedad soviética; con la segunda prometió transparencia informativa.

En menos de un año, Gorbachov logró remover no solo el gobierno y algunas administraciones locales, sino incluso al mismo Politburó. Sin embargo, el mayor desafío al que se enfrentaba era sacar a la URSS del aislamiento. La economía soviética no podía permanecer estancada pero tampoco era sencillo modificar, en profundidad, el régimen de vida de los soviéticos. Una gran parte del pueblo se sentía cómodo con un sistema que les garantizaba la subsistencia y les proporcionaba una seguridad social, de niveles modestos pero ciertos, en una sociedad que gran parte de ellos consideraban igualitaria social y económicamente —con la excepción de los privilegios que recibían los altos dirigentes del partido—, probablemente porque tampoco conocían otra.

Gorbachov y su equipo de tecnócratas diagnosticaron que el estancamiento era producto del aislamiento de la etapa

Gorbachov y Castro en La Habana, en abril de 1989. Sus relaciones nunca fueron buenas. Tras entrevistarse ambos líderes Castro declaró: «Cada país tiene que aplicar sus propias fórmulas en la construcción del socialismo. Si un país socialista quiere construir el capitalismo tiene derecho a hacerlo. Cuba no lo hará». Un año después una brutal crisis económica hundiría para siempre la Revolución.

de Brezhnev, pero eran muchos los que pensaban lo contrario, y la recordaban como una de las mejores épocas en las habían vivido. Por lo tanto la *perestroika* no solo tuvo que enfrentarse a la resistencia de la burocracia soviética y de los comunistas más conservadores, sino, también a la de gran parte del pueblo.

Evidentemente, si había que combatir el aislamiento, la única opción era establecer un régimen de libertades que facilitara el contacto de los ciudadanos soviéticos con otras culturas y países del mundo. La medida, unida a la renuncia del uso de la fuerza para combatir a los movimientos internos insurgentes, debilitó la dominación soviética en Europa del Este. Entre agosto y septiembre de 1989, en Checoslovaquia y Hungría, miles de jóvenes y profesionales emigraron hacia Alemania Occidental ante la pasividad de sus respectivos gobiernos. Al poco tiempo se sumaron al éxodo los alemanes del Este.

Esos años, en los países desarrollados de Occidente también había comenzado otra revolución, pero de tipo científico y tecnológico que permitía al mundo intercomunicarse cada vez más, por lo tanto, si los países del bloque comunista y la Unión Soviética pretendían rivalizar con ellos se encontraban con otra desventaja: no debían continuar con su economía centralizada, donde todas las decisiones eran adoptadas por un pequeño grupo de dirigentes radicados en Moscú, lejos de los centros de producción de las inmensas regiones rusas.

Pero otorgar poder de decisión a los dirigentes regionales y darle mayor rango y fuerza a la economía que a la política, era debilitar al partido comunista y a sus dirigentes. El régimen soviético, lo mismo que el de todos sus aliados, sin excepción, se había mantenido solo gracias al monopolio del poder político por parte del partido comunista, a la vigilancia y la coacción. Se corría el riesgo de colapsar la unión de todas las repúblicas por pretender recuperar la economía, y eso fue lo que ocurrió finalmente.

Como el desplome de las fichas del dominó gigante del que se hablaba en la década de 1960[57], la caída del Muro de Berlín en 1989, el abandono de Afganistán en 1990, la revisión de la doctrina propuesta en 1991 por el mismo Gorbachov, al desconocer el papel del PCUS como único representante de la clase trabajadora soviética, y el reemplazo de la Unión So-

---

[57] Ver nuestra obra *Arrozales sangrientos. La guerra en Vietnam*. EDAF, 2012.

viética como se conocía hasta entonces por una Comunidad de Estados Independientes en 1992, dieron el remate a una historia, en cierto modo más que previsible. Hay que tenerla en cuenta cuando hoy, en la mitad del segundo decenio del siglo XXI, vuelve a estar de plena actualidad cada vez que el presidente de Rusia, Vladimir Putin, mira a sus antiguos asociados con ojos codiciosos.

Solos

La desintegración de la URSS y la debacle socialista supuso un golpe demoledor para Cuba. La crisis económica propia y ajena, obligaron a retirar numerosas políticas sociales que el pueblo asumía como conquistas de la obra revolucionaria, y que disfrutaba y defendía con fiera determinación. El inventario sería enorme y dramático, pero basta con nombrar la falta de comida, ropa, ayudas de estudios y viviendas sociales que se produjeron desde entonces, para darse cuenta fácilmente de la magnitud del problema que asoló la isla, bloqueado su escaso comercio por los Estados Unidos y acostumbrada a vivir en buena parte de los subsidios soviéticos.

Un intercambio económico con Moscú, que había llegado a representar casi el 85 % de su comercio y ayuda internacional, y pasó de 8 000 000 de dólares anuales a prácticamente cero. Fue tan duro, que los cubanos nunca lograron recuperarse de aquella crisis que alcanzó su punto culminante los años 1993 y 1994.

De nada sirvió que el gobierno implantara desesperadas medidas de liberalización de la economía —el caso de los mercados agropecuarios campesinos libres o las pequeñas empresas privadas de servicios, como restaurantes y cafeterías, por ejemplo— o fomentara el trabajo individual por cuenta propia —hasta entonces solo se admitía el trabajo con empresas estatales—. Ni siquiera que se promulgaran leyes para permitir la inversión extranjera en determinados sectores económicos del país, siempre en asociación con empresas estatales. Las medidas paliaron en alguna forma la crisis económica y permitieron un cierto grado de recuperación de la economía cubana, pero de una manera muy limitada.

Tan restringida, que a la población, además de suprimirle todas esas decenas de cosas a las que estaba acostumbrada y deteriorarle a toda velocidad su nivel y calidad de vida, para conseguir la pura supervivencia del estado, la aumentaron los precios del comercio controlado —que era casi todo—, la incrementaron los impuestos o aplicaron otros nuevos y la obligaron a convivir con una red comercial en divisas que la impedía llegar a consumir muchos productos básicos. Todo agravado con bajos salarios y una desmesurada pérdida de empleos. No era difícil predecir el resultado de la suma de todos esos factores: de golpe, la sociedad cubana se sumergió de nuevo en la pobreza y las desigualdades.

En 1990, con la caída de la Unión Soviética, Cuba entró en el Periodo especial. El producto interior bruto disminuyó un 36 % y comenzó el racionamiento. El hundimiento de la economía transformó a la sociedad cubana. Aún no se ha recuperado.

En octubre de 1992, para evitar que ante la difícil coyuntura económica que vivía la isla se produjeran protestas y sublevaciones similares a las que recorrían Europa del Este, el Parlamento cubano —a sugerencia del IV Congreso del Partido Comunista, celebrado el año anterior—, aprobó por unanimidad una nueva Ley Electoral que parecía democratizar un poco la rigidez socialista. Por primera vez, tras la elección a mano alzada de los candidatos en las circunscripciones de los barrios[58], establecía el voto universal, directo y secreto para los mayores de 16 años en las elecciones constituyentes de las Asambleas Municipales, Provinciales y a la Asamblea Nacional.

Fidel Castro en julio de 1992, durante su visita a España con motivo de la II Cumbre Iberoamericana, junto al presidente de la Xunta gallega, Manuel Fraga, en una comida con periodistas celebrada en Láncara. Ese año, la Comisión Europea había decidido suspender sus proyectos de cooperación con Cuba a raíz del juicio a Eduardo Díaz Betancourt, acusado de acciones terroristas.

La única pega desde entonces es que todas esas precandidaturas deben ser a su vez presentadas a las Comisiones de Candidaturas, integradas por organizaciones de masas, como los Comités para la Defensa de la Revolución y la Central de Trabajadores de Cuba, que pueden rechazarlas. En cualquier caso, las listas presentadas a esas comisiones deben contener un 50 % de delegados de base y el resto ser personalidades de la ciencia, la cultura, trabajadores destacados, atletas de alto rendimiento, estudiantes de alto rendimiento o dirigentes de sectores clave de la economía nacional y los servicios, entre

---

[58]   No hace falta explicar que, aunque en teoría, este sistema en que cualquier ciudadano puede proponer a sus candidatos, es el más democrático, se puede manipular en todos los lugares del mundo tan fácilmente como los demás. Por ejemplo, en Gran Bretaña, la posibilidad de ser elegido es directamente proporcional a la fortuna del aspirante.

otros, lo que no deja de ser una forma de manipulación como otra cualquiera.

En febrero de 1993 se celebraron las primeras elecciones de ese tipo, a las que fueron convocados 7 500 000 cubanos. Con una participación cuya cifra oficial se estableció en el 97 %, Fidel Castro fue uno de los 582 candidatos a diputado por la Asamblea Nacional —en su caso por uno de los distritos de la provincia oriental de Santiago de Cuba—, que fue elegido junto con los 1 190 delegados para las 14 Asambleas Provinciales. En esas condiciones, en las que el carismático líder revolucionario continuaba desempeñando un papel irreemplazable, era bastante difícil pensar en cualquier cambio.

Tras un ligero debilitamiento de la crisis económica que casi había barrido a Cuba del mapa, Fidel Castro escrutó el rumbo de China y Vietnam, donde el partido comunista acababa de abrir la mano pero había conseguido mantenerse al mando y decidió bendecir una apertura con reparos: «Reformas sin capitalismo», la llamó. Básicamente consistía en dedicar de forma descarada la isla y sus residentes al turismo. Principalmente español, pero también canadiense.

Incluso en el primer caso, llegó a ser tan exagerada la proliferación de turistas españoles, empresas españolas, hoteles regidos por españoles y continuos convenios comerciales con el gobierno español, que los círculos intelectuales de la isla comenzaron a temer una segunda colonización. No fue ese el problema con los canadienses, la clásica pareja de jubilados que antes iban a retirarse a Florida y ahora con la crisis económica Miami ya les resultaba demasiado caro. Para ellos, Cuba era la solución. El lugar donde poder encontrar sol y playa a precios mucho más asequibles. Una panacea también para el gobierno, que lograba de esa forma ingresar parte de la moneda extranjera necesaria para sus limitadas transacciones internacionales.

El turismo y los restringidos envíos de divisas realizados por los familiares desde el extranjero, solventó algo los problemas de la maltratada clase media cubana. Luego, las nuevas relaciones con algunos países sudamericanos, aún afines a la ya lejana revolución cubana, permitieron consolidar en parte la condicionada economía de la isla. Lo suficiente para presentarla como «mejorada», aunque no lo entendieran así los miles de cubanos que, hartos de pasar necesidades, veían en la cercana Florida, la auténtica «tierra prometida».

Así estaban las cosas, entre dos aguas, cuando el año 2000, once después de que lo hiciera Mijail Gorbachov como último mandatario de la Unión Soviética, Putin viajó a La Habana. Un abanico de nuevas posibilidades se abrió ante el gobierno cubano, pero era la época en que Moscú y Washington —de allí venía Putin, de entrevistarse con George W. Bush— se prometían amor mutuo y, poco después de su visita, el presidente ruso anunció, de modo unilateral, que desmantelaría la base de espionaje radioelectrónico de Lourdes, junto a La Habana, el último vestigio de la presencia militar rusa en la isla, que había comenzado con la crisis de los misiles, por cuyo uso Cuba recibía 250 millones de dólares anuales. Fue el final. Fidel Castro montó en cólera y las antiguas y fieles relaciones rusocubanas tocaron fondo. De hecho, se cedió de inmediato la base de Bejucal, próxima a Lourdes, más pequeña pero más moderna, al gobierno chino, para que pudiera realizar desde allí el seguimiento de sus satélites de comunicaciones[59].

Solo años después, cuando se enfrió de nuevo la amistad con los estadounidenses, Moscú volvió a interesarse por recuperar sus relaciones con La Habana. Ya en 2006 concedió un crédito de 350 000 000 de dólares para financiar diversos proyectos de minería y, en los años siguientes, se incrementó sustancialmente el intercambio comercial, hasta llegar a los 360 000 000 de dólares anuales, lo que convirtió a Rusia en el décimo socio de la isla a nivel mundial. Era una magnífica noticia para los cubanos, pero el mal ya estaba hecho. No eran fáciles de olvidar los casi 15 años de escasez y abandono.

En 2008, dos décadas después de la desaparición del campo socialista, los rusos regresaron definitivamente a Cuba a todo tren. Entre julio y noviembre, su viceprimer ministro, Igor Sechin, viajó a La Habana en tres ocasiones para suscribir diez acuerdos económicos y conceder un crédito por 20 000 000 de dólares. Luego, lo hizo el presidente Dmitri Medvédev con el objetivo de estrechar la renacida alianza entre ambas naciones y entrevistarse con su homólogo cubano, Raúl Castro. Era el final de una gira que lo había llevado por Perú, Brasil y Venezuela, justo en la época en la que Estados Unidos se dedicaba a hacer política en Sudamérica, uno de los espacios de influencia de la antigua URSS.

---

[59]   China es el país que más satélites de comunicaciones ha enviado al espacio desde su base de Taiyuan, cerca de Beijing.

Precisamente en esos momentos de tensiones con Estados Unidos, Rusia quería reforzar de nuevo su relación estratégica con su exsocio ideológico. Fuentes rusas llegaron a decir que la isla era un aliado «clave» del Kremlin en la región y que había un interés especial en que sus empresas petroleras participaran en la perforación en aguas profundas cubanas del Golfo de México.

Desde entonces, al mismo tiempo que comenzaron a incrementarse las tensiones con Washington, se multiplicaron las visitas de altos funcionarios y empresarios rusos: el secretario del Consejo de Seguridad, general Nikolai Patrushev; el jefe del Estado Mayor de la Defensa Aérea del Ejército de Tierra, general Alexandr Máslov; el ministro de Comunicación, Igor Olegovich Schegoliev, y el número dos de la iglesia ortodoxa rusa, Kiril Gundjaev, fueron algunos de ellos.

Ambos países también anunciaron por entonces el restablecimiento de la cooperación militar en la esfera antiaérea. Y, según el embajador ruso en La Habana, Mijail Kamynin, «proyectos concretos» en el sector del níquel, del petróleo y también de la industria automovilística. Todo lo que pueda convertir a Cuba en «un puente» de entrada de Rusia en otros países del Caribe y de Centroamérica —aseguró Kamynin en una entrevista—.

A Cuba y a su gobierno también le interesa y, como una vieja amante que siente que no va a estar sola sus últimos días, vuelve a dejarse querer.

Larga agonía

El 27 de julio de 2006 Fidel fue operado de urgencia debido a una grave enfermedad intestinal. A partir de entonces su salud e intimidad, —que por otra parte jamás había sido demasiado pública— adquirieron el rango de «secreto de Estado».

Jamás volvió a aparecer en público y, la madrugada del martes 19 de febrero de 2008, a los 81 años, anunció que dejaba su cargo y renunciaba a ser reelegido presidente de los Consejos de Estado y de Ministros, lo que ponía fin a medio siglo al frente del gobierno de la isla. Una decisión que abría el camino de la presidencia a su hermano Raúl, que ya había sido elegido como segundo jefe de la revolución —aunque muchos no lo sepan o no lo recuerden—, el 21 de enero de 1959, durante un multitudinaria concentración popular celebrada en la Avenida de las Misiones de La Habana. Terminaba así el «reinado» formal de un hombre que, tras tomar el poder en 1959, y colocar a su país como uno de los ejes de la Guerra Fría, había sobrevivido a nueve presidentes de Estados Unidos —sus mayores enemigos—, y al colapso o fallecimiento de sus aliados.

Se veía poca gente en las calles de La Habana tras la noticia, y no parecía extenderse ninguna inquietud entre la población. El movimiento disidente es pequeño en Cuba en comparación con sus 11 millones de habitantes, pero ni siquiera sus líderes habían intentado buscar un cambio en la dirección del país desde que se conociera la enfermedad del presidente.

El Consejo de Estado de Cuba confirmó la presidencia de Raúl Castro días después, apartando de la carrera por el poder al vicepresidente Carlos Lage y el primer ministro Felipe Pérez Roque, que también se consideraban los más idóneos para dirigir la nación. Nada sorprendente. Raúl, de 76 años, ministro de las fuerzas armadas, ya ejercía el poder de forma temporal desde que Fidel se pusiera enfermo. A partir de ese momento, la vida del Comandante transcurrió mucho más plácida, sin salir de su domicilio, alejada de las grandes estrategias y los problemas mundiales.

La residencia de Fidel Castro —«Punto Cero» en el argot utilizado por la seguridad cubana—, situada en un complejo que ocupa los terrenos del antiguo campo de golf Jaimanitas, conocido centro de vacaciones en la década de 1950 ubicado en un pequeño pueblo costero al oeste de La Habana, dispone de una pequeña granja de autoconsumo y una guarnición militar encargada de la protección de los residentes.

Además de la vivienda familiar de Castro, cómoda y funcional en comparación con la del resto de los cubanos, pero no lujosa —menos aún si la equiparamos con las de los dirigentes de su mismo nivel, europeos o americanos[60]— la finca dispone de varias residencias más en las que habitan algunos de sus hijos. La casa en la que Castro ha vivido durante décadas con su mujer, la maestra Dalia Soto del Valle, con quien tuvo cinco hijos —Antonio, Alejandro, Álex, Alexis y Ángel—, dispone de dos plantas, cuatro dormitorios, un salón amplio y luminoso y

---

[60] En palabras del escritor y disidente cubano Norberto Fuentes: «Creo que cuando esto termine —el gobierno de los Castro—, la mayoría de la gente en Cuba se indignará por las comodidades relativas del liderazgo, y la mayoría de la gente en Miami se sorprenderá por su bajo nivel de vida».

un porche agradable y bien ventilado que la comunica con un extenso jardín —no en vano ocupa las proximidades del antiguo hoyo 14—, en el que se ubica una pequeña piscina, un estanque y un obsoleto, aunque bien cuidado, parque infantil.

Hasta que Castro enfermó fue un lugar reservado en exclusiva a unos pocos colaboradores cercanos, entre ellos el ahora exvicepresidente Carlos Lage, el excanciller Felipe Pérez Roque y su exjefe de despacho Carlos Valenciaga, —todos caídos en desgracia desde que se les ocurrió poner en duda la sucesión de Raúl—; la familia —un amplio concepto que en Cuba incluye esposa, hijos, nueras y nietos—, por supuesto los escoltas y poco más. Ni sobrinos ni hermanos visitaron con frecuencia la casa. Tampoco sus escasos amigos extranjeros. Alguna vez pasó por allí el fallecido presidente venezolano Hugo Chávez, pero ni siquiera los considerados más íntimos, como Gabriel García Márquez, tenían abiertas las puertas de entrada a «Punto Cero». Al menos hasta la citada crisis de diverticulitis[61] de colon del 2006.

Hoy se sabe que debido a complicaciones diversas, errores médicos iniciales y la cabezonería del propio Castro, que se negó rotundamente a una colostomía[62], estuvo meses entre la vida y la muerte, ingresado en las dependencias del Centro de Investigaciones Médico Quirúrgicas —CIMEQ—, un moderno y bien equipado hospital muy próximo al Punto Cero. Allí pasó hospitalizado cerca de dos años, sometido a múltiples intervenciones quirúrgicas con un proceso de recuperación lento y traumático, recibió a presidentes, dignatarios extranjeros, amigos y colaboradores y también redactó su histórica renuncia.

En esos años en los que las instalaciones del CIMEQ fueron su hogar y centro de trabajo escribió su primer artículo de prensa, el 28 de marzo de 2007. Una «reflexión», como el mismo dijo, que fue la primera de una larga saga de opiniones públicas —alrededor de 400—, que le unieron desde entonces a Cuba y al mundo.

De regreso a su casa, a finales del 2008 o principios del 2009 —es imposible conocer la fecha exacta—, las medidas

---

[61] La diverticulitis es la inflamación de las bolsas en el revestimiento del intestino que se forman como resultado de la presión anormal en el colon.

[62] La colostomía, es un procedimiento en el que un extremo del intestino grueso se corta quirúrgicamente y se lleva fuera del cuerpo a través del abdomen. Una bolsa adherida a la apertura recoge los residuos.

de seguridad de «Punto Cero» se hicieron algo menos estrictas. Castro empezó desde entonces a recibir visitas en su propio hogar, en un ambiente familiar, acompañado de su esposa, hijos y nietos. Quizá la más conocida fuera la del director de cine estadounidense Oliver Stone —un incondicional de Castro y de su régimen—, empeñado en terminar su trilogía sobre el líder cubano iniciada con *Comandante,* —rodada en 2003— y *Looking for Fidel,* en 2004. Pero, las visitas, al principio relativamente frecuentes, fueron poco a poco convirtiéndose en una excepción.

Castro ha dedicado la mayor parte de sus últimos años a la familia, la lectura, un ligero ejercicio físico por el jardín que le sirviera como rehabilitación y para mantener la forma —según le contó a Stone, medio en broma medio en serio, seguido por satélites espías—, y al acopio de notas con las que escribir sus «reflexiones», artículos de prensa y libros. Recibía cada mañana de manos de su extenso equipo de documentación y traducción los teletipos e informaciones de prensa con las principales noticias de actualidad organizadas en secciones y todo lo que se escribiera en el mundo sobre Cuba.

Stone, o al menos eso es lo que contó tras la entrevista, fue uno de los que se quedó más impresionado por el sistema de trabajo de Castro. «Nos mostró ordenadas pilas de libros, revistas y periódicos —dijo—, también libretas con apuntes, organizadas por temas y perfectamente clasificadas».

En el desempeño de sus cargos o sin ellos, tanto en su casa como fuera de ella, desde 1959 Castro nunca dejó de ser «El Jefe».

Trabajadores durante la cosecha de una plantación de caña de azúcar. Todos llevan manga larga, pese al clima cálido debido a que las hojas de la planta son tan afiladas que cortan fácilmente la piel desnuda.

Reproducción en Birán de la casa de Ángel Castro. La original ardió a comienzos de 1954, por un accidente o un descuido de sus dueños.

De izquierda a derecha, Fidel junto a sus hermanos Raúl y Ramón, con el uniforme de gala del colegio Dolores, durante el curso de 1940 a 1941.

Lina Cruz y Ángel Castro fotografiados en el salón de su casa de Birán. Hasta 1940, Don Ángel y Lina no legalizaron su unión. Tres años después, el 11 de diciembre de 1943, cuando Fidel ya había cumplido los 17, fue reconocido como hijo legítimo de Don Ángel.

Curso de 1940. Un joven Fidel Castro —con una piruleta—, junto a un grupo de compañeros en el colegio Dolores, en Santiago de Cuba. El colegio, perteneciente a la Compañía de Jesús, se había inaugurado el 31 de agosto de 1913.

Fidel Castro, el último de la fila de la izquierda, junto a sus compañeros del equipo deportivo del Colegio de Belén, en La Habana. El anuario de su graduación, en 1945, lo describe como «alumno distinguido, nacido en una rica plantación de azúcar en 1926».

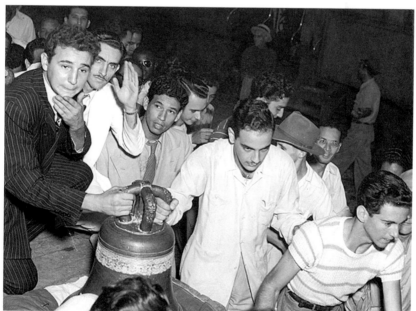

De izquierda a derecha: Fidel Castro, Enrique Ovares —presidente de la Federación Estudiantil Universitaria—, Alfredo «Chino» Esquivel y Gustavo Ortiz Faez con la campana de la hacienda Demajagua, cuando llegó a la Habana el 7 de noviembre de 1947. En la Demajagua Manuel Céspedes inicio en 1868 la rebelión que daría lugar a la Guerra de los Diez Años.

Fidel Castro y Mirtha Díaz Balart. Se casaron el 2 de octubre de 1948 y se divorciaron en 1955.
A mediados de la década de 1970, Mirtha, contrajo matrimonio de nuevo con un ferviente anticastrista, Emilio Núñez, hijo del embajador de Cuba ante la O.N.U., y se trasladó a vivir a Madrid de forma definitiva.

Arriba derecha: tres de los insurrectos del grupo dirigido por Fidel Castro, muertos a la entrada de uno de los accesos al cuartel de Moncada, durante el asalto realizado el 26 de julio de 1953. Abajo izquierda: Fidel Castro, en el centro de la imagen, junto a sus compañeros, a la salida de la prisión de la Isla de los Pinos.

Todo el grupo de Castro en México, en el n.º 49 de la calle Emparan, en la capital. Fidel está a la izquierda de María Antonia González, en el centro de la imagen. Sentado en el suelo, Ernesto «Che» Guevara. «Lo recuerdo vestido muy humildemente —dijo Fidel posteriormente—. Padecía asma y era, en realidad, muy pobre».

Fulgencio Batista y su esposa Marta toman el desayuno en el Palacio Presidencial de La Habana. La revista Life publicó esta foto el 1 de abril de 1958, tras su huida a República Dominicana. Batista finalmente encontró asilo político en Madeira. Desde allí se trasladó a Madrid, y vivió el resto de su esplendorosa vida entre el Portugal de Oliveira Salazar y la España de Franco. Falleció el 6 de agosto de 1973 en Marbella, a causa de un infarto. Está enterrado en el cementerio de San Isidro, en Madrid.

Fidel durante un discurso en Santa Clara. En febrero de 1957, la entrevista que le realizó el periodista estadounidense del New York Times *Herbert Matthews, permitió que la opinión pública mundial descubriera la existencia de una guerrilla en Cuba, hasta entonces algo muy puntual. Batista diría más tarde en sus memorias que gracias a ese empujón «Castro comenzó a ser un personaje de leyenda». Matthews también matizó la importancia de su entrevista: «Ninguna publicidad, por más sensacional que fuera, habría podido tener efecto si Fidel Castro no hubiera sido el hombre que yo describí».*

Fidel realiza prácticas de tiro en Sierra Maestra con una pistola Browning, durante los primeros meses de la revolución. Sus hombres apenas iban todavía uniformados y disponían de escaso armamento. Era habitual que no se admitiese en las filas rebeldes al que no llegase portando un arma de fuego.

La caravana de la libertad entra en La Habana el 8 de enero de 1959. Partió de Santiago el 2 de enero por la ruta del cobre y la carretera central y recorrió Cuba durante una semana. La capital era el punto final de su recorrido.

Fidel Castro y el comandante Camilo Cienfuegos, hijo de los anarquistas españoles Ramón Cienfuegos Flores y Emilia Gorriarán Zaballa, originarios de Pravia, Asturias, y Castro Urdiales, Cantabria, respectivamente, vestidos con el uniforme del equipo de béisbol «Los barbudos», durante el partido de exhibición contra la Policía Nacional de Cuba celebrado en el Gran Stadium de La Habana —hoy Estadio Latinoamericano—, el 24 de julio de 1959. Era el encuentro previo al que enfrentó a los equipos Sugar Kings, de La Habana, y Red Wings, de Rochester, Nueva York.

En abril de 1959, Fidel Castro fue invitado por la Sociedad Americana de Editores de Periódicos a viajar a los Estados Unidos. Durante la visita, tanto él como el presidente Eisenhower, rehusaron entrevistarse, pero Castro accedió a reunirse con el vicepresidente Nixon. Arriba, Fidel visita el monumento en memoria de Abraham Lincoln, en Washington, una fotografía de Alberto Korda. Abajo, Celia Sánchez —uno de los miembros de la delegación—, y Castro, de vuelta en tierra cubana. Poco después, Celia le dijo a Fidel: «La nuestra era una lucha vida o muerte contra Batista y ahora estamos en otra similar contra ellos».

Arriba, Fidel Castro y Che Guevara fotografiados en 1960 durante una jornada de pesca en aguas del Caribe. Aún eran grandes amigos. A partir de 1964 optaron por seguir caminos diferentes.

Abajo, el cadáver de Che Guevara. Con la ayuda de la CIA y conducidos por un campesino, el capitán boliviano Gary Prado y sus soldados, capturaron el 8 de octubre de 1967, en el sudeste del país, a Guevara. Tras pasar la noche en una escuela destartalada en el pueblo de La Higuera, fue ejecutado por orden del presidente René Barrientos. Su cuerpo fue trasladado en helicóptero a la cercana Vallegrande y enterrado clandestinamente en una pista de aterrizaje próxima. En 1997, un equipo cubano exhumó sus restos y se los llevó a la isla.

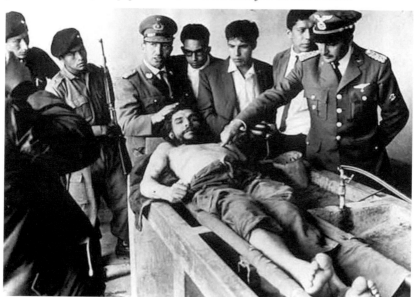

Fidel, como comandante en jefe del ejército, dirige la última ofensiva en Playa Girón contra los miembros de la Brigada 2506. En 1959 había ordenado aumentar las fuerzas armadas de 50 000 efectivos a aproximadamente unos 600 000, entre tropas regulares y milicias de reserva. Además, en previsión de un ataque de los Estados Unidos, entre 1959 y 1963 se hicieron planes para realizar anualmente una movilización a nivel nacional de carácter general.

Los miembros de uno de los regimientos de la infantería regular de las Fuerzas Armadas Revolucionarias posan con parte del equipo estadounidense aprehendido. En este caso, un paracaídas.

Exiliados cubanos detenidos tras su intento de invasión de la isla en Bahía de Cochinos. La ayuda que los miembros de la brigada de asalto esperaban de la administración del presidente John Fitzgerald Kennedy nunca llegó a materializarse. Fueron definitivamente abandonados a su suerte el 19 de abril de 1961, sin oportunidad de escapar de la isla.

Vestido con la camiseta de la selección nacional de fútbol de Cuba, el ya primer ministro Fidel Castro realiza el saque de honor en el estadio La Tropical de La Habana, durante la ceremonia de inauguración del IX Campeonato Centroamericano y del Caribe de Fútbol, celebrado entre febrero y marzo de 1960. El encuentro, que finalizó 1 a 1, enfrentó a Costa Rica y Aruba.

Fidel Castro —siempre omnipresente en las fotografías publicadas por el régimen—, en Sierra Maestra, en 1962, durante las operaciones contraguerrilleras destinadas a terminar con los «bandidos» — policías y militares del ejército de Batista que habían huido a las montañas del Escambray y Sierra Maestra para combatir la revolución—. Apoyados por Estados Unidos y la CIA llegaron a formar alrededor de 150 bandas armadas. La última campaña contra ellos se realizó el 1 de octubre de 1966. Fotografía de Alberto Korda.

El astronauta soviético Yuri Gagarin se abraza con Fidel Castro durante su visita a La Habana, en 1961. El 12 de abril de ese año, Gagarin se había convertido en el primer hombre en viajar al espacio, en la nave Vostok. La carrera espacial fue un nuevo punto de enfrentamiento entre Estados Unidos y la Unión Soviética.

Fidel junto a NIkita Kruschev durante la visita que realizó a Moscú el líder cubano en mayo de 1963. En sus brazos sostiene a Sergei, de ocho años. El 12 de julio de 1999 Sergei y su esposa Valentina se convertirían en ciudadanos estadounidenses.

La tripulación de un carro de combate cubano T-55 fotografiada en febrero de 1988, en la carretera de Calucinga a Río Cutato, durante la guerra de Angola. Todo el material y armamento es de origen soviético. La Operación Carlota, que tomaba su nombre de una esclava negra que lideró una sublevación de esclavos en Cuba, terminó el 25 de mayo de 1991, con la salida del último soldado cubano: el general Samuel Rodiles.

Mengistu Haile Mariam, dictador de Etiopía, junto a Fidel y Raúl Castro en La Habana en abril de 1975. Mengistu, que gobernó entre 1977 y 1991 se vio obligado a exiliarse ese año en medio de los intentos de golpe de Estado y las crisis internas. En 2008 un tribunal etíope lo declaró culpable de genocidio, y lo condenó a muerte. Sigue en libertad refugiado en Zimbawe.

Fidel Castro con el antiguo uniforme de gala de los mineros de Katowice, Polonia, durante la visita que realizó a la ciudad de la Alta Silesia en junio de 1972. A su izquierda, Zdzislaw Grudzién, secretario del comité provincial del Partido Comunista.

A mediados de septiembre de 1973, Fidel viajó al Paralelo 17, en la Provincia de Quang Tri, en Vietnam del Norte. Para entonces, Estados Unidos ya había firmado los pactos de paz y retirado la mayoría de sus tropas. La tregua que siguió, con la US Air Force dándole cobertura a Vietnam del Sur, fue corta. La guerra continuó hasta la toma de Saigón en 1975. En la imagen, Fidel y el general Pham Van Dong, primer ministro de Vietnam del Norte de 1955 a 1976.

Cuba recibió entre el 21 y el 25 de enero de 1998 la histórica visita de Juan Pablo II. Era la primera vez que un Sumo Pontífice pisaba la isla desde que Fidel Castro fuera excomulgado el 3 de enero de 1962 por declararse marxista-leninista y manifestar en su discurso del 2 de diciembre de 1961 que conduciría a Cuba al comunismo. Además de mostrar su hostilidad manifiesta hacia la iglesia católica de aquel momento con la expulsión de 131 sacerdotes y el cierre de escuelas religiosas.

Entre 1993 y 1994 se produjo la denominada «crisis de los balseros»: miles de cubanos, empujados por una brutal crisis económica en la isla que dejó el salario medio entre los 10 y los 15 dólares mensuales, intentaron cruzar el estrecho de Florida para llegar a Estados Unidos. El éxodo dio lugar la ley de los «pies secos-pies mojados», por la que se supone que los que pisan tierra estadounidense pueden quedarse legalmente, mientras que los que detiene la Guardia Costera son devueltos a Cuba.

Fidel y Raúl Castro el 29 de diciembre de 2001 en la Asamblea Nacional del Poder Popular, en La Habana. El 31 de julio de 2006, Fidel le confió a su hermano, de manera temporal, la presidencia de los Consejos de Estado y de Ministros y el liderazgo del Comité Central del Partido Comunista. Posteriormente, el 24 de febrero de 2008, tras la renuncia de Fidel, Raúl fue elegido de forma definitiva como presidente de ambos consejos.

La última fotografía tomada a Fidel Castro, el 15 de noviembre de 2016, en su casa de La Habana. Conversó con el presidente de Vietnam, Tran Dai Quang —a su derecha—, acerca de los peligros que acechan a la humanidad, como el cambio climático, los conflictos bélicos, el incesante aumento de la población mundial y el reto de elevar la producción de alimentos a escala universal

7

ANTICASTRISMO

No se le permite a nadie dialogar conmigo. Las personas que van a mi casa enseguida son llamadas por la seguridad del Estado y reprimidas por haber ido. Entonces la gente, por temor a perder su trabajo, por temor a que la tomen con alguien de su familia, simple y llanamente, deja de hablarme.

Eduardo Pacheco Ortiz, ex preso político

HAN PASADO MAS DE 50 AÑOS desde el triunfo de la revolución y la controversia dentro y fuera de la isla sobre si fue válida, o un monstruoso disparate, no cesa. Una polémica que abarca varios tópicos, entre ellos la redención de los necesitados, la importancia de las libertades fundamentales, lo que era Cuba antes de 1959, el peso del embargo estadounidense o las violaciones a los derechos humanos. Temas que se discuten con argumentos igual de apasionados entre cubanos y no cubanos.

Un nuevo Castro, la misma Cuba. Así se titulaba el informe de noviembre de 2009 publicado por la ONG *Human Rights Watch* sobre la situación de los derechos humanos en la isla: Presos de conciencia, leyes abusivas, represión, condiciones carcelarias inhumanas, falta de libertad en todos los ámbitos. El documento, que reconocía también los avances logrados por el régimen en materia de sanidad y educación —algo que niegan los anticastristas más radicales—, concluía que, pese a las esperanzas de apertura que se suscitaron al abandonar el gobierno Fidel, y del levantamiento parcial del embargo por parte de Estados Unidos, todo sigue igual. En términos semejantes se expresa Amnistía Internacional, que denuncia la existencia de 53 presos políticos en la isla y que incluye entre las víctimas de esta situación a los disidentes y los opositores al régimen. Un colectivo muy heterogéneo que engloba desde movimientos de la derecha neoliberal más radical —la mayoría, en el exilio— hasta iniciativas socialdemócratas o colectivos que buscan el diálogo y una transición pacífica.

Mientras, el régimen se justifica negando todas las acusaciones y, con el argumento de que necesita defenderse, califica a todos estos presos como simples delincuentes. Una actitud que, pese a que ya no cuenta con tantas simpatías como en el pasado, aún recibe apoyo de amplios sectores de la izquierda e incluso de algunos gobiernos.

Aunque haya quien piense lo contrario, la oposición a Fidel Castro, que el 1 de enero de 1959 se convirtió en el ídolo del 90% de la nación, comenzó ese mismo día entre los propios grupos que hicieron la revolución, pero que sospechaban de los antecedentes de su líder. Primero fue el viejo partido PSP. Los comunistas afiliados, el Fidel que recordaban era al líder estudiantil, militante del feroz grupo de acción anticomunista Unión Insurreccional Revolucionaria, y candidato a representante por el Partido Ortodoxo, igualmente antimarxista. Además, la estrategia de esa revolución que surgía vencedora con fuerza imparable, se apartaba radicalmente del manual de procedimiento clásico. No había lucha de clases, huelgas proletarias, ni otras típicas características leninistas. Una élite pequeño burguesa había congregado a parte del campesinado en las zonas rurales y a estudiantes y profesionales en las ciudades; había combatido y, tras la huida del dictador, se había hecho con el poder. Eso era todo. Los comunistas, empantanados aún en la mitología insurreccional marxista-leninista de la revolución bolchevique, no podían aceptar a Fidel.

Tampoco, por otras razones, eran castristas los auténticos ni los ortodoxos. Los auténticos, porque a fin de cuentas Castro era un partidario del desaparecido Chibás, en vida, reiteradamente contrario a su movimiento. La cúpula ortodoxa, porque no podía permitir que un dirigente del partido de segunda o tercera fila, hubiera terminado por seducir a la masa de sus votantes sin tomar en cuenta a los cuadros dirigentes.

Ni siquiera el Directorio Revolucionario o el Segundo Frente del Escambray, los dos grupos insurrectos con el mismo origen que le disputaban al 26 de Julio la dirección de la lucha antibatista, podían ser castristas. Diversas rencillas, aumentadas por las críticas de Fidel tras el ataque al Palacio llevado a cabo por el Directorio y, más tarde, la poco o nada diplomática actuación del «Che» con las guerrillas de Las Villas, habían levantado un sentimiento de celos y hostilidad hacia el líder de la Sierra Maestra.

Fidel Castro le firma un autógrafo a la flamante Miss La Prensa 1959, durante el viaje que realizó en abril de ese año a la ciudad estadounidense.

¿Qué ocurrió entonces? Que eran una minoría. El pueblo llano apoyaba una revolución que consideraba propia y lo demostraba en cada acto público y en las calles. Todavía estaban muy lejos los grandes controles del Estado denunciados por los disidentes, mediante los que se obliga al ciudadano cubano a asistir a los actos políticos para no perder su empleo, o su derecho a una carrera universitaria.

Una semana después de la salida de Batista, Cuba conoció una explosión de alegría como no se había visto desde que en 1902 se proclamara la República. Castro entró en La Habana a hombros de multitudes. Era «el jefe» indiscutible, pero no indiscutido. A los pocos días, el Directorio Revolucionario anunció que no entregaría el Palacio Presidencial ni la Universidad a las fuerzas del 26 de Julio. Fidel los atacó con una nueva arma letal: un discurso televisado de cuatro horas. El Directorio, temeroso de las posibles consecuencias y de cómo tomarían sus actos sus propios vecinos, se rindió y entregó las armas.

No hubo más incidentes notables en los primeros meses de gobierno. Hubo censura, sí, en los procedimientos judiciales de la revolución y cierta repugnancia hacia sus tribunales en las capas más instruidas del país, que no estaban acostumbradas a juicios sumarios ni a fusilamientos masivos, pero poco más. En general, las críticas no surgían porque ciertos crímenes de los que se acusaba a los oficiales y seguidores de Batista no fueran condenables, sino porque, a veces, los juicios no resultaban demasiado convincentes.

Ese fue el caso del primer golpe serio que sufrió la imagen pública de Fidel: el juicio contra los pilotos de la Fuerza Aérea de Batista, absueltos por el tribunal que dirigía el veterano combatiente de la sierra, Félix Pena. Fidel, molesto por la sentencia, pidió públicamente un nuevo y condenatorio juicio. Se repitió, y los acusados fueron sentenciados a treinta años por el comandante Pena que, conmocionado por sus desacuerdos con Castro, se suicidó el 14 de abril.

Esos días surgieron también las primeras polémicas a causa del manoseado comunismo. La prensa liberal y conservadora censuró al gobierno, al tiempo que los antiguos grupos antibatista que no participaban del poder comenzaban a impacientarse. Se contemplaban dos hipótesis. La optimista, afirmaba que Fidel iba a acabar por implantar una dictadura. La pesimista, que sería de signo comunista. Nadie estaba muy seguro del futuro, pero a mediados de 1959 todavía no había conspiraciones formales. Solo tanteos, conversaciones e intercambio de opiniones habladas y escritas. El mismo 26 de Julio llevaba escindido desde los años de lucha. El Llano, formado por estudiantes y profesionales, constituía la «derecha» del movimiento. La Sierra, el maltratado campesinado que seguía a Fidel ciegamente y nada tenía que perder, la corriente marxista.

A escasos meses del triunfo, se produjo la primera de las escandalosas deserciones que se sucederían con los años, la del comandante Pedro Luis Díaz Lanz, jefe de la Fuerza Aérea Revolucionaria. El legendario piloto, que había conseguido llevar a los rebeldes los mayores abastecimientos de armas, huyó el 29 de junio en un pequeño barco de vela caminó de Miami. Días después, denunció ante el Congreso de los Estados Unidos, en una alocución radiada a todo el país, la intención de Castro de establecer una dictadura comunista. Al mes siguiente fue cuando el presidente Urrutia, enfrentado como ya vimos a la parte de su gobierno que le exigía cambios más radicales escorados hacia la izquierda, se vio obligado a dimitir. La prueba que necesitaban los estadounidenses.

Poco más tarde fue el periodista Luis Conte Agüero quien mantuvo desde el *Diario de la Marina* una polémica con el Partido que apasionó a todo el país. Castro, contra la expectativa general, aunque Agüero no era más que un oportunista recién llegado, intervino en su contra. Fue la antesala de una crisis aún más grave que volvió a dividir a la opinión pública de una forma mucho más radical: el «caso Húber Matos» y su carta de renuncia ante la escalada hacia el poder de los comunistas. Castro respondió públicamente, acusando de traición a Húber y a los oficiales de su estado mayor. El propio Consejo de Ministros se dividió ante este hecho, que calificó de excesivo. Varios ministros, entre ellos el ingeniero Manuel Ray y Manuel Fernández —antiguo y prestigioso revolucionario—, renunciaron a sus cargos ante el irregular juicio y la posterior condena a Matos.

En el décimo congreso de la Confederación de Trabajadores de Cuba, César Gómez, expedicionario del *Granma*, Carlos Varona y otros dirigentes de los trabajadores, que habían luchado por preservar un sindicalismo libre, se negaron directamente a colaborar con los comunistas. Castro, personalmente, como había hecho en el juicio de Matos, acudió al congreso para exigir que se los aceptara. Hubo cierta resistencia, pero David Salvador, el dirigente sindical del 26 de Julio, acabó por ceder. No pasó lo mismo en la Universidad de La Habana, donde los comunistas apenas tenían poder. Los dos dirigentes que se disputaron las primeras elecciones tras la caída de la dictadura eran anticomunistas: Pedro Luis Boitel y Rolando Cubela.

Ganó Cubela que era el que contaba con el apoyo de Castro. Pese a ello, años después, Boitel y Cubela coincidirían de nuevo, pero en una de las prisiones del régimen. Boitel no saldría, fallecería en la cárcel en 1972. Cubela, liberado en 1979, se exiliaría en España.

No se necesitó mucho más tiempo para que el anticastrismo pasase de las «discusiones de salón» a la conspiración organizada, alimentada por las guerrillas contrarrevolucionarias que se mantenían en el Escambray.

Los grupos anticastristas más vigorosos se forjaron entre los disidentes de la revolución. El Movimiento Revolucionario del Pueblo, dirigido por Ray desde que había abandonado la cartera de Obras Públicas, junto a un grupo de hombres provenientes del 26 de Julio urbano, logró aglutinar a una buena parte de los socialdemócratas que se oponían a la implantación de una dictadura comunista. A mediados de 1960, el MRP era una impresionante estructura clandestina de grandes dimensiones, pero precisamente por eso, demasiado vulnerable. Tanto, que los servicios de seguridad cubanos lograron infiltrarse a diversos niveles y desbaratarla cuando los sucesos de Bahía de Cochinos.

El 30 de Noviembre, denominado así por la fecha de un fallido levantamiento contra Batista, fue otro de los grandes movimientos anticastristas nacidos al amparo de la revolución. Su máximo dirigente: David Salvador, por entonces ya Secretario General de la Confederación de Trabajadores de Cuba. Casi exclusivamente de extracción proletaria, sus líderes lo eran al mismo tiempo de diversos sindicatos, y sus cuadros se nutrían de disidentes del 26 de Julio. Cientos de sus miembros, como el propio Salvador, detenido el 6 de noviembre de 1960 y acusado de traicionar a la revolución, acabarían en la cárcel.

El partido Auténtico, desplazado del poder por Batista mediante el golpe de 1952, creó también dos núcleos dispuestos a enfrentarse a Castro tan pronto el rumbo del proceso político de la revolución no cumplió sus expectativas: la Triple A, dirigida por el doctor Aureliano Sánchez Arango y otros revolucionarios de la década de 1930, y la Organización Auténtica, del exprimer ministro Manuel Antonio Varona. La Triple A, muy vinculada a la izquierda democrática sudamericana, logró renovarse con estudiantes universitarios atraídos por la honestidad con que se presentaba Sánchez Arango. La OA, en cambio, desapareció. En su lugar surgió un nuevo movimiento denominado «Rescate», fundado también por Varona ante la retirada del expresidente Carlos Prío, hasta entonces cabeza del autenticismo. Sus bases fueron reclutadas entre los miembros de la vieja estructura del partido Auténtico, con algunas excepciones juveniles que no tardaron en apartarse del liderazgo de Varona.

Si los grupos anteriores respondían a unas raíces fácilmente identificables, la aparición del factor religioso dio origen a una colectividad anticastrista sin precedente histórico: el Movimiento de Recuperación Revolucionaria. La Agrupación Católica Universitaria, bajo la dirección del jesuita leonés Amando Llorente, antiguo profesor de Castro en Belén, había creado una especie de «logia» católica, muy próxima en sus métodos y objetivos al Opus Dei, con la pretensión de que sus miembros constituyeran una élite capaz de controlar el poder económico y político. Su dirigente más audaz y persuasivo era Manuel Artime que, en los últimos meses de la dictadura de Batista, el propio Llorente había logrado incorporar junto al joven abogado Emilio Martínez Venegas a las fuerzas rebeldes de la Sierra Maestra.

Con el triunfo de la revolución, a Artime se le nombraría director de una zona de desarrollo agrario en la provincia de Oriente, dependiente del Instituto Nacional de Reforma Agraria. Imaginativo, dinámico y con cierto carisma, organizó entonces los «comandos rurales» con sus antiguos compañeros de la Agrupación Católica que más adelante —ya sumergidos en la disidencia—, daría lugar al citado Movimiento de Recuperación Revolucionaria. A su vez, el sector estudiantil de ese movimiento crearía el Directorio Revolucionario, una organización cuyo parentesco con la que originalmente había luchado contra Batista era sólo nominal.

El MRR, sin tradición histórica ni vínculos eficaces con la facción no comunista que se encontraba en el gobierno, se convirtió gracias al apoyo preferente que obtuvo de la CIA en el centro de la lucha anticastrista y, Artime, en el líder político de la brigada 2506. La inteligencia estadounidense se entendía mejor con un «grupo de muchachos católicos» que con el MRP, el 30 de Noviembre o el Segundo Frente Nacional del Escambray, que, a la larga, también podían llegar a ser peligrosos. De hecho, las bases para toda la colaboración entre la CIA y el anticastrismo las dispuso el doctor Juan Antonio Rubio Padilla, miembro destacado de la Agrupación Católica Universitaria. La CIA olvidaba así que un conflicto político de esas características era imposible que se mantuviera solo mediante un grupo escasamente representativo y totalmente extraño a la tradición revolucionaria del país. Sin embargo, no puede negarse que cientos de aquellos jóvenes dieron muestras de un enorme valor y se enfrentaron con integridad a un dramático destino: la muerte o a la cárcel.

El FAR 933 que voló a Miami para dar inicio a la operación de la Brigada 2506. En realidad un B26-B de la Fuerza Aérea de Liberación camuflado por la CIA, que no se dio cuenta de que los auténticos tenían la nariz de cristal.

Hemos visto que lo sucedido en Playa Girón supuso un punto de inflexión para la política de Fidel, que se cobijó a partir de entonces bajo el paraguas soviético, pero también lo fue para la disidencia. La derrota de la brigada 2506 marcó el fin de cualquier clase de anticastrismo organizado, puesto que el aparato represivo del gobierno aprovechó enseguida esa coyuntura para desarticular en cuarenta y ocho horas todas las redes clandestinas, mediante la detención masiva de medio millón de personas. Una de las operaciones policiales más grandes de la historia.

Estadios, ministerios y escuelas, sirvieron de cárceles temporales para cualquier ciudadano que no se hubiera mostrado abiertamente adepto al régimen. Luego, bien seleccionados, la mayor parte de los encarcelados fueron puestos en libertad, pero el trabajo ya estaba hecho. Tras esos días, el anticastrismo, derrotado y con sus líderes exiliados, detenidos o fusilados, ya no volvió a tener posibilidades reales de éxito. Salvo en el Escambray. Donde seguían los «bandidos» que el régimen cuidaba mucho de no llamar guerrilleros, para que la opinión pública no pudiera equiparar a aquellos campesinos visceralmente anticomunistas, con los antiguos revolucionarios.

Es difícil entender ese largo episodio del anticastrismo, sin tener en cuenta el factor regional surgido durante la lucha contra Batista, que ya hemos citado varias veces: Fidel había elegido las montañas de Oriente para desarrollar su acción guerrillera, pero en paralelo, no como apoyo, Eloy Gutiérrez Menoyo, el madrileño exiliado a Cuba junto a su familia a los 12 años, líder del Segundo Frente Nacional del Escambray, y Faure Chomón y Rolando Cubela, del Directorio Revolucionario, habían optado por Las Villas, en medio del país, en una zona montañosa mucho menos escarpada y más accesible que la Sierra Maestra, donde los campesinos de la zona, masivamente, se mostraban partidarios de Gutiérrez Menoyo.

Acabar con ellos y con el resto de jefes de locales de esas guerrillas, como Osvaldo Ramírez; Porfirio Ramírez, presidente de la Federación de Estudiantes de la Universidad de Las Villas; Luis Vargas, Evelio Duque y otros muchos, que en la lucha contra Batista se habían echado al monte, y que ahora contemplaban el giro comunista del país como la obra de gentes por las que, además, sentían una vieja rivalidad, era más cuestión de prestigio, que de supervivencia.

La táctica que, a sangre y fuego, desarrolló el régimen para acabar con los rebeldes del Escambray, fue tan primitiva y costosa como efectiva: cadenas de soldados peinaban palmo a palmo la zona, con helicópteros traídos de Rusia y perros de Alemania Oriental. Luego, si no caían en combate, fusilaban en el acto a los alzados capturados. Sin el trámite superfluo del juicio sumario. Parte de la jerarquía militar del régimen recibió su bautizo de fuego en esa campaña y luego perfeccionó sus conocimientos en academias rusas y checas. De aquella «limpieza», que junto a Playa Girón y los días de la Crisis de Octubre cimentaron la mitología del Castro posrevolucionario, apenas hay crónicas, salvo la visión triunfalista y parcial de la prensa cubana. Quizá los dos libros del corresponsal de *Granma* en el frente, un joven Norberto Fuentes, por aquellos años decididamente castrista.

Después de la Crisis de Octubre, comprometidos los Estados Unidos a la convivencia con Cuba y prácticamente destruidas las organizaciones clandestinas, algunos grupos, desde

Florida, comenzaron a organizar acciones de comandos. Primero fue *Alpha 66*, nombre un tanto críptico que adoptaron los hombres de Gutiérrez Menoyo —huido a Cayo Hueso en enero de 1961—, que llevaron a cabo acciones contra instalaciones costeras. Luego el Comando L —Comando Libertad—, bajo la dirección de Tony Cuesta —excapitán de inteligencia de la policía cubana—, y de Santiago Álvarez, que lograron averiar seriamente el petrolero soviético *Bakú* y, finalmente, se sumó el Directorio Revolucionario Estudiantil, que en una acción dirigida por Juan Manuel Salvat, ametralló desde el mar un hotel frecuentado por soviéticos. Pero eran acciones aisladas, que cualquier gobierno serio hubiese considerado terrorismo, lo que no hacía más que apuntalar las constantes afirmaciones de Castro en ese sentido.

Lo mismo que las acciones de comando que organizó la CIA tras la excarcelación de Manuel Artime y los brigadistas de Girón en 1963. La más importante, el ataque contra el carguero español *Sierra Aránzazu*, al que confundieron con el *Sierra Maestra*, buque insignia de la marina mercante cubana. La presión internacional acabó definitivamente con todos esos planes.

Tres combatientes, entre pocos, con un largo historial guerrillero a sus espaldas, insistieron en regresar a Cuba con el objetivo de iniciar de nuevo la sublevación: Gutiérrez Menoyo, Vicente Méndez y Amancio Moqueda, conocido por el sobrenombre de «Yarey». Gutiérrez Menoyo desembarcó con tres hombres en diciembre de 1964. Al mes fue capturado. En 1986, su liberación por mediación del presidente Felipe González llenaría páginas de prensa y muchos minutos de televisión. «Yarey», por sus múltiples infiltraciones en la Sierra Maestra, se había convertido en una figura legendaria para los campesinos orientales. Lo fusilaron en público con el objeto de demostrar su muerte a sus cientos de seguidores. Vicente Méndez, tras años de tropiezos y fracasos, volvió a la isla con un grupo de varios hombres solo para caer en combate unas semanas más tarde.

Veinte años después, en diciembre de 1991, otros tres jóvenes —Daniel Santovenia, de 36 años, Pedro de la Caridad Fernández, de 26, y Eduardo Díaz Betancourt, de 36— desembarcarían en Cuba para intentar fomentar de nuevo las guerrillas. Castro, sin disparar un tiro, los capturó en Matanzas con armas y explosivos, y no vaciló en fusilar 24 días después a uno de ellos, Díaz Betancourt, haciendo caso omiso de todas las peticiones internacionales de clemencia. Precisamente, al que los anticastristas de Miami consideraban un infiltrado del régimen, a pesar de que se entrenaba en las calles del condado de Dade mientras las autoridades estadounidenses hacían la vista gorda.

Osvaldo Ramírez, en el centro con sombrero, en el Escambray, junto a sus hombres. Casi una leyenda entre los campesinos, y el único guerrillero al que Castro le ofreció tregua y amnistía si deponía las armas, murió en combate el 16 de abril de 1962.

En marzo de 2003 —la «primavera negra»—, el régimen llevó a cabo otra oleada de detenciones contra las organizaciones de disidentes que había renacido tímidamente a partir de la década de 1970. De los 78 opositores arrestados, 75 fueron condenados días después en juicios sumarios a penas de entre 18 y 27 años de prisión, bajo la acusación de atentar contra la integridad del estado y conspirar a favor de los Estados Unidos. Como consecuencia, se produjo un mayor apoyo de la comunidad internacional a la disidencia cubana. La mayoría de los mandatarios extranjeros que visitaron la isla entre ese año y 2007, se reunieron con representantes de la oposición, que acabaron por convertirse en los únicos interlocutores reales entre Washington y La Habana. La Unión Europea empezó también a invitar a disidentes a sus recepciones —la «guerra del canapé»—, lo que provocó airadas críticas por parte del Gobierno cubano.

Todo parecía ir en buena dirección, sin embargo, tras la salida de Fidel del gobierno, los esfuerzos diplomáticos de la comunidad internacional por propiciar una apertura en Cuba fueron dejando cada vez más aislada a la disidencia. Desde entonces, ninguna de las personalidades políticas que han visitado la isla se ha entrevistado con representantes de la oposición y, en 2008, la Unión Europea levantó las medidas diplomáticas de presión que había impuesto cinco años antes. Un aislamiento al que ha contribuido también, le pese a quién le pese, su incapacidad para capitalizar políticamente la crisis económica que sufre el país, y la falta de unidad[63]. Mucho menor que la de los innumerables grupos de oposición con sede en Miami[64], a pesar de sus diferentes idearios y sus mutuas descalificaciones.

En cualquier caso, todos fuera de la isla parecen olvidar que la declaración del Consejo de Estado que dio luz verde a la ejecución de Betancourt no podía ser más clara para los futuros oponentes de Castro. Afirmaba que el gobierno se enfrentaba «a un desafío de vida o muerte», y que, ante esa disyuntiva, el régimen sabría impedir enérgicamente «todo intento de la contrarrevolución por levantar la cabeza». Así sigue.

---

[63] En la actualidad, además de la iglesia católica, la oposición interna la forman medio centenar de grupos de diversas tendencias como la Comisión Cubana de Derechos Humanos y Reconciliación Nacional, las Damas de blanco, el Movimiento Cristiano de Liberación, el Comité Cubano pro Derechos Humanos, el Partido Arco Progresista o Cambio Cubano. Muchos de ellos con pocos militantes, y la mayoría sin líderes visibles.

[64] Alpha 66, Junta de Liberación Nacional, Consejo Revolucionario Cubano, Frente Democrático, Rescate Democrático Revolucionario, Movimiento Democrático Cristiano, Partido Revolucionario Cubano Auténtico, Acción Revolucionaria Democrática, Agrupación Montecristi, Liga Anticomunista de Cuba o Cuba Libre, entre otros.

EPÍLOGO

EL VIERNES 25 DE NOVIEMBRE DE 2016 murió Fidel Castro. Su hermano menor, Raúl, actual presidente de la República de Cuba fue el encargado de comunicárselo a los medios informativos. El hombre que había dirigido y protagonizado la sublevación más famosa del siglo XX, fallecía en su domicilio de La Habana tras una larga enfermedad

Castro, una de las personalidades políticas más abrumadoras y maquiavélicas de su generación; un activo miembro del movimiento guerrillero, guía durante años de líderes que intentaban realizar en sus países un cambio similar al que él había realizado —tanto con sus elementos positivos como negativos—; una fuerza de la naturaleza que colocó a la isla Cuba en el centro de la geopolítica mundial, y que al, mismo tiempo, fusiló o encarceló a amigos y enemigos, según lo demandase la necesidad de mantener a toda costa su Revolución, será sin duda recordado por buena parte del pueblo de Cuba y el mundo en su conjunto por sus años de gobierno autocráticos y dictatoriales.

Hoy, aunque ya no esté su principal valedor, continúa la historia de los Castro en Cuba, en un remedo de contradictoria «monarquía socialista». Raúl ya ha revertido medidas emblemáticas adoptadas por su mentor y eliminado diversas prohibiciones que pesaban sobre los cubanos, pero preferimos que, sobre eso, cada cual llegue a sus propias conclusiones.

CRONOLOGÍA

1926

13 de agosto: Nace en la finca Las Manacas, de la aldea de Birán, en el Oriente de Cuba. Hijo del inmigrante español Ángel Castro y la campesina cubana Lina Ruz.

1931

Estudia en la escuela marista.

Asalto al Heraldo de Cuba, en La Habana, el 12 de agosto de 1933. El diario era el órgano extraoficial del gobierno del general Gerardo Macha-do. Machado abandonó el país en un vuelo camino de Nassau, Bahamas, al día siguiente.

1941
Ingresa en el exclusivo colegio jesuita Belén, de La Habana.

1945
Inicia sus estudios de derecho en la Universidad de La Habana. Enseguida se involucra como militante en grupos nacionalistas.

1947
29 de julio a septiembre: Participa en la frustrada expedición contra el dictador dominicano Rafael Trujillo.

1948
9 de abril: Participa en «El bogotazo».

12 de octubre: Se casa con la estudiante de filosofía Mirta Díaz-Balart. Los recién casados parten de luna de miel a Nueva York. A su regreso abre un bufete en la capital cubana, pero su tiempo lo absorbe la actividad política.

1949
1 de septiembre: Nace su primer hijo, «Fidelito».

1950
Septiembre: Se gradúa como doctor en derecho.

1952
10 de marzo: Golpe de Estado de Fulgencio Batista. Las elecciones en las que Fidel Castro aspiraba a congresista del Partido Ortodoxo, se suspenden.

1953
26 de julio: Junto a un reducido grupo de jóvenes lidera la rebelión contra el dictador Fulgencio Batista, pero fracasa en su intento por tomar el Cuartel de Moncada, en la ciudad de Santiago de Cuba.

1 de agosto: Capturado y encarcelado.

16 de octubre: Se defiende en el juicio con el alegato *La historia me absolverá*. Es condenado a 15 años de cárcel. Junto a su hermano Raúl y otros compañeros, ingresa en la prisión de la Isla de los Pinos.

1954

Se divorcia de Mirta Díaz-Balart.

1955

15 de mayo: Amnistiado, sale de prisión y se marcha a México.

12 de junio: Funda el Movimiento 26 de Julio.

7 de julio: Se exilia en México, donde conoce al argentino Ernesto «Che» Guevara.

El vicepresidente Richard Nixon visita Marianao, un municipio de La Habana, en 1955. Eran otros tiempos, gobernaba Batista, y a Estados Unidos le interesaba económicamente mantener buenas relaciones con su gobierno

1956

3 de marzo: Nace su hija Alina Fernández, de una relación con Naty Revuelta.

21 de octubre: Fallece Ángel Castro a los 80 años de edad, de una hemorragia intestinal.

2 de diciembre: Tras zarpar de México, Fidel Castro y 81 hombres desembarcan en Cuba a bordo del yate *Granma* para derrocar a Batista. La mayoría mueren en el enfrentamiento con las tropas gubernamentales o son capturados. Un grupo de supervivientes entre los que se encuentran él, su hermano Raúl y «Che» Guevara, se refugian en las montañas de la Sierra Maestra y comienzan la guerra de guerrillas.

1957
16 de febrero: Conoce a Celia Sánchez, mujer clave en su vida.

1958
Primavera: Estados Unidos suspende la ayuda militar al régimen dictatorial de Fulgencio Batista.

Verano: Las fuerzas de Batista lanzan un ataque final con muy poco éxito contra el ejército guerrillero comandado por Fidel Castro, que tiene su base en las montañas de la Sierra Maestra.

1959
1 de enero: Las fuerzas de Castro ocupan La Habana. Antes del amanecer, el presidente Batista, su familia y 180 de sus más allegados huyen a República Dominicana. Una semana después, Fidel Castro entra victorioso en La Habana. Se somete a juicio sumario a los oficiales y colaboradores de Batista. Al menos 500 son ejecutados.

5 de enero: Los miembros del movimiento 26 de Julio y los líderes de la oposición política antibatista forman un gobierno interino. El juez Manuel Urrutia es elegido presidente; José Miró Cardona se convierte en primer ministro. Fidel Castro ocupa el puesto de comandante en jefe de las fuerzas armadas. El nuevo gobierno declara que en 18 meses se celebrarán elecciones.

16 de febrero: Castro ocupa el puesto de primer ministro en el gobierno revolucionario, en sustitución de Miró Cardona. Cardona será designado al año siguiente embajador en España.

3 de marzo: El gobierno de Castro expropia las propiedades que le pertenecen a la estadounidense Compañía Internacional de Teléfono y de Telégrafo, toma el control de su compañía afiliada, la Compañía de Teléfonos de Cuba, y baja las tarifas de los servicios telefónicos.

Del 15 al 26 de abril: Castro visita los Estados Unidos. Recibido por multitudes entusiastas que le dan la bienvenida, el viaje es eclipsado por las sospechas de su posible comunismo. Él niega públicamente las tendencias comunistas de algunos de los miembros de su círculo íntimo, incluso las más conocidas de su hermano Raúl.

17 de mayo: Castro firma el Acta de Reforma Agraria. El gobierno expropia algo más de 400 hectáreas de terrenos de cultivo y prohíbe otorgar títulos de propiedad de tierra a los extranjeros. Las tierras expropiadas se reparten entre unos 200 000 campesinos.

17 de julio: Conrado Bécquer, líder de los trabajadores azucareros, exige la renuncia del presidente Urrutia por su oposición a las medidas comunistas. Lo apoya Fidel Castro, que renuncia a su puesto de primer ministro.

23 de julio: Manuel Urrutia, opuesto a las medidas de Castro y claramente enfrentado con él, es forzado a presentar su renuncia. Castro vuelve a su puesto de primer ministro. Osvaldo Dorticós Torrado, un abogado desconocido que tiene conexiones con el Partido Comunista Cubano, se convierte en presidente de la República.

26 de julio: Castro convoca a un mitin en La Habana para conmemorar el aniversario del asalto al cuartel Moncada. En una manifestación masiva de un millón de personas, da a conocer el contenido de clase de su revolución. «El gobierno revolucionario de Cuba no es para las clases privilegiadas o la oligarquía —dice—. Ésta es la verdadera democracia».

15 de octubre: Raúl Castro es nombrado ministro de defensa.

19 de octubre: Huber Matos, uno de los hombres más cercanos a Castro durante la revolución, renuncia a su cargo de comandante militar de la provincia de Camagüey junto con 14 oficiales. Le preocupa la creciente influencia de los comunistas en el gobierno de Cuba. Castro lo califica de «traidor» y lo manda arrestar.

21 de octubre: Pedro Luis Díaz Lanz, antiguo jefe de la Fuerza Aérea de Castro, que había desertado en julio, vuela desde Miami hasta La Habana en un B-25, y deja caer panfletos en los que pide a Castro que elimine a los comunistas de su gobierno. Al tratar de derribarlo, fallecen 8 cubanos y 4 sufren diversas heridas por la metralla de las granadas utilizadas por los cañones antiaéreas. Cubanos y estadounidenses se acusan de provocar las víctimas.

28 de octubre: Fallece a los 27 años en accidente de aviación el comandante Camilo Cienfuegos. Al no encontrarse restos del avión en que viajaba, un Cessna 310 que cayó al mar durante una tormenta, los opositores a Castro aprovecharon para envolver su muerte en un aura de misterios y conspiraciones. Desde entonces, unos y otros la utilizan con interés político.

15 de diciembre:Huber Matos es condenado por traición y conspiración a 20 años de cárcel. La sentencia marca el final de la «coalición revolucionaria» entre los moderados y los radicales. Para entonces solo permanecen nueve de los 21 ministros originales del gobierno revolucionario.

1960

6 de febrero: Comienzan las conversaciones entre la Unión Soviética y Castro. La Unión Soviética accede a comprar cinco millones de toneladas de azúcar a lo largo de cinco años. Los soviéticos también se ofrecen a brindarle apoyo a Cuba con petróleo, grano y crédito.

17 de marzo: El presidente estadounidense Dwight Eisenhower aprueba un plan anticastrista. Los Estados Unidos fijan embargos a productos como el azúcar, el petróleo y las armas, y comienzan una campaña de propaganda. Además, el plan hace un llamamiento a los exiliados cubanos para que invadan Cuba e intenten derrocar a Castro.

19 de abril: El petróleo soviético comienza a llegar a Cuba.

8 de mayo: Cuba y la Unión Soviética establecen relaciones diplomáticas formales.

7 de junio: Las compañías petroleras estadounidenses en Cuba se niegan a refinar el petróleo soviético. En un mes, las refinerías de Texaco, Esso y Shell serán nacionalizadas.

3 de julio: En respuesta a esas expropiaciones, el Congreso estadounidense cancela la compra de las 700 000 toneladas de la cuota restante de azúcar cubana.

5 de julio: Cuba nacionaliza todas las compañías y propiedades estadounidenses.

8 de julio: La Unión Soviética anuncia que comprará las 700 000 toneladas de azúcar que no se quedará Estados Unidos.

17 de septiembre: Cuba nacionaliza todos los bancos estadounidenses, entre ellos el *First National City Bank* de Nueva York, el *First National Bank* de Boston y el *Chase Manhattan Bank*.

18 de septiembre: Castro se dirige a la Asamblea General de lasNaciones Unidas. En su discurso ataca ferozmente a los Estados Unidos y hace alarde de su nueva amistad con el primer ministro soviéticoNikita Khrushchev.

28 de septiembre: Fidel Castro anuncia la creación de Comités de Barrio para no perder de vista a «los enemigos de la revolución». Se convertirán en los Comités para la Defensa de la Revolución, bajo la dirección del ministro del Interior. Servirán como agentes de vigilancia para descubrir a disidentes, contrarrevolucionarios y homosexuales. También se encargarán de llevar a cabo campañas educativas o sanitarias y encender el entusiasmo revolucionario.

6 de octubre: A medida que se acerca el día de las elecciones en los Estados Unidos, la retórica anticubana aumenta. En Cincinnati, el candidato demócrata, John Fitzgerald Kennedy, dice que Castro ha convertido a Cuba en un «Satélite comunista». Kennedy culpa a las políticas de Eisenhower y de Nixon de «negligencia e indiferencia» por permitir que Cuba se deslice «tras el Telón de Acero».

13 de octubre: A medida que entra en vigencia el Acta de Reforma Urbana de Cuba, los alquileres se reducen a la mitad. Se nacionalizan casi 400 compañías cubanas.

19 de octubre: Estados Unidos le impone a Cuba un embargo comercial parcial.

24 de octubre: El gobierno cubano confisca el resto de propiedades estadounidenses.

26 de diciembre: Comienza la extraña operación Peter Pan. Padres cubanos, temerosos del régimen comunista y ayudados por la CIA y la iglesia católica estadounidense, enviarán a más de 14 000 niños, sin la compañía de un familiar adulto, a Florida —en clave, la tierra de nunca jamás, de ahí el nombre de la operación—. La medida, prevista en principio para cuatro meses, se prolongará durante dos años.

1961

3 de enero: Estados Unidos rompe relaciones diplomáticas con Cuba. La radicalización del régimen revolucionario convierte el flujo de salidas del país en un éxodo que, en las tres décadas siguientes, sumará casi dos millones de personas.

28 de enero: Kennedy, el nuevo presidente estadounidense, autoriza a la CIA a llevar a cabo el plan de Eisenhower de invadir a Cuba. Para realizarlo se requiere de un ejército de 1 200 exiliados que desembarquen en la costa sureste de la isla, tomen la ciudad de Trinidad, e inciten a los cubanos para que se rebelen contra de Castro.

16 de febrero: Lino Fernández y 500 miembros de la resistencia clandestina que se ha formado en Cuba contra el régimen revolucionario, son capturados y encarcelados.

18 de marzo: Otros tres líderes claves de la oposición son arrestados en una reunión en La Habana, entre ellos, Humberto Sorí Marín, el creador de la Ley de Reforma Agraria.

9 de abril: Estados Unidos se distancia de los exiliados que respaldan a Batista pero mantiene su apoyo a otros grupos anticastristas.

13 de abril: Una bomba colocada por los anticastristas destruye El Encanto, el mejor almacén de Cuba.

15 de abril: Comienzan las operaciones para la invasión de Cuba. Ocho bombarderos B-26 atacan los campos de aterrizaje de Ciudad Libertad de La Habana, San Antonio de los Baños, Pinar del Río y Santiago de Cuba, con la intención de destruir a la fuerza aérea cubana. La segunda oleada prevista en los planes, se cancela.

16 de abril: Castro conoce a Dalia Soto del Valle, con quien tendrá 5 hijos.

17 de abril: Exiliados cubanos entrenados por la CIA desembarcan en la Bahía de Cochinos —Playa Girón—. Sin apoyo estadounidense, el ejército cubano los derrotará por completo en tres días.

19 de abril: Castro, victorioso, anuncia el carácter socialista de la revolución. En La Habana, antiguos compañeros, entre ellos Humberto Sorí, Manuel Puig y Rogelio González Corso, son ejecutados por traición.

30 de noviembre: El presidente Kennedy aprueba la Operación *Mongoose* —Mangosta—, un plan secreto de la CIA que durante años intentará deshacerse de Castro. La dirigirá su hermano, el fiscal general, Robert Kennedy.

1 de diciembre: Castro declara la revolución marxista-leninista.

1962

22 de enero: Las presiones estadounidenses logran que Cuba deje de ser miembro de la Organización de Estados Americanos.

4 de febrero: En su segunda Declaración de La Habana, Castro exhorta a los pueblos de América Latina a que se levanten en contra de los imperialistas.

7 de febrero: El presidente Kennedy prohíbe todo el comercio con Cuba, a excepción de alimentos y medicinas.

Marzo: El gobierno cubano comienza el racionamiento de alimentos.

23 de marzo: El presidente Kennedy prohíbe la importación de todos los artículos hechos en Cuba o aquellos que contengan materiales cubanos.

29 de mayo: El comandante en jefe de las Fuerzas Estratégicas de Cohetes Soviéticos, el mariscal Sergey Semyonovich Biryuzov, viaja en secreto a La Habana para discutir la ubicación de armas nucleares en Cuba.

2 de julio: Raúl Castro viaja a Moscú como ministro de las fuerzas armadas cubanas. Las dos naciones se ponen de acuerdo en desplegar, bajo jurisdicción soviética, misiles nucleares en Cuba.

8 de septiembre: Un buque de carga soviético llega a Cuba con la primera remesa de armas nucleares, un cargamento de misiles balísticos de medio alcance.

15 de septiembre: Un segundo buque de carga soviético entrega a Cuba otro envío de misiles balísticos de medio alcance.

14 de octubre: Después de dos semanas de impedírselo las condiciones atmosféricas, un avión U-2 estadounidense, en vuelo de reconocimiento sobre Cuba, toma fotografías de los silos para misiles de rango intermedio que han sido construidos por los soviéticos. Al día siguiente, el análisis de las fotografías provocará una grave crisis internacional.

22 de octubre: El presidente Kennedy se dirige a la nación para explicarle la crisis. Kennedy anuncia un bloqueo naval a Cuba y declara que un ataque nuclear soviético lanzado desde Cuba recibirá un tipo de respuesta semejante.

26 de octubre: Castro le escribe una carta a Khrushchev instándolo a que, si se produce un ataque estadounidense contra Cuba y es necesario, use las armas nucleares. Aunque eso suponga el sacrificio de la isla.

28 de octubre: Radio Moscú anuncia que se ha llegado a un acuerdo con Washington: Khrushchev retirará los misiles de Cuba, a cambio de un repliegue similar del armamento nuclear estadounidense en Turquía y la promesa de no invadir Cuba.

24 de diciembre: Los exiliados capturados durante la invasión de Bahía de Cochinos son liberados y enviados a Estados Unidos a cambio de comida, medicinas y una cantidad en metálico.

1963

8 de febrero: La administración Kennedy impide a los estadounidenses realizar cualquier tipo de transacción con Cuba.

Marzo: Ante el fracaso de un plan de industrialización acelerada del país, Castro vuelve a fundamentar la economía de la isla en el azúcar.

Abril-Mayo: Fidel Castro visita la Unión Soviética. Los soviéticos acceden a comprarle a Cuba el azúcar a un precio inflado y a venderle petróleo a un precio reducido. También recibirá todo el equipo militar que solicite, sin coste alguno.

8 de julio: Todos los bienes que poseen los cubanos en los Estados Unidos quedan congelados.

6 de agosto: Fallece en Birán Lina Ruz González.

17 de noviembre: El presidente Kennedy le envía un mensaje a Castro en el que le comunica que está dispuesto a negociar, con el fin de normalizar las relaciones y poner fin al embargo. Según el exsecretario de Prensa estadounidense, Pierre Salinger, si Kennedy no hubiera fallecido, habría negociado el acuerdo.

Noviembre: Cuba decreta la Segunda Ley de Reforma Agraria. El gobierno expropia todas las propiedades de más de 68 hectáreas. Un total de 11 000 fincas son confiscadas. Solamente las consideradas como de subsistencia permanecen en manos privadas.

22 de noviembre: Kennedy es asesinado en Dallas, Texas. El vicepresidente, Lyndon B. Johnson, queda investido bajo juramento como nuevo presidente de los Estados Unidos.

1964

Enero: Castro vuelve a visitar la Unión Soviética y firma un nuevo acuerdo comercial.

26 de julio: La Organización de Estados Americanos le exige a sus miembros suspender relaciones diplomáticas y comerciales con Cuba. México es el único país que se niega.

Diciembre: «Che» Guevara comienza un recorrido por el mundo. Visitará China y ocho naciones africanas.

1965

26 de febrero: Durante un discurso pronunciado en Argelia, Guevara critica a la Unión Soviética. «Los países socialistas —dice— son, de alguna manera, cómplices de la explotación imperialista».

Abril: Guevara desaparece de la política cubana.

3 de octubre: Cuba inaugura un Partido Comunista y un Comité Central nuevos. Ese mismo día, Fidel Castro lee una carta que Guevara le había escrito en mayo. En ella renuncia a todos sus cargos oficiales y a su ciudadanía cubana antes de irse a combatir en otras tierras. Meses más tarde, derrotado, «Che» Guevara regresará secretamente a Cuba.

Octubre: Más de 3 000 cubanos parten desde el puerto de Camarioca hacia los Estados Unidos.

1 de diciembre: Comienza el traslado aéreo de cubanos hacia Estados Unidos. Solo en un año, más de 45 000 lo utilizaran para salir de la isla.

1966

Del 3 al 15 de enero: En una conferencia para demostrar solidaridad con los pueblos de África, Asia y América Latina, Fidel Castro proclama que «los revolucionarios en cualquier rincón del mundo» podrán contar con la ayuda de los combatientes cubanos.

Septiembre: Después de pasar meses recuperándose y entrenándose en las montañas de Cuba, el Che Guevara parte para Bolivia para tratar de encender una revolución continental.

2 de noviembre: Lyndon Johnson otorga el derecho de solicitar residencia permanente a cualquier cubano que haya llegado a los Estados Unidos después del 1 de enero de 1959. Más de 123 000 cubanos la piden de inmediato.

1967

26 de junio: El primer ministro soviético Aleksei Kosygin realiza una visita sorpresa a La Habana después de reunirse con el presidente Johnson. Les advierte a los cubanos que los soviéticos no apoyarán guerras de liberación nacional en Sudamérica.

9 de octubre: El «Che» es apresado y ejecutado en Bolivia.

1968

2 de enero: El gobierno cubano comienza a racionar el petróleo en respuesta a la reducción en el suministro por parte de la Unión Soviética.

13 de marzo: Cuba nacionaliza el comercio al por menor.

5 de junio: Mientras hace campaña para ser presidente, el senador estadounidense Robert F. Kennedy es herido de muerte en Los Ángeles, California.

23 de agosto: Blindados soviéticos entran en Checoslovaquia y acaban con el movimiento de resistencia conocido como la «Primavera de Praga». Castro se alía con la Unión Soviética y justifica la intervención.

28 de septiembre: La revista de las fuerzas armadas *Verde Olivo* lanza una campaña para «depurar» las artes y la literatura cubana de toda influencia extranjera perniciosa, lo que incluye a homosexuales y *hippies*.

1969

2 de enero: El gobierno cubano anuncia el racionamiento de azúcar.

26 de julio: Con el fin de mejorar la economía de la isla, Castro moviliza todos los recursos de Cuba con el único objetivo de producir diez millones de toneladas de azúcar en la siguiente cosecha.

Diciembre: Un grupo de trabajadores voluntarios llega de Estados Unidos para trabajar en la zafra. Otros voluntarios llegan desde Corea, Vietnam y el bloque de países de Europa del este.

1970

19 de mayo: Con la economía en estado de ruina y todos los recursos consumidos por la cosecha, Castro anuncia que no se ha conseguido la mayor cosecha de azúcar de la historia cubana por solo un 15 %.

25 de septiembre: Estados Unidos advierte a la Unión Soviética que debe abandonar los planes de construcción de una base nuclear submarina en Cienfuegos.

1971

20 de marzo: El arresto y la detención del poeta Heriberto Padilla por diferencias políticas con el gobierno cubano abre una crisis entre el gobierno y los intelectuales.

Septiembre: Cuba es aceptada como miembro del Movimiento de Países No Alineados, una liga de naciones creada en 1961 con el fin de oponerse a la carrera armamentista entre los Estados Unidos y la Unión Soviética, y al colonialismo occidental.

10 de noviembre: Castro es recibido en Chile por Salvador Allende. Es la primera visita que realiza a un país latinoamericano desde 1959.

1972

3 de mayo: Castro comienza un recorrido de 63 días por África, Europa del Este y la Unión Soviética.

11 de julio: Cuba se convierte en miembro de la asociación comercial de la Unión Soviética, el Consejo de Mutua Asistencia Económica.

19 de noviembre: Cuba y Estados Unidos comienzan negociaciones relacionadas con el problema de los secuestros aéreos. Firmarán un acuerdo antisecuestro el mes de febrero siguiente.

1973

6 de abril: La migración por vía aérea desde Cuba llega a su fin. Más de 260 000 refugiados cubanos han llegado a los Estados Unidos huyendo del régimen de Castro.

Septiembre: Fidel asiste a la Cuarta Conferencia de Países No Alineados en Argelia. En su declaración argumenta que existe una alianza natural entre la Unión Soviética y los países del Tercer Mundo.

11 de Septiembre: En Chile, el gobierno de Salvador Allende es derrocado por un golpe de estado militar. Allende se suicida.

13 de septiembre: La Junta chilena rompe relaciones con Cuba.

1974

28 de enero: El primer ministro soviético Leonid Brezhnev visita Cuba.

11 de septiembre: En Miami, un grupo de siete militantes anticastristas forma Omega 7, un grupo terrorista dispuesto a actuar contra los representantes del gobierno cubano o los simpatizantes de Castro en los Estados Unidos.

28 de septiembre: Dos senadores estadounidenses visitan Cuba. Son los primeros, desde la ruptura de relaciones entre los dos países.

Noviembre: Con el fin de restablecer las relaciones diplomáticas, el Departamento de Estado de los Estados Unidos inicia conversaciones secretas de alto nivel con miembros del gobierno de Castro.

1975

1 de marzo: El Secretario de Estado, Henry Kissinger, anuncia que los Estados Unidos «están listos para avanzar en una nueva dirección y normalizar las relaciones con Cuba».

28 de julio: La Organización de Estados Americanos pone fin a las sanciones contra Cuba, y permite a sus miembros determinar sus propias relaciones con el gobierno de Castro.

21 de agosto: Estados Unidos permite que subsidiarias extranjeras de compañías americanas hagan negocios con Cuba y suprime las multas a aquellas naciones que quieran comerciar con la isla.

Agosto: Miembros del estado mayor cubano llegan a Angola, una colonia portuguesa en la parte sur de África occidental, rica en minerales.

7 de noviembre: Tropas cubanas aterrizan en Angola.

11 de noviembre: Con el apoyo militar de Cuba, el grupo independentista MPLA, toma la ciudad de Luanda y proclama la independencia de Angola.

20 de noviembre: Los servicios de inteligencia estadounidenses revelan que la CIA ha intentado más de ocho veces asesinar a Fidel Castro entre los años 1960 y 1965.

20 de diciembre: El presidente estadounidense Gerald Ford anuncia que la intervención de Cuba en Angola va a obstruir la restauración de las relaciones diplomáticas entre los Estados Unidos y Cuba en un futuro cercano.

1976

5 de abril: Henry Kissinger, anuncia que no existe posibilidad alguna de normalizar las relaciones entre Cuba y Estados Unidos mientras haya tropas cubanas en África. Para entonces hay más de 15 000 soldados cubanos armados por los soviéticos desplegados en Angola.

6 de octubre: Un avión de línea comercial se estrella después de una explosión cerca de Barbados. Mueren 73 personas. Se acusa a Luis Posada Carrilles, un activista anticastrista entrenado por la CIA, de ser el causante de la explosión.

1977

19 de marzo: El presidente estadounidense Jimmy Carter inicia un nuevo acercamiento. Autoriza a los ciudadanos norteamericanos a viajar a Cuba y a gastar allí 100 dólares.

27 de abril: Estados Unidos y Cuba firman un acuerdo de límites marítimos y de derechos de pesca.

25 de mayo: El Departamento de Estado de los Estados Unidos le advierte a Castro que el reciente despliegue de consejeros militares en Etiopía, puede impedir que mejoren las relaciones entre ambos países.

5 de noviembre: Somalia expulsa a todos los consejeros soviéticos y rompe relaciones con Cuba. Denuncia la presencia de consejeros cubanos y soviéticos en Etiopía.

Mediados de diciembre: Tropas cubanas llegan a Etiopía. Combatirán a las fuerzas somalíes bajo el mando soviético.

1978

27 de febrero: A causa de la actividad militar de Cuba en África, el Secretario de Estado de los Estados Unidos, Cyrus Vance, declara que no espera que mejoren las relaciones con Cuba, algo parecido a la fallida iniciativa de Kissinger por causa de Angola en 1975.

31 de julio: Castro exige el desalojo de las bases militares estadounidenses de la Bahía de Guantánamo. Los exiliados anticastristas comienzan una campaña de bombas contra la embajada soviética, la Delegación de las Naciones Unidas en Cuba y la sección de intereses cubanos en los Estados Unidos.

Diciembre: El gobierno de los Estados Unidos declara que cualquier responsable de los atentados de julio, será procesado.

1979

1 de enero: A los cubanos en los Estados Unidos se les permite visitar a sus familiares en Cuba. Al año siguiente más de 100 000 visitantes realizan el viaje.

12 de marzo: Los cubanos comienzan la construcción de un aeropuerto nuevo que los estadounidenses piensan que podría ser usado con fines militares.

19 de junio: En un intento por abolir el embargo comercial, Ted Weiss, un congresista estadounidense, introduce un ambicioso proyecto de ley que no logra restablecer las relaciones diplomáticas con Cuba.

Julio: Desde 1977, Cuba ha apoyado a la insurgencia sandinista en contra el gobierno de Anastasio Somoza en Nicaragua. Ese mes, el Frente Sandinista de Liberación Nacional toma el poder y se convierte en un nuevo aliado para Castro.

Del 3 al 9 de septiembre: En La Habana, Castro es elegido presidente del Movimiento de los No Alineados. Viajará a Nueva York para hablar ante las Naciones Unidas en octubre.

21 de octubre: Huber Matos, después de pasar 20 años en una cárcel cubana, es liberado y enviado a Nicaragua. Crea Cuba Independiente y Democrática, una organización que luchará por aumentar la conciencia sobre las violaciones de los derechos humanos en Cuba.

31 de diciembre: Castro apoya la invasión soviética de Afganistán. Como resultado, la ONU toma medidas sancionadoras contra Cuba.

1980

Marzo: Por primera vez, los campesinos cubanos tienen la oportunidad de vender a particulares, en un mercado libre, el excedente de su producción que rebase la cuota estatal.

1 de abril: Después de que un tiroteo deje a la embajada peruana sin vigilancia, 10 000 cubanos la invaden en busca de asilo. Comienza así la evacuación por barco desde el puerto de Mariel, de donde 125 000 refugiados partirán para intentar llegar a los Estados Unidos.

11 de septiembre: Terroristas anticastristas asesinan a un representante de la embajada cubana en los Estados Unidos.

1981

Enero: El nuevo presidente estadounidense, Ronald Reagan, asume su cargo comprometido a luchar contra el comunismo. Establece una de las políticas más agresivas que ha habido en contra de Cuba desde la invasión de la Bahía de Cochinos.

30 de octubre: Durante cuatro semanas, la *US Navy* lleva a cabo maniobras en el Caribe. Una semana después, el Pentágono declara que las maniobras tenían como fin enviar un mensaje a Cuba.

31 de octubre: En previsión de una invasión estadounidense Cuba se pone en alerta roja y moviliza a todo el ejército del país.

1982

19 de abril: El gobierno de Reagan vuelve a prohibir que los ciudadanos estadounidenses viajen a Cuba. También pone fin al acuerdo pesquero de 1977.

16 de junio: El vicepresidente cubano anuncia ante la ONU que Cuba se ha visto obligada a duplicar su poder militar desde 1981 ante la postura agresiva de los Estados Unidos.

1983

25 de octubre: Bajo sospechas de una intervención cubana en Granada después de un golpe militar, Estados Unidos invade la pequeña isla caribeña y establece un gobierno provisional. De los 784 cubanos en la isla, 636 son obreros de la construcción y 43 son personal militar. Los estadounidenses capturan a 642 cubanos, matan a 24 y hieren a 57.

1984

19 de marzo: Cuba y Angola comienzan la evacuación de tropas cubanas de Namibia y apoyan la Resolución 435 del Consejo de Seguridad de la ONU que exige su independencia.

14 de mayo: El Departamento de Defensa de los Estados Unidos anuncia que invertirá 43 millones de dólares en restaurar la Base Naval de Guantánamo.

29 de junio: El candidato presidencial estadounidense Jesse Jackson se entrevista con miembros del gobierno cubano y gestiona la liberación de 26 prisioneros, el establecimiento de más iglesias y la promesa de iniciar conversaciones sobre temas migratorios con los Estados Unidos.

14 de diciembre: Estados Unidos y Cuba llegan a un acuerdo migratorio, que comienza por el regreso de 2 746 «marielitos» a Cuba. Estados Unidos permitirá la inmigración de 20 000 cubanos al año.

1985

1 de enero: Una nueva ley de vivienda permite a los cubanos comprar y, a la larga, vender la propiedad que alquilan del gobierno.

24 de enero: Castro y otros altos oficiales cubanos se entrevistan con líderes de la Iglesia Católica de los Estados Unidos. Abre sus puertas en La Habana la Oficina de Asuntos Religiosos.

20 de mayo: Radio Martí comienza sus transmisiones desde Miami con el apoyo de los republicanos de Reagan y los anticastristas de la línea más dura.

4 de octubre: El presidente Reagan prohíbe que cualquier miembro del partido comunista cubano viaje a Estados Unidos. Con ello prohíbe la entrada en el país a la mayoría de los artistas, estudiantes y académicos.

1986

17 de febrero: La Iglesia Católica cubana patrocina y celebra un congreso internacional.

18 de mayo: Se prohíben en Cuba los mercados de productos agrícolas al aire libre, que han sido legales durante los últimos seis años.

1987

11 de marzo: Una resolución estadounidense que critica a Cuba por supuestas violaciones a los derechos humanos es rechazada por la Comisión sobre los Derechos Humanos de las Naciones Unidas.

1988

21 de abril: El arzobispo de Nueva York, John Cardinal O'Connor, viaja a Cuba. Es la primera visita que hace un cardenal católico desde 1959.

16 al 25 de septiembre: Una delegación de la ONU viaja a Cuba para investigar asuntos relacionados con los derechos humanos. Debido al respaldo prestado por Radio Martí, casi 4 500 personas se reúnen para dar testimonio sobre violaciones a los derechos humanos.

1989

21 de febrero: La delegación de la ONU enviada a Cuba publica un informe exhaustivo de 400 páginas. Afirma que a los ciudadanos cubanos se les priva de libertades tales como la libertad de expresión, de movimiento y de derecho a reunirse, y menciona detalles específicos, entre ellos los nombres de las personas que han sido maltratadas por razones políticas y sociales.

Del 14 de junio al 13 julio: Arresto y fusilamiento de varios oficiales acusados de narcotráfico y corrupción, entre ellos el general Arnaldo Ochoa.

Noviembre: Cae el Muro de Berlín.

1990

23 de marzo: TV Martí, una estación de televisión anti-castrista financiada con impuestos estadounidenses, comienza sus emisiones. El gobierno cubano bloquea la señal.

29 de agosto: Tras el derrumbe de la Unión Soviética comienza el «período especial».

Octubre: El Congreso de los Estados Unidos aprueba la Enmienda Mack, que prohíbe cualquier transacción comercial de empresas estadounidenses con Cuba y propone el cese de ayuda económica externa a cualquier país que compre azúcar u otros productos cubanos.

1991

8 de diciembre: La Unión Soviética se desintegra definitivamente, lo que le supone al gobierno cubano una pérdida de 6 000 millones de dólares de ayuda al año.

1992

5 de febrero: Robert Torricelli, un congresista estadounidense, presenta el Acta por la Democracia Cubana, la cual impide que empresas subsidiarias de los negocios estadounidenses con sede en el extranjero, tengan relaciones comerciales con Cuba. Dice que este proyecto de ley tiene como propósito «causar estragos en la isla».

15 de octubre: Se aprueba el Acta por la Democracia Cubana. Viola una ley internacional que dicta que los alimentos y las medicinas no deben ser utilizados como arma en conflictos internacionales.

23 de octubre: El presidente estadounidense George H. W. Bush firma el Acta por la Democracia Cubana y la convierte en ley. El congresista Torricelli pronostica la caída inmediata del régimen de Castro.

1993

14 de agosto: A medida que la economía de la nación se hunde por falta de los subsidios soviéticos, Castro levanta la prohibición del uso del dólar en Cuba,

1994

5 de agosto: Comienza un nuevo éxodo por vía marítima, conocido como «crisis de los balseros». Los guardacostas estadounidenses recogen a más de 32 000 cubanos y los llevan a la base naval de la Bahía de Guantánamo.

9 de septiembre: Los gobiernos estadounidense y cubano acuerdan fijar un tope de 20 000 inmigrantes cubanos por año.

1995

2 de mayo: Estados Unidos y Cuba respaldan el acuerdo de que todos los balseros que salgan de Cuba serán devueltos a la isla.

Octubre: Más de 100 grupos sociales, políticos y académicos forman el Concilio Cubano, que busca una resolución pacífica de los problemas de la isla. Su plan consiste en cinco puntos: indultos a prisioneros políticos, la no violencia, una evolución pacífica hacia la democracia, un sistema que exija el respeto por los derechos humanos y el derecho para los cubanos de todas partes del mundo a formar parte de esa transición.

2 de noviembre: Por cuarta vez, en una votación de 117 a 3, la Asamblea General de la ONU recomienda acabar con el embargo comercial de Estados Unidos hacia Cuba. Israel y Uzbekistán se unen a Estados Unidos en su voto en contra.

1996

9 y 13 de enero: Aviones de un grupo con sede en Miami, Hermanos al Rescate, lanzan panfletos sobre La Habana que incitan a los ciudadanos a sublevarse contra el gobierno.

15 de enero: El gobierno cubano pide al gobierno estadounidense que frene las acciones de los grupos de exiliados como el Concilio Cubano y los Hermanos al Rescate. Advierte además que disparará a los aviones de los exiliados que sobrevuelen el espacio aéreo cubano.

24 de febrero: Mueren cuatro exiliados cuando el ejército cubano dispara a dos aviones de Hermanos al Rescate sobre aguas internacionales.

12 de marzo: El presidente Bill Clinton firma el Acta de Libertad a Cuba y Solidaridad Democrática. La ley, conocida como el Acta Helms-Burton, impone multas a las compañías extranjeras que realicen actividades comerciales en Cuba.

12 de noviembre: La Asamblea General de las Naciones Unidas vota 137 a 3 por acabar con el embargo a Cuba.

19 de noviembre: Castro visita el Vaticano. El Papa Juan Pablo II le corresponde al acceder a visitar Cuba.

1997

Abril: Terroristas lanzan una bomba en el salón de baile del Meliá Cohiba, el principal hotel de La Habana. A este atentado le siguen una serie de ataques a otros sitios de ocio nocturno en La Habana y Varadero.

16 de julio: Los cubanos Vladimiro Roca, Félix Bonne, René Gómez y Marta Beatriz Roque, autores de *La patria es de todos*, son arrestados. Se les encarcela sin juicio previo. Hasta el 2002, el último de ellos, Vladimiro Roca, no será puesto en libertad.

Septiembre: El salvadoreño Raúl Ernesto Cruz León es arrestado por cometer seis de los atentados en La Habana y Varadero.

27 de octubre: El FBI comienza una investigación sobre siete exiliados cubanos, después de que los guardacostas estadounidenses inspeccionaran una embarcación que pedía auxilio en aguas internacionales y llevaba equipo militar, armas y municiones. Uno de los náufragos admite un plan para asesinar a Fidel Castro. Como resultado de la investigación, los siete serán enjuiciados en agosto del año siguiente.

5 de noviembre: Por sexto año consecutivo, la ONU vota para que se ponga fin al embargo a Cuba. 143 votos a favor y 3 en contra.

1998

21 de enero: Juan Pablo II inicia en Cuba una visita histórica de cinco días de duración.

Marzo: El Pentágono decide que Cuba ya no constituye una amenaza significativa para EE.UU.

Mayo-junio: Los países europeos afirman que parte del Acta Helms-Burton viola las leyes internacionales y exigen que el embargo a Cuba llegue a su fin.

12 de julio: En un artículo que aparece en *The New York Times*, Luis Posada Carriles admite haber perpetrado acciones terroristas en contra de Castro durante más de diez años.

24 de agosto: En Puerto Rico, siete exiliados cubanos son condenados por conspirar contra la vida de Fidel Castro. Algunos son miembros de la Fundación Nacional Cubano Americana.

13 de octubre: El senador John W. Warner y otros 20 senadores estadounidenses recomiendan la formación de una comisión bipartidista para revisar la política estadounidense hacia Cuba.

16 de octubre: La Asamblea General de la ONU intenta una vez más terminar con el embargo estadounidense hacia Cuba. Solo Estados Unidos e Israel votan por mantenerlo.

1999

5 de enero: El presidente estadounidense Bill Clinton se niega a establecer una comisión para revisar la política hacia Cuba.

23 de febrero: A la Coalición de Estadounidenses a Favor del Comercio Humanitario con Cuba, se suman antiguos miembros del Congreso de los Estados Unidos para pedir a la administración Clinton que levante las restricciones relacionadas con el suministro de alimentos y de medicinas a la isla. Alegan que es injusto no hacerlo cuando se abastece a otros países como Irak.

9 de noviembre: Por octava vez, la Asamblea General de las Naciones Unidas vota para acabar con el embargo estadounidense a Cuba. 155 países votan a favor, 2 en contra.

25 de noviembre: Once refugiados cubanos mueren cuando su embarcación se vuelca en el Mar Caribe. Un niño de cinco años de edad, Elián González, sobrevive, pero su madre se encuentra entre los fallecidos. Entregado a unos familiares que residen en La Florida, aunque su padre continúa en Cuba, Elián se convierte en un símbolo de la lucha política entre Cuba y los Estados Unidos.

2000

28 de junio: Después de siete meses de una amarga batalla jurídica y política, Elián González es enviado de vuelta a Cuba, donde vive su padre.

7 de septiembre: El gobierno cubano anuncia que dos periódicos estadounidenses, el *Dallas Morning News* y el *Chicago Tribune*, al igual que CNN y *The Associated Press*, abrirán oficinas en Cuba.

17 de noviembre: En la 10.ª Cumbre Iberoamericana, Posada Carriles y otros tres cubanos son arrestados por organizar un complot para asesinar a Castro.

29 de noviembre: Un grupo de trabajo bipartidista del Congreso de los Estados Unidos exige que el embargo comercial llegue a su fin.

13 de diciembre: El presidente ruso Vladimir Putin realiza una visita a Cuba.

2001

16 de marzo: El legislador noruego Hallgeir Langeland presenta a Fidel Castro como candidato al Premio Nobel de la Paz por la ayuda que le ha prestado a otras naciones en vías de desarrollo. El 12 de octubre, es el expresidente estadounidense Jimmy Carter quien recibe el galardón.

1 de abril: La Fundación Cubana a Favor de los Derechos Humanos hace público un informe que declara que 30 de los 300 prisioneros políticos en Cuba han sido encarcelados simplemente por expresar sus opiniones.

23 de junio: Fidel Castro se desmaya durante un acto en La Habana.

4 de noviembre: El huracán Michelle azota La Habana. Es el peor desastre natural que soporta la isla en medio siglo.

22 de noviembre: La Administración de Drogas y Alimentos de los Estados Unidos anuncia que Cuba ha comprado 130 000 toneladas de grano a dos proveedores estadounidenses que han burlado el bloqueo: Cargill, Inc. y Archer-Daniels-Midland.

28 de noviembre: 167 países miembros de la Organización de las Naciones Unidas votan a favor de acabar con el embargo a Cuba. Tres lo hacen en contra.

Celdas de Combinado del Este, en La Habana, una de las cinco cárceles de máxima seguridad de la isla. Cuba tiene unos 57 000 presos de los que, según la oposición, unos 100 son políticos, aunque el gobierno de Raúl Castro no los reconoce. Durante décadas, Cuba ha rechazado que visite a los reclusos la Cruz Roja o Amnistía Internacional.

2002

3 de enero: El Departamento del Tesoro de los Estados Unidos otorga permisos para viajar a Cuba. 2 000 estadounidenses realizan el viaje.

10 de mayo: Se presenta en la Asamblea Nacional Cubana el Proyecto Varela, una petición con más de 11 000 firmas que exige reformas electorales, libertad de expresión y la liberación de 250 prisioneros políticos.

14 de mayo: El expresidente estadounidense Jimmy Carter viaja a Cuba. En un discurso de tres minutos transmitido por la televisión cubana, afirma que cree que ha llegado el momento de acabar con el embargo.

2003

18 de marzo: Se ordena la detención de 75 opositores. Tras el juicio, su sentencia oscila entre los 6 y los 28 años de cárcel.

11 de abril: Ejecución sumaria de tres secuestradores que pretendían llevar a Estados Unidos un transbordador que zarpaba de La Habana.

2004

Febrero: El presidente estadounidense George W. Bush restringe los viajes a Cuba. De permitir una visita al año se pasa a una visita cada tres años. También reduce la cantidad de dólares que se pueden llevar a la isla.

20 de octubre: Fidel Castro se cae tras un acto en Santa Clara y se fractura una rodilla y un brazo.

Fidel Castro y Hugo Chávez durante la visita que realizó a Cuba el presidente venezolano el día del 87 cumpleaños del dictador cubano. Por entonces Mariela Castro, hija de Raul, afirmaba que su tío estaba «activo y preocupado por la seguridad alimentaria mundial».

26 de octubre: El Banco Central de Cuba anuncia que queda prohibido el uso de dólares estadounidenses. Castro informa a los cubanos que pidan a sus familiares en los Estados Unidos que envíen otro tipo de moneda extranjera.

8 de noviembre: El flujo de petróleo barato que Cuba recibe de la Venezuela de Hugo Chávez permite que se prohíba nuevamente la circulación de dólares estadounidenses. La llegada al poder de mandatarios como el venezolano, admiradores de Castro, subraya aún la influencia del líder cubano en toda Sudamérica.

2005

29 de abril: Cuba firma acuerdos de alianza con Hugo Chávez.

2006

31 de julio: Por primera vez desde su llegada al poder, Castro, para someterse a una delicada operación intestinal, cede el control del gobierno a su hermano Raúl.

2007

2 de diciembre: Fidel se presenta como candidato a diputado para la Asamblea Nacional. En las elecciones, tanto su hermano Raúl como él obtienen oficialmente el 98 % de los votos.

2008

19 de febrero: Renuncia definitivamente a la presidencia de Cuba tras 19 meses de convalecencia.

2014

17 de diciembre: El presidente estadounidense Barack Obama anuncia la reapertura mutua de embajadas y la creación de una comisión para estudiar la retirada del embargo a Cuba.

2016

25 de noviembre: Retirado de la vida pública, Fidel Castro fallece en su domicilio de La Habana.

Anexo

DISCURSO PRONUNCIADO EN EL PARQUE CÉSPEDES DE SANTIAGO DE CUBA, EL 1 DE ENERO DE 1959. «AÑO DE LA LIBERACIÓN»

Santiagueros, compatriotas de toda Cuba:

Al fin hemos llegado a Santiago. Duro y largo ha sido el camino, pero hemos llegado.

Se decía que hoy a las dos de la tarde se nos esperaba en la capital de la República, el primer extrañado fui yo, porque yo fui uno de los primeros sorprendidos con ese golpe traidor y amañado de esta mañana en la capital de la República.

Además, yo iba a estar en la capital de la República, o sea, en la nueva capital de la República, porque Santiago de Cuba será, de acuerdo con el deseo del presidente provisional, de acuerdo con el deseo del Ejército Rebelde y de acuerdo con el deseo del pueblo de Santiago de Cuba, que bien se lo merece, la capital ¡Santiago de Cuba será la capital provisional de la República!

Tal vez la medida sorprenda a algunos, es una medida nueva, pero por eso ha de caracterizarse, precisamente, la Revolución, por hacer cosas que no se han hecho nunca. Cuando hacemos a Santiago de Cuba capital provisional de la República sabemos por qué lo hacemos. No se trata de halagar demagógicamente a una localidad determinada, se trata, sencillamente, de que Santiago ha sido el baluarte más firme de la Revolución.

La Revolución empieza ahora, la Revolución no será una tarea fácil, la Revolución será una empresa dura y llena de peligros, sobre todo, en esta etapa inicial, y en qué mejor lugar para establecer el Gobierno de la República que en esta fortaleza de la Revolución; para que se sepa que este va a ser un gobierno sólidamente respaldado por el pueblo en la ciudad heroica y en las estribaciones de la Sierra Maestra, porque Santiago está en la Sierra Maestra. En Santiago de Cuba y en la Sierra Maestra tendrá la Revolución sus dos mejores fortalezas.

Parque Céspedes, Ayuntamiento de Santiago de Cuba, 1 de enero. En el centro Fidel Castro. A su derecha, Raúl, saluda a los congregados. A su izquierda, José Rego Rubido, elegido jefe del ejército. Rego Rubido fue sustituido por Raúl el día 11 y enviado como embajador a Brasil. A pesar de las palabras que Fidel le dedicó en su discurso, desde entonces desapareció para siempre de la política cubana.

Pero hay, además, otras razones: el movimiento militar revolucionario, el verdadero movimiento militar revolucionario, no se hizo en Columbia. En Columbia prepararon un «golpecito» de espaldas al pueblo, de espaldas a la Revolución y, sobre todo, de acuerdo con Batista.

Puesto que la verdad hay que decirla y puesto que venimos aquí a orientar al pueblo, les digo y les aseguro que el golpe de Columbia fue un intento de escamotearle al pueblo el poder y escamotearle el triunfo a la Revolución. Y, además,

para dejar escapar a Batista, para dejar escapar a los Tabernillas, para dejar escapar a los Pilar García y a los Chavianos,
para dejar escapar a los Salas Cañizares y a los Ventura.

El golpe de Columbia fue un golpe ambicioso y traidor
que no merece otro calificativo, y nosotros sabemos llamar las
cosas por su nombre y atenernos, además, a la responsabilidad.

No voy a andar con paños calientes para decirles que el
general Cantillo nos traicionó y no es que lo voy a decir, sino
que lo voy a probar.   Pero, desde luego, lo habíamos dicho
siempre: no vayan a tratar a última hora a venir a resolver esto
con un «golpecito militar», porque si hay golpe militar de espaldas al pueblo, la Revolución seguirá adelante, que esta vez no
se frustrará la Revolución.

Esta vez, por fortuna para Cuba, la Revolución llegará de
verdad al poder. No será como en el 95 que vinieron los americanos y se hicieron dueños de esto. Intervinieron a última hora
y después ni siquiera dejaron entrar a Calixto García que había
peleado durante 30 años, no quisieron que entrara en Santiago
de Cuba. No será como en el 33 que cuando el pueblo empezó
a creer que una Revolución se estaba haciendo, vino el señor
Batista, traicionó la Revolución, se apoderó del poder e instauró una dictadura por once años. No será como en el 44, año en
que las multitudes se enardecieron creyendo que al fin el pueblo había llegado al poder, y los que llegaron al poder fueron
los ladrones. Ni ladrones, ni traidores, ni intervencionistas. Esta
vez sí que es la Revolución.

Pero, no querían que fuese así. En los instantes mismos
en que la dictadura se desplomaba como consecuencia de las
victorias militares de la Revolución, cuando ya no podían resistir ni siquiera 15 días más, viene el señor Cantillo y se convierte
en paladín de la libertad. Naturalmente, que nosotros nunca
hemos estado en una actitud de rechazar cualquier colaboración que implicase un ahorro de sangre, siempre que los fines
de la Revolución no se pusiesen en peligro. Naturalmente, que
nosotros siempre hemos estado llamando a los militares para
buscar la paz, pero la paz con libertad y la paz con el triunfo
de la Revolución, era la única manera de obtener la paz.

Por eso, cuando el 24 de diciembre se nos comunicó el
deseo del general Cantillo de tener una entrevista con nosotros,
aceptamos la entrevista. Yo les confieso a ustedes que, dado el
curso de los acontecimientos, la marcha formidable de nuestras
operaciones militares, yo tenía muy pocos deseos de ponerme

a hablar de movimientos militares; pero yo entendí que era un deber, que nosotros los hombres que tenemos una responsabilidad no nos podemos dejar llevar por las pasiones. Y pensé que si el triunfo se podía lograr con el menor derramamiento de sangre posible, mi deber era atender las proposiciones que me hiciesen los militares.

Fui a ver al señor Cantillo que vino a hablarme en nombre del Ejército. Se reunió conmigo el día 28 en el central Oriente, adonde llegó en un helicóptero, a las ocho de la mañana. Allí conversó con nosotros durante cuatro horas, y yo sí que no voy a hacer una historia inventada ni cosa que se parezca, porque tengo testigos excepcionales de la entrevista. Allí estaba el doctor Raúl Chibás, allí estaba un sacerdote católico, allí estaban varios militares cuyos testimonios no pueden ser puestos en duda por ningún concepto.

Allí, después de analizar todos los problemas de Cuba, después de puntualizar todos los detalles, acordó, el general Cantillo, realizar de acuerdo con nosotros un movimiento militar revolucionario. Lo primero que le dije fue esto, después de analizar bien la situación: la situación del ejército, la situación a que lo había llevado la dictadura; después de aclararle que a él no le tenía que importar Batista ni los Tabernillas ni toda aquella gente, no le tenía que importar nada, porque aquella gente había sido muy desconsiderada con los militares cubanos; que aquella gente había llevado a los militares a una guerra contra el pueblo, que es una guerra que se pierde siempre, porque contra el pueblo no se puede ganar una guerra.

Después de decirle que los militares eran víctimas de las inmoralidades del régimen, que los presupuestos para comprar armamentos se los robaban, que a los soldados los engañaban constantemente, que aquella gente no merecía la menor consideración de los militares honorables, que el ejército no tenía por qué cargar con la culpa de los crímenes que cometía la pandilla de los esbirros de confianza de Batista; le advertí, le advertí bien claramente, que yo no autorizaría jamás, por mi parte, ningún tipo de movimiento que permitiese la fuga de Batista. Le advertí que si Batista quería fugarse, que se fugara enseguida y con él Tabernilla y todos los demás, pero que mientras que nosotros pudiéramos evitarlo, teníamos que impedir la fuga de Batista.

Todo el mundo sabe que nuestro primer planteamiento en caso de un golpe militar para llegar a un acuerdo con nosotros era la entrega de los criminales de guerra, y esa era una condición esencial.

Y se podía haber capturado a Batista y a todos sus cómplices. Y yo se lo dije bien claro que no estaba de acuerdo con que Batista se fuera. Le expliqué bien qué tipo de movimiento había que hacer; que yo no respaldaría, ni el Movimiento 26 de Julio ni el pueblo, respaldarían un golpe de estado, porque la cuestión es que el pueblo es el que ha conquistado su libertad y nadie más que el pueblo.

La libertad nos la quitaron mediante un golpe de estado, pero para que se acabaran de una vez y para siempre los golpes de estado, había que conquistar la libertad a fuerza de sacrificio de pueblo, porque no hacíamos nada con que dieran un golpe mañana y otro pasado y otro dentro de dos años y otro dentro de tres años; porque aquí quien tiene que decidir, definitivamente, quién debe gobernar es el pueblo y nadie más que el pueblo.

Y los militares deben estar incondicionalmente a las órdenes del pueblo y a la disposición del pueblo y a la disposición de la Constitución, y de la ley de la República.

Si hay un gobierno malo que roba y que hace más de cuatro cosas mal hechas pues, sencillamente, se espera un poco y cuando llegan las elecciones se cambia el mal gobierno; porque para eso los gobiernos en los regímenes constitucionales democráticos tienen un período de tiempo limitado. Porque si son malos, el pueblo los cambia y vota por otros mejores.

La función del militar no es elegir gobernantes, sino garantizar la ley, garantizar los derechos del ciudadano. Por eso le advertí que golpe de estado ¡no!, movimiento militar revolucionario, ¡sí!, y no en Columbia sino en Santiago de Cuba.

Le dije bien claro, que la única forma de lograr la vinculación y la confraternización del pueblo y de los militares y de los revolucionarios, no era dando un «madrugonazo» en Columbia, a las dos o las tres de la mañana, sin que nadie se enterara como acostumbran a hacer estos señores, sino sublevando la guarnición de Santiago de Cuba, que era lo suficientemente fuerte y estaba lo suficientemente bien armada para iniciar el movimiento militar y sumar al pueblo, y sumar a los revolucionarios a ese movimiento; que en las circunstancias en que estaba la dictadura era irresistible, porque de seguro que se sumarían de inmediato todas las guarniciones del país, y eso fue lo que se acordó.

Y no solo se acordó eso, sino que yo le hice prometer, porque él pensaba ir a La Habana al día siguiente, y nosotros no estábamos de acuerdo, porque yo le decía: «Es un riesgo que usted vaya a La Habana». Él decía: «No, no es ningún riesgo». «Usted corre mucho peligro de que lo detengan porque esa conspiración… aquí todo se sabe». «No, yo estoy seguro que no me detienen». Y claro, cómo lo iban a detener si era un golpe de Batista y de Tabernilla. Yo dije, bueno, o este hombre lo tiene todo resuelto allí, lo controla todo, o este golpe es un poco sospechoso. Y entonces le dije: «Usted me promete que no se va a dejar persuadir en La Habana por una serie de intereses que están detrás de usted, para dar un golpe en la capital. Usted me promete que no». Y me dice: «Le prometo que no». «Usted me jura que no». Y me dijo: «Le juro que no».

Yo considero que lo primero que debe tener un militar es honor, que lo primero que debe tener un militar es palabra; y este señor ha demostrado no solo falta de honor y falta de palabra, sino falta, además, de cerebro. Porque un movimiento que pudo haberse hecho desde el primer momento con todo el respaldo del pueblo y con el triunfo asegurado de antemano, lo que hizo fue dar un salto mortal en el vacío. Creyó que iba a ser demasiado fácil engañar al pueblo y engañar a la Revolución.

Sabía algunas cosas, sabía que en cuanto dijeran que Batista había agarrado el avión, el pueblo se iba a tirar a la calle loco de contento. Y pensaron que el pueblo no estaba lo suficientemente maduro para distinguir entre la fuga de Batista y la Revolución. Porque si Batista se va y se apoderan allá de los mandos los amigos de Cantillo, muy bien pudiera ser que el doctor Urrutia tuviera que irse dentro de tres meses también; porque, lo mismo que nos traicionaban ahora, nos traicionaban luego. Y la gran verdad es que el señor Cantillo nos traicionó a nosotros antes de dar el golpe. Dije que lo demostraba, y lo voy a demostrar.

Se acordó con el general Cantillo que el levantamiento se produciría el día 31 a las tres de la tarde. Se aclaró que el apoyo de las fuerzas armadas al movimiento revolucionario sería incondicional, el presidente que designasen los dirigentes revolucionarios y los cargos que a los militares les asignasen los dirigentes revolucionarios. Era un apoyo incondicional el ofrecido.

Se acordó el plan en todos sus detalles: el día 31, a las tres de la tarde, se sublevaría la guarnición de Santiago de

Cuba. Inmediatamente varias columnas rebeldes penetrarían en la ciudad, y el pueblo, con los militares y con los rebeldes, confraternizaría inmediatamente, lanzándose al país una proclama revolucionaria e invitando a todos los militares honorables a unirse al movimiento.

Se acordó que los tanques que hay en la ciudad serían puestos a disposición de nosotros, y yo me ofrecí, personalmente, para avanzar hacia la capital con una columna blindada, precedida por los tanques. Los tanques me serían entregados a las tres de la tarde, no porque se pensase que había que combatir, sino para prever en caso de que en La Habana el movimiento fracasase y hubiese necesidad de situar nuestra vanguardia lo más cerca posible de la capital. Y, además, para prever que no se fueran a realizar excesos en la ciudad de La Habana.

Era lógico que con el odio despertado allí contra la fuerza pública por los inenarrables horrores de Ventura y de Pilar García, la caída de Batista iba a producir una desorbitación en la ciudadanía. Y que, además, aquellos policías se iban a sentir sin fuerza moral para contener al pueblo, como efectivamente ocurrió.

Una serie de excesos han tenido lugar en la capital: saqueos, tiroteos, incendios. Toda la responsabilidad cae sobre el general Cantillo por haber traicionado la palabra empeñada y por no haber realizado el plan que se acordó. Creyó que nombrando capitanes y comandantes de la policía —muchos de los cuales cuando los habían nombrado ya se habían ido, prueba de que no tenían la conciencia muy tranquila—, iba a resolver la cuestión.

Qué distinto, sin embargo, fue en Santiago de Cuba ¡Qué orden y qué civismo! ¡Qué disciplina demostrada por el pueblo! Ni un solo caso de saqueo, ni un solo caso de venganza personal, ni un solo hombre arrastrado por las calles, ni un incendio. Ha sido admirable y ejemplar el comportamiento de Santiago de Cuba, a pesar de dos cosas: a pesar de que esta había sido la ciudad más sufrida y que más había padecido el terror, por lo tanto, la que más derecho tenía a estar indignada; y a pesar, además, de nuestras declaraciones de esta mañana diciendo que no estábamos de acuerdo con el golpe.

Santiago de Cuba se comportó ejemplarmente bien, y creo que será este caso de Santiago de Cuba un motivo de orgullo para el pueblo, para los revolucionarios y para los militares de la Plaza de Santiago de Cuba.

Ya no podrán decir que la Revolución es la anarquía y el desorden. Ocurrió en La Habana por una traición, pero no ocurrió así en Santiago de Cuba, que podemos poner como modelo cuantas veces se trate de acusar a la Revolución de anárquica y desorganizada.

Es conveniente que el pueblo conozca las comunicaciones que intercambiamos el general Cantillo y yo. Si el pueblo no está cansado, le puedo leer las mismas.

Después de los acuerdos tomados, cuando nosotros ya habíamos suspendido las operaciones sobre Santiago de Cuba, porque el día 28 ya nuestras tropas estaban muy próximas a la ciudad, y se habían realizado todos los preparativos para el ataque a la Plaza, de acuerdo con la entrevista sostenida, hubimos de realizar una serie de cambios, abandonar las operaciones sobre Santiago de Cuba y encaminar nuestras tropas hacia otros sitios, donde se suponía que el movimiento no estaba asegurado desde el primer instante. Cuando todos nuestros movimientos estaban hechos, la columna preparada para marchar sobre la capital, recibo, unas pocas horas antes, esta nota del general Cantillo que dice textualmente: «Han variado mucho las circunstancias en sentido favorable a una solución nacional» —en el sentido que él quiere para Cuba. Era extraño, porque después de analizar los factores que se contaban, no podía ser más favorable la circunstancia. Estaba asegurado el triunfo, y esto era una cosa extraña que viniera a decir: «Han variado muy favorablemente las circunstancias». Las circunstancias de que Batista y Tabernilla estaban de acuerdo, asegurado el golpe. «Que recomiendo no hacer nada en estos momentos y esperar los acontecimientos en las próximas semanas, antes del día 6». Desde luego, la tregua prolongada indefinidamente, mientras ellos hacían todos los amarres en La Habana.

Mi respuesta inmediata fue esta: «El contenido de la nota se aparta por completo de los acuerdos tomados, es ambiguo e incomprensible. Y me ha hecho perder la confianza en la seriedad de los acuerdos. Quedan rotas las hostilidades a partir de mañana a las 15.00, que fue la fecha y hora acordadas para el movimiento».

Ocurrió entonces una cosa muy curiosa. Además de la nota, que era muy breve, yo le mando a decir al jefe de la Plaza de Santiago de Cuba con el portador de la misma, que si las hostilidades se rompían porque los acuerdos no se cumplían y nos veíamos obligados a atacar la Plaza de Santiago de Cuba, entonces no habría otra solución que la rendición de la Plaza; que exigiríamos la rendición de la Plaza si las hostilidades se rompían y el ataque se iniciaba por nuestra parte. Pero ocurrió que el portador de la nota no interpretó correctamente mis palabras y le dijo al coronel Rego Rubido que yo decía que exigía la rendición de la Plaza como condición para cualquier acuerdo. Él no dijo lo que yo le había afirmado: «Que si se iniciaba el ataque», pero no que yo le había puesto al general Cantillo como condición que se rindiera la Plaza.

En consecuencia del mensaje, el coronel jefe de la Plaza de Santiago de Cuba me envía una carta muy conceptuosa y muy pundonorosa que voy a leer también. Naturalmente que se sentía ofendido con aquel planteamiento que le habían hecho erróneamente, y dice:

La solución encontrada no es golpe de Estado ni Junta Militar, y, sin embargo, creemos que es la que mejor conviene al doctor Fidel Castro, de acuerdo con sus ideas, y pondría en 48 horas el destino del país en sus manos. No es solución local, sino nacional; y cualquier indiscreción adelantada podría comprometerla o destruirla creando el caos. Queremos que se tenga confianza en nuestra gestión y se tendrá la solución antes del día 6.

En cuanto a Santiago, debido a la nota y a las palabras del mensajero, hay que cambiar el plan y no entrar. Dichas palabras han causado malestar entre el personal «llave» y nunca se entregarían las armas sin pelear. Las armas no se rinden a un aliado y no se entregan sin honor.

—Frase muy hermosa del jefe de la Plaza de Santiago de Cuba.

Si no se tiene confianza en nosotros o si se ataca Santiago, se considerarán rotos los acuerdos y se paralizarán las gestiones para la solución ofrecida, desligándonos formalmente de todo compromiso. Esperamos, debido al tiempo necesario para actuar en una u otra forma, que la respuesta llegue a tiempo para ser enviada a La Habana en el *viscount* de la tarde.

Mi respuesta a esta nota del coronel José Rego Rubido fue la siguiente:

Territorio Libre de Cuba, diciembre 31 de 1958.
Señor coronel.

Un lamentable error se ha producido en la trasmisión
a usted de mis palabras. Tal vez se debió a la premura
con que respondí a su nota y a lo apurado de la conversación que sostuve con el portador. Yo no le dije que la
condición planteada por nosotros en los acuerdos que
se tomaron era la rendición de la Plaza de Santiago de
Cuba a nuestras fuerzas. Hubiese sido una descortesía
con nuestro visitante, y una proposición indigna y ofensiva para los militares que tan fraternalmente se han
acercado a nosotros.

La cuestión es otra: se había llegado a un acuerdo
y se adoptó un plan entre el líder del movimiento militar y
nosotros. Debía comenzar a realizarse el día 31 a las tres
de la tarde. Hasta los detalles se acordaron después de
analizar cuidadosamente los problemas que debían afron-
tarse. Se iniciaría con el levantamiento de la guarnición
de Santiago de Cuba, persuadí al general Cantillo de las
ventajas de comenzar por Oriente y no en Columbia, por
recelar el pueblo grandemente de cualquier golpe en los
cuarteles de la capital de la República, y lo difícil que iba a
ser, en ese caso, vincular la ciudadanía al movimiento. Él
coincidía plenamente con mis puntos de vista; se preocu-
paba solo por el orden en la capital y acordamos medidas
para conjurar el peligro.

—La medida era, precisamente, el avance de la columna
nuestra sobre Santiago de Cuba.

Se trataba de una acción unida de los militares, el pueblo y nosotros; un tipo de movimiento revolucionario que
desde el primer instante contaría con la confianza de la
nación entera. De inmediato, y de acuerdo con lo que
se convino, suspendimos las operaciones que se estaban
llevando a cabo, y nos dimos a la tarea de realizar nuevos
movimientos de fuerzas hacia otros puntos como Hol-

guín, donde la presencia de conocidos esbirros hacía casi segura la resistencia al movimiento militar revolucionario.

Cuando ya todos los preparativos estaban listos por nuestra parte, recibo la nota de ayer, donde se me daba a entender que no se realizaría la acción acordada. Al parecer había otros planes, pero no se me informaba cuáles ni por qué. De hecho ya no era cosa nuestra la cuestión. Teníamos simplemente que esperar. Unilateralmente se cambiaba todo. Se ponía en riesgo a las fuerzas nuestras que, de acuerdo con lo que se contaba, habían sido enviadas a operaciones difíciles; quedábamos sujetos, además, a todos los imponderables. Cualquier riesgo del general Cantillo, en sus frecuentes viajes a La Habana, se convertiría militarmente para nosotros en un desastre. Reconozca usted que todo está muy confuso en este instante, y que Batista es un individuo hábil y taimado, que sabe maniobrar ¿Cómo puede pedírsenos que renunciemos a todas las ventajas obtenidas en las operaciones de las últimas semanas, para ponernos a esperar pacientemente a que los hechos se produzcan?

Bien aclaré que no podía ser una acción de los militares solos; para eso, realmente, no había que esperar los horrores de dos años de guerra. Cruzarnos de brazos en los momentos decisivos es lo único que no se nos puede pedir a los hombres que no hemos descansado en la lucha contra la opresión desde hace siete años.

Aunque ustedes tengan la intención de entregar el poder a los revolucionarios, no es el poder en sí lo que a nosotros nos interesa, sino que la Revolución cumpla su destino. Me preocupa, incluso, que los militares, por un exceso injustificado de escrúpulos, faciliten la fuga de los grandes culpables, que marcharán al extranjero con sus grandes fortunas, para hacer desde allí todo el daño posible a nuestra patria.

Personalmente puedo añadirle que el poder no me interesa, ni pienso ocuparlo. Velaré solo porque no se frustre el sacrificio de tantos compatriotas, sea cual fuere mi destino posterior. Espero que estas honradas razones, que con todo respeto a su dignidad de militares les expongo, las comprendan. Tengan la seguridad de que no están tratando con un ambicioso ni con un insolente.

—Párenme los tanques allí, hagan el favor. Cuando termi-
nemos nuestras declaraciones y la proclamación del presidente provisional, los tanques le harán honor al poder civil de la
República, pasando enfrente de nuestros balcones. Continúo
leyendo la carta del día 31 al señor coronel jefe de la Plaza de
Santiago de Cuba:

Siempre he actuado con lealtad y franqueza en todas mis
cosas. Nunca se podrá llamar triunfo a lo que se obtenga
con doblez y engaño. El lenguaje del honor que ustedes
entienden es el único que yo sé hablar.

Nunca se mencionó en la reunión con el general
Cantillo la palabra rendición. Lo que ayer dije y reitero hoy es que a partir de las tres de la tarde del día
31, fecha y hora acordadas, no podíamos prorrogar
la tregua con relación a Santiago de Cuba, porque
eso sería perjudicar extraordinariamente a nuestra
causa. Nunca una conspiración es segura. Anoche llegó
aquí el rumor de que el general Cantillo había sido detenido en La Habana; que varios jóvenes habían aparecido
asesinados en el cementerio de Santiago de Cuba. Tuve
la sensación de que habíamos perdido el tiempo mise-
rablemente, aunque afortunadamente hoy parece com-
probarse que el general se encuentra en su puesto ¿Qué
necesidad tenemos de correr esos riesgos?

Lo que dije al mensajero en cuanto a rendición, que
no fue trasmitido literalmente y pareció motivar las palabras de su nota de hoy, fue lo siguiente: que si se rompían
las hostilidades por no cumplirse lo acordado, nos vería-
mos obligados a atacar la Plaza de Santiago de Cuba, lo
que es inevitable, dado que en ese sentido hemos enca-
minado nuestros esfuerzos en los últimos meses, en cuyo
caso, una vez iniciada la operación, exigiríamos la rendición de las fuerzas que la defienden. Esto no quiere decir
que pensemos que se rindan sin combatir, porque yo sé
que, aun sin razón para combatir, los militares cubanos
defienden las posiciones con tozudez y nos han costado
muchas vidas. Quise decir solo que después que se haya
derramado la sangre de nuestros hombres por la conquista
de un objetivo, no podía aceptarse otra solución, ya que
aunque nos cueste muy caro, dadas las condiciones actua-

les de las fuerzas que defienden al régimen, las cuales no podrán prestar apoyo a esa ciudad, esta caería inexorablemente en nuestras manos. Ese ha sido el objetivo básico de todas nuestras operaciones en los últimos meses, y un plan de esa envergadura no puede suspenderse por unas semanas sin graves consecuencias, caso de que el movimiento militar se frustre, perdiéndose, además, el momento oportuno, que es este, cuando la dictadura está sufriendo grandes reveses en las provincias de Oriente y Las Villas.

Se nos pone en el dilema de renunciar a las ventajas de nuestras victorias o atacar, un triunfo seguro a cambio de un triunfo probable ¿Cree usted que con la nota de ayer, ambigua y lacónica, contentiva de una decisión unilateral, pueda yo incurrir en la responsabilidad de mantener en suspenso los planes?

Como militar que es reconozca que se nos pide un imposible. Ustedes no han dejado un minuto de hacer trincheras; esas trincheras las pueden utilizar contra nosotros un Pedraza, un Pilar García, o un Cañizares, si el general Cantillo es relevado del mando y con él sus hombres de confianza. No se nos puede pedir que permanezcamos ociosos. Vea usted que se nos coloca en una situación absurda. Aunque defiendan con valor sus armas, no nos queda más remedio que atacar, porque nosotros también tenemos obligaciones muy sagradas que cumplir.

Más que aliados, deseo que los militares honorables y nosotros seamos compañeros de una sola causa, que es la de Cuba.

Deseo, por encima de todo, que usted y sus compañeros no se hagan una idea errónea de mi actitud y de mis sentimientos. He sido extenso para evitar que se confundan o tergiversen los conceptos.

Respecto a la tácita suspensión del fuego en la zona de Santiago de Cuba, para evitar toda duda, ratifico que aunque en cualquier instante antes de que se inicien los combates podemos reanudar las operaciones, a partir de hoy debe quedar advertido que el ataque se va a producir de un momento a otro, y que por ninguna razón volveremos a suspender los planes, ya que todo esto, como son cuestiones que se tramitan en secreto, puede sembrar la confusión en el pueblo y perjudicar la moral de nuestros combatientes.

Atentamente,

Libertad o muerte.

El coronel Rego me respondió con una pundonorosa carta que es también digna de aplausos, y que dice así:

Señor:

Recibí su atenta carta fechada en el día de hoy y créame que le agradezco profundamente la aclaración relativa a la nota anterior, aunque debo confesarle que siempre supuse que se trataba de una mala interpretación, pues a través del tiempo he observado su línea de conducta y estoy convencido de que es usted un hombre de principios.

Yo desconocía los detalles del plan original, pues solamente fui informado de la parte a mí concerniente, como también desconozco algunos pequeños detalles del plan actual. Yo estimo que, en parte, usted tiene razón cuando hace el análisis del plan original, pero creo que demoraría unos días más en llegar a su consumación y nunca podría evitarse que muchos de los culpables —grandes, medianos y chicos— se escaparan.

Soy de los que pienso que es absolutamente necesario dar un ejemplo en Cuba para aquellos que, aprovechando las posiciones del poder cometen toda clase de hechos punibles, pero, desgraciadamente, la historia está plagada de casos semejantes y rara vez los culpables pueden ser puestos a disposición de las autoridades competentes, porque rara vez las revoluciones se hacen como deben hacerse.

—Y por eso se escapan los grandes culpables como se han escapado, desgraciadamente, hoy. Continúa la carta:

Comprendo perfectamente sus preocupaciones en el presente caso. Yo, menos responsabilizado con la historia, también las tengo.

En cuanto a la actuación unilateral de que me habla, le reitero que no he participado en ello. En ambos casos solo fui informado de la parte que me concernía, estimando que lo ocurrido ha sido que el general Cantillo tornó la idea de lo que usted deseaba de acuerdo con sus normas y principios, actuando en consecuencia.

No tengo motivos para suponer que persona alguna esté tratando de propiciar la fuga de culpables y, personalmente, soy opuesto a tal cosa, pero caso de producirse, la responsabilidad histórica por tales hechos recaería sobre quienes los hicieren posible y nunca sobre los demás.

Creo, sinceramente, que todo habrá de producirse en armonía con sus ideas y que el general está procediendo, inspirado en los mejores deseos para bien de Cuba y de la Revolución que usted acaudilla.

Supe de un joven estudiante muerto que se encontraba en el cementerio, y hoy mismo dispuse que se agotaran los medios investigativos, a fin de determinar quién fue el autor y las circunstancias en que ocurriera el hecho, tal como lo realicé en días pasados, hasta poner a disposición de la autoridad judicial correspondiente a los presuntos responsables.

Finalmente, debo informarle que cursé un despacho al general interesando un avión para hacerle llegar su conceptuosa carta, y no se impaciente, que a lo mejor antes de la fecha fijada como límite máximo está usted en La Habana.

Cuando el general se marchó, le pedí que me dejara el helicóptero con el piloto por si a usted se le ocurría pasear el domingo por la tarde sobre Santiago.

Bueno, doctor, reciba usted el testimonio de mi mejor consideración y el ferviente deseo de un feliz Año Nuevo.

Firmado: Coronel Rego Rubido

En este estado estaban las conversaciones cuando, tanto el coronel Rego, jefe de la Plaza de Santiago de Cuba, como yo, fuimos sorprendidos por el golpe de Estado de Columbia que se apartaba por completo de lo acordado. Y lo primero que se hizo, lo más criminal que se hizo, fue dejar escapar a Batista, a Tabernilla y a los grandes culpables. Los dejaron escapar con sus millones de pesos, los dejaron escapar con los 300 o 400 millones de pesos que se han robado y ¡muy caro nos va a costar eso! Porque ahora van a estar desde Santo Domingo y desde otros países haciendo propaganda contra la Revolución, fraguando todo el daño posible contra nuestra causa. Y durante muchos años los vamos a tener ahí amenazando a nuestro pueblo, manteniéndolo en constante estado de alerta, porque van a pagar y a fraguar conspiraciones contra nosotros. Y todo por la debilidad, por la irresponsabilidad y por la traición de los que promovieron el golpe contrarrevolucionario de la madrugada de hoy.

¿Qué hicimos nosotros? Tan pronto supimos del golpe, nos enteramos por Radio Progreso; y a esa hora, adivinando yo lo que se estaba fraguando, ya estaba haciendo unas declaraciones, cuando me entero de que Batista se había ido para Santo Domingo. Yo pensé: ¿Será un rumor?, ¿será una bola? Y mando a ratificar; cuando oigo la noticia de que, efectivamente, el señor Batista y su camarilla se habían escapado y, lo más bonito es que el general Cantillo decía que ese movimiento se había producido gracias a los patrióticos propósitos del general Batista, ¡los patrióticos propósitos del general Batista!, ¡que renunciaba para ahorrar derramamiento de sangre! ¿Qué les parece?

Hay algo más todavía. Para tener una idea de la clase de golpe que se preparó, basta decir que a Pedraza lo había nombrado miembro de la Junta y se fue. Yo creo que no hay que añadir nada más para ver la clase de intenciones que tenían los golpistas. Y no nombraron al presidente Urrutia, que es el presidente proclamado por el Movimiento y por todas las organizaciones revolucionarias. Llamaron a un señor que es el más viejo, nada menos, de todos los magistrados del Tribunal Supremo, que son bastante viejos todos; y sobre todo un señor que ha sido presidente, hasta hoy, de un Tribunal Supremo de Justicia, donde no había justicia de ninguna clase.

¿Cuál iba a ser el resultado de todo esto? Pues una revolución a medias, una componenda, una caricatura de revolución. El señor Perico de los Palotes; lo mismo da que se llame de una manera o de otra. Ese señor Piedra, que a estas horas si no ha renunciado que se prepare, que lo vamos a ir a hacer renunciar a La Habana. Creo que no dura las 24 horas. Va a romper un récord.

Designan a este señor, y muy bonito: Cantillo, héroe nacional, paladín de las libertades cubanas, amo y señor de Cuba, y el señor Piedra allí. Sencillamente habíamos derrocado a un dictador para implantar otro. En todos los órdenes, el movimiento de Columbia era un movimiento contrarrevolucionario, en todos los órdenes se apartaba del propósito del pueblo, en todos los órdenes era sospechoso; e inmediatamente el señor Piedra hizo un llamamiento, dijo que lo iba a hacer para llamar a los rebeldes y una comisión de paz. Y nosotros tan tranquilos, dejábamos los fusiles y lo dejábamos todo, y nos íbamos allá a rendirles pleitesía al señor Piedra y al señor Cantillo.

Era evidente que tanto Cantillo como Piedra estaban en la luna. Estaban en la luna porque creo que el pueblo de Cuba ha aprendido mucho, y los rebeldes hemos aprendido algo.

Esa era la situación esta mañana, que no es la situación de esta noche, porque ha cambiado mucho. Ante este hecho, ante esta traición, dimos órdenes a todos los comandantes rebeldes de continuar las operaciones militares, y de continuar marchando sobre los objetivos; en consecuencia, inmediatamente dimos órdenes a todas las columnas destinadas a la operación de Santiago de Cuba a avanzar sobre la ciudad.

Yo quiero que ustedes sepan que nuestras fuerzas venían muy seriamente decididas a tomar Santiago de Cuba por asalto. Ello hubiera sido muy lamentable, porque hubiese costado mucha sangre, y esta noche de hoy no sería una noche de alegría como esta, y de paz como esta, y de confraternidad como esta.

Debo confesar que si en Santiago de Cuba no se libró una batalla sangrienta se debe, en gran parte, a la patriótica actitud del coronel del ejército José Rego Rubido; a los comandantes de las fragatas *Máximo Gómez y Maceo*, al jefe del Distrito Naval de Santiago de Cuba, y al oficial que desempeñaba el cargo de la jefatura de policía. Todos —y es justo que aquí lo reconozcamos y se lo agradezcamos—, contribuyeron a evitar una sangrienta batalla y a convertir el movimiento contrarrevolucionario de esta mañana en el movimiento revolucionario de esta tarde.

A nosotros no nos quedaba otra alternativa que atacar porque no podíamos permitir la consolidación del golpe de Columbia y, por lo tanto, había que atacar sin espera. Y cuando las tropas marchaban ya sobre sus objetivos, el coronel Rego hizo un viaje en el helicóptero para localizarme. Los jefes de las fragatas hicieron contacto con nosotros y se pusieron, incondicionalmente, a las órdenes de la Revolución.

Contándose ya con el apoyo de las dos fragatas, que tienen un altísimo poder de fuego, con el apoyo del Distrito Naval y con el apoyo de la Policía, convoqué entonces a una reunión de todos los oficiales del Ejército de la Plaza de Santiago de Cuba, que son más de 100. Les dije a esos militares, cuando los invité a reunirse conmigo, que yo no tenía la menor preocupación en hablarles, porque sabía que tenía la razón; porque sabía que comprenderían mis argumentos y que de esta reunión se llegaría a un acuerdo.

Y, efectivamente, en horas de la noche, en los primeros momentos de la noche, nos reunimos en El Escandel la casi totalidad de los oficiales del Ejército de Santiago de Cuba, muchos de ellos hombres jóvenes que se les ve ansiosos de luchar por el bien de su país. Reuní a aquellos militares y les hablé de nuestro sentimiento revolucionario, les hablé de nuestro propósito con nuestra patria, les hablé de lo que queríamos para el país, de cuál había sido siempre nuestra conducta con los militares, de todo el daño que le había hecho la tiranía al Ejército y cómo no era justo que se considerase por igual a todos los militares; que los criminales solo eran una minoría insignificante, y que había muchos militares honorables en el Ejército, que yo sé que aborrecían el crimen, el abuso y la injusticia.

No era fácil para los militares desarrollar un tipo determinado de acción; era lógico, que cuando los cargos más elevados del Ejército estaban en manos de los Tabernilla, de los Pilar García, de los parientes y de los incondicionales de Batista, y existía un gran terror en el Ejército; a un oficial aisladamente no se le podía pedir responsabilidad.

Había dos clases de militares —y nosotros los conocemos bien—: los militares como Sosa Blanco, Cañizares, Sánchez Mosquera, Chaviano, que se caracterizaron por el crimen y el asesinato a mansalva de infelices campesinos. Pero hubo militares que fueron muy honrados en su campaña; hubo militares que jamás asesinaron a nadie, ni quemaron una casa, como fue el comandante Quevedo, que fue nuestro prisionero después de una heroica resistencia en la Batalla de Jigüe, y que hoy sigue siendo comandante del ejército; el comandante Sierra, y otros muchos militares que jamás quemaron una casa. A esos militares no los ascendían, a los que ascendían era a los criminales, porque Batista siempre se encargó de premiar el crimen. Tenemos el caso, por ejemplo, del coronel Rego Rubido, que no le debe sus grados a la dictadura, sino que ya era coronel cuando se produjo el 10 de Marzo.

El hecho cierto es que recabé el apoyo de la oficialidad del ejército de Santiago de Cuba, y la oficialidad del ejército de Santiago de Cuba le brindó su apoyo incondicional a la Revolución Cubana. Reunidos los oficiales de la marina, de la policía y del ejército, se acordó desaprobar el golpe amañado de Columbia y apoyar al gobierno legal de la República, porque cuenta con la mayoría de nuestro pueblo, que es el doctor Manuel Urrutia Lleó; y apoyar a la Revolución Cubana. Gracias a esa actitud se ahorró mucha sangre, gracias a esa actitud se ha gestado de verdad, en la tarde de hoy, un verdadero movimiento militar revolucionario.

Yo comprendo que en el pueblo hay muchas pasiones justificadas. Yo comprendo las ansias de justicia que hay en nuestro pueblo, y se cumplirá porque habrá justicia. Pero yo le quiero pedir a nuestro pueblo antes de nada, calma. Estamos en instantes en que debemos consolidar el poder antes que nada ¡Lo primero ahora es consolidar el poder! Después reuniremos una comisión de militares honorables y de oficiales del ejército rebelde para tomar todas las medidas que sean aconsejables, para exigir responsabilidad a aquellos que la tengan ¡Y nadie se opondrá!, porque al ejército y a las fuerzas armadas son a los que más les interesa que la culpa de unos cuantos no la pague todo el cuerpo, y que no sea una vergüenza vestir el uniforme militar; que los culpables sean castigados para que los inocentes no tengan que cargar con el descrédito ¡Tengan confianza en nosotros!, es lo que le pedimos al pueblo, porque sabemos cumplir con nuestro deber.

En esas circunstancias se realizó en la tarde de hoy un verdadero movimiento revolucionario del pueblo, de los militares y de los rebeldes, en la ciudad de Santiago de Cuba. Es indescriptible el entusiasmo de los militares, y en prueba de confianza les pedí a los oficiales que entraran conmigo en Santiago de Cuba, ¡y aquí están todos los oficiales del ejército! ¡Ahí están los tanques a disposición de la Revolución! ¡Ahí está la artillería a disposición de la Revolución! ¡Ahí están las fragatas a disposición de la Revolución!

Yo no voy a decir que la Revolución tiene el pueblo, eso ni se dice, eso lo sabe todo el mundo. Yo decía que el pueblo, que antes tenía escopeticas, ya tiene artillería, tanques y fragatas; y tiene muchos técnicos capacitados del ejército que nos van a ayudar a manejarlas, si fuese necesario ¡Ahora sí que el pueblo está armado! Yo les aseguro que si cuando éramos 12 hombres solamente no perdimos la fe, ahora que tenemos ahí 12 tanques ¿cómo vamos a perder la fe?

Quiero aclarar que en el día de hoy, esta noche, esta madrugada, porque es casi de día, tomará posesión de la presidencia de la República, el ilustre magistrado, doctor Manuel Urrutia Lleó ¿Cuenta o no cuenta con el apoyo del pueblo el doctor Urrutia? ¿Quién quiere al señor Piedra para presidente? Si nadie quiere al señor Piedra para presidente, ¿cómo se nos va a imponer al señor Piedra para presidente? Si esa es la orden del pueblo de Santiago de Cuba, que es el sentimiento del pueblo de Cuba entera, tan pronto concluya este acto marcharé con las tropas veteranas de la Sierra Maestra, los tanques y la artillería hacia la capital, para que se cumpla la voluntad del pueblo.

Aquí estamos, sencillamente, a las órdenes del pueblo. Lo legal en este momento es el mandato del pueblo. Al presidente lo elige el pueblo y no lo elige un conciliábulo en Columbia, a las cuatro de la madrugada. El pueblo ha elegido a su presidente y eso quiere decir que desde este instante quedará constituida la máxima autoridad legal de la República. Ninguno de los cargos, ni de los grados que se han concedido de acuerdo con la Junta Militar de la madrugada de hoy, tienen validez alguna. Todos los nombramientos de cargos dentro del ejército son nulos —me refiero a todos los nombramientos que se han hecho esta mañana—; quien acepte un cargo designado por la Junta traicionera de esta mañana estará asumiendo una actitud contrarrevolucionaria, llámese como se llame, y, en consecuencia, quedará fuera de la ley.

Tengo la completa seguridad de que mañana todos los mandos militares de la República habrán aceptado las disposiciones del presidente. El presidente procederá de inmediato a designar a los jefes del ejército, de la marina y de la policía por los altos servicios que ha prestado en esta hora a la Revolución y por haber puesto sus miles de hombres a la disposición de la Revolución. He recomendado para jefe del ejército al coronel Rego Rubido. Igualmente se designará como jefe de la marina a uno de los dos comandantes de la fragata que primero se sumaron a la Revolución, y le he recomendado al presidente de la República que designe para jefe nacional de la policía al comandante Efigenio Ameijeiras, que ha perdido tres hermanos, que es uno de los expedicionarios del *Granma* y uno de los hombres más capacitados del ejército revolucionario. Ameijeiras está en operaciones en Guantánamo, pero mañana él llega aquí.

Yo solo pido tiempo para nosotros y para el poder civil de la República a fin de ir realizando las cosas a gusto del pueblo, pero poco a poco. Solo le pido una cosa al pueblo, y es que tenga calma. La República unida siempre y por encima de todas las cosas. Lo que hay que pedir es justicia para Oriente. En todo, el tiempo es un factor importante. La Revolución no se podrá hacer en dos días; ahora, tengan la seguridad de que la Revolución la hacemos. Tengan la seguridad de que por primera vez de verdad la República será enteramente libre y el pueblo tendrá lo que merece. El poder no ha sido fruto de la política, ha sido fruto del sacrificio de cientos y de miles de nuestros compañeros. No hay otro compromiso que con el pueblo y con la nación cubana. Llega al poder un hombre sin compromisos con nadie, sino con el pueblo exclusivamente.

El «Che» Guevara recibió la orden de avanzar sobre la capital no provisional de la República, y el comandante Camilo Cienfuegos, jefe de la columna 2 «Antonio Maceo» ha recibido la orden de marchar sobre la gran Habana y asumir el mando del campamento militar de Columbia. Se cumplirán, sencillamente, las órdenes del presidente de la República y el mandato de la Revolución.

De los excesos que se hayan cometido en La Habana, no se nos culpe a nosotros. Nosotros no estábamos en La Habana. De los desórdenes ocurridos en La Habana, cúlpese al general Cantillo y a los golpistas de la madrugada, que creyeron que iban a dominar la situación allí. En Santiago de Cuba, donde se ha hecho una verdadera Revolución, ha habido orden completo. En Santiago de Cuba se han unido el pueblo, los militares y los revolucionarios, y eso es indestructible.

La jefatura del gobierno, la jefatura del ejército y la jefatura de la marina estarán en Santiago de Cuba, y sus órdenes serán de obligatorio cumplimiento a todos los mandos de la República.

Esperamos que todos los militares honorables acaten estas disposiciones, porque el militar, antes que nada, está al servicio de la ley y de la autoridad —no de la autoridad constituida, porque muchas veces está una autoridad mal constituida—, la autoridad legítimamente constituida.

Ningún militar honorable tiene nada que temer de la Revolución. Aquí en esta lucha no hay vencidos, porque solo el pueblo ha sido el vencedor. Ha habido caídos de un lado y de otro, pero todos nos hemos unido para darle el apoyo a la Revolución. Nos hemos dado el abrazo fraternal los militares buenos y los revolucionarios.

No habrá ya más sangre. Espero que ningún núcleo haga resistencia, porque aparte de ser una resistencia inútil y una resistencia que sería aplastada en pocos instantes, sería una resistencia contra la ley y contra la República y contra el sentimiento de la nación cubana.

Ha habido que organizar este movimiento de hoy para que no ocurra otra guerra dentro de seis meses ¿Qué pasó cuando el machadato? Pues que también un general de Machado dio un golpe y quitó a Machado, y puso a un presidente que duró 15 días; y vinieron los sargentos y dijeron que aquellos oficiales eran responsables de la dictadura de Machado, y que ellos no los respetaban. Creció la efervescencia revolucionaria y expulsaron a los oficiales. Ahora no podrá ocurrir así; ahora estos oficiales tienen el respaldo del pueblo, y tienen el respaldo de la tropa, y tienen el prestigio que les da el haberse sumado a un verdadero movimiento revolucionario.

Estos militares serán respetados y considerados por el pueblo y no habrá que emplear la fuerza, ni habrá que andar con fusiles por la calle, ni metiéndole miedo a nadie porque el verdadero orden, el verdadero orden es el que se basa en la libertad, en el respeto y en la justicia, y no en la fuerza. Desde ahora en adelante el pueblo será enteramente libre y el pueblo sabe comportarse debidamente, como lo ha demostrado hoy.

La paz que nuestra patria necesita se ha logrado. Santiago de Cuba ha pasado a la libertad sin que hubiera que derramar sangre. Por eso hay tanta alegría, y por eso es que los militares que en el día de hoy desoyeron y desaprobaron el golpe de Columbia para sumarse incondicionalmente a la Revolución merecen nuestro reconocimiento, nuestra gratitud y nuestro respeto. Los institutos armados de la República serán en el futuro modelos de instituciones, por su capacidad, por su educación y por su identificación con la causa del pueblo. Porque los fusiles, de ahora en adelante, solo estarán siempre al servicio del pueblo.

No habrá más golpes de estado, no habrá más guerra, porque por eso nos hemos preocupado, de que no ocurra ahora como cuando Machado. Estos señores, para hacer más parecido el caso de la madrugada de hoy con el caso de la caída de Machado, aquella vez pusieron a un Carlos Manuel, y ahora pusieron a otro Carlos Manuel.

Lo que no habrá esta vez es un Batista, porque no habrá necesidad de un 4 de septiembre, que destruyó la disciplina en las fuerzas armadas, porque lo que ocurrió con Batista fue que instauró aquí la indisciplina en el ejército, porque su política consistía en halagar a los soldados para mantener disminuida la autoridad de los oficiales. Los oficiales tendrán autoridad, habrá disciplina en el ejército. Habrá un Código Penal Militar, donde los delitos contra los derechos humanos y contra la honradez y la moral que debe tener todo militar, serán castigados debidamente.

No habrá privilegios para nadie. El militar que tenga capacidad y tenga méritos será el que ascienda, y no el pariente, el amigo, como ha existido hasta hoy, que no se han respetado los escalafones.

Para los militares se acabará, como se acabará para los trabajadores, toda esa explotación de contribuciones obligatorias, que en los obreros es la cuota sindical y en los militares es el peso para la primera dama, y los dos pesos para esto, y los dos pesos para lo otro, y les acaban con el sueldo.

Naturalmente, que el pueblo todo lo debe esperar de nosotros, y lo va a recibir. Pero he hablado de los militares para que ellos sepan que también todo lo van a recibir de la Revolución, todas las mejoras que jamás han tenido, porque cuando no se robe el dinero de los presupuestos estarán mucho mejor los militares de lo que están hoy. Y el soldado no ejercerá funciones de policía, el soldado estará en su entrenamiento, en su cuartel; no tendrá que estar ejerciendo funciones de policía.

Nosotros de microonda nada, aunque sí quiero aclarar que en este momento los rebeldes andamos con microondas porque las necesitamos, pero las microondas ahora no las tendrán los esbirros, ni nada de eso; nada de asesinos, ni nada de frenazos delante de las casas y la tocadera a medianoche.

Yo tengo la seguridad de que tan pronto tome posesión y asuma el mando el presidente de la República, decretará el restablecimiento de las garantías y la absoluta libertad de prensa y todos los derechos individuales en el país; y todos los derechos sindicales, y todos los derechos y todas las demandas de nuestros campesinos y de nuestro pueblo en general.

No nos olvidaremos de nuestros campesinos de la Sierra Maestra y de los de Santiago de Cuba. No nos iremos a vivir a La Habana olvidados de todos; donde yo quiero vivir es en la Sierra Maestra. Por lo menos, en la parte que me corresponda, por un sentimiento muy profundo de gratitud, no olvidaré a aquellos campesinos; y tan pronto tenga un momento libre voy a ver dónde vamos a hacer la primera Ciudad Escolar, con cabida para 20 000 niños. Y lo vamos a hacer con la ayuda del pueblo. Los rebeldes van a trabajar allí. Le vamos a pedir a cada ciudadano un saco de cemento y una cabilla. Y yo sé que obtendremos la ayuda de nuestra ciudadanía.

No olvidaremos a ninguno de los sectores de nuestro pueblo —del público le dicen: ¡Viva Crescencio Pérez!— ¡Que viva Crescencio Pérez que perdió a un hijo en los días postreros de la guerra!

La economía del país se restablecerá inmediatamente. Este año nosotros seremos los que cuidaremos la caña, para que no se queme. Porque este año los impuestos del azúcar no servirán para comprar armas homicidas y bombas y aviones para bombardear al pueblo.

Cuidaremos las comunicaciones y ya, desde Jiguaní hasta Palma Soriano, la línea telefónica está restablecida y la vía férrea será restablecida. Y habrá zafra en todo el país y habrá buenos salarios, porque yo sé que ese es el propósito del presidente de la República. Y habrá buenos precios porque, precisamente, el miedo a que no hubiera zafra ha levantado los precios del mercado mundial; y los campesinos podrán sacar su café; y los ganaderos todavía podrán vender sus reses gordas en La Habana, porque afortunadamente el triunfo ha llegado a tiempo, para que no haya ruina de ninguna clase.

No es a mí a quien le corresponde hablar de estas cosas. Ustedes saben que somos hombres de palabra y que lo que prometemos lo cumplimos. Y queremos prometer menos de lo que vamos a cumplir, no más, sino menos de lo que vamos a cumplir, y hacer más de lo que ofrezcamos al pueblo de Cuba.

No creemos que todos los problemas se vayan a resolver fácilmente, sabemos que el camino está preñado de obstáculos, pero nosotros somos hombres de fe, que nos enfrentamos siempre a las grandes dificultades.

Podrá estar seguro el pueblo de una cosa, y es que podemos equivocarnos una y muchas veces, lo único que no podrá decir jamás de nosotros es que robamos, que traicionamos, que hicimos negocios sucios, que usamos el favoritismo, que usamos los privilegios. Y yo sé que el pueblo los errores los perdona, y lo que no perdona son las sinvergüencerías, y los que hemos tenido son sinvergüenzas.

Al asumir como presidente el magistrado, doctor Manuel Urrutia Lleó, a partir de ese instante, cuando jure ante el pueblo la presidencia de la República, él será la máxima autoridad de nuestro país. Nadie piense que yo pretenda ejercer facultades aquí por encima de la autoridad del presidente de la República, yo seré el primer acatador de las órdenes del poder civil de la República, y el primero en dar el ejemplo. Cumpliremos sencillamente sus órdenes, y, dentro de las atribuciones que nos conceda, trataremos de hacer lo más posible por nuestro pueblo, sin ambiciones, porque afortunadamente estamos inmunes a las ambiciones y a las vanidades ¡Qué mayor gloria que el cariño de nuestro pueblo! ¡Qué mayor premio que esos millares de brazos que se agitan llenos de esperanza, de fe y de cariño hacia nosotros!

Nunca nos dejaremos arrastrar por la vanidad ni por la ambición, porque como dijo nuestro Apóstol: «Toda la gloria del mundo cabe en un grano de maíz», y no hay satisfacción ni premio más grande que cumplir con el deber como lo hemos estado haciendo hasta hoy, y como lo haremos siempre. Y en esto no hablo en mi nombre, hablo en nombre de los miles y miles de combatientes que han hecho posible la victoria del pueblo.

Hablo del profundo sentimiento de respeto y de devoción hacia nuestros muertos, que no serán olvidados. Los caídos tendrán en nosotros los más fieles compañeros. Esta vez no se podrá decir, como otras, que se ha traicionado la memoria de los muertos, porque los muertos seguirán mandando. Físicamente no están aquí Frank País, Josué País, Pepito Tey ni tantos otros, pero están moralmente, están espiritualmente; y solo la satisfacción de saber que el sacrificio no ha sido vano, compensa el inmenso vacío que dejaron en el camino. Sus tumbas seguirán teniendo flores frescas. Sus hijos no serán olvidados, porque los familiares de los caídos serán ayudados.

Los rebeldes no cobraremos sueldo por los años que hemos estado luchando. Y nos sentimos orgullosos de no cobrar sueldos por los servicios que le hemos prestado a la Revolución; en cambio, es posible que sigamos cumpliendo nuestras obligaciones sin cobrar sueldos, porque si no hay dinero, ¡no importa!, lo que hay es voluntad, y hacemos lo que sea necesario.

Pero también quiero aquí repetir lo que dije en *La historia me absolverá*, y es que también velaremos porque no les falten el sustento, ni la asistencia, ni la educación a los hijos de los militares que han caído luchando contra nosotros, porque ellos no tienen culpa de los horrores de la tiranía. Y seremos generosos con todos porque, repito, que aquí no ha habido vencidos sino vencedores. Serán castigados solo los criminales de guerra, porque ese es un deber ineludible con la justicia. Y ese deber puede tener la seguridad el pueblo de que lo cumpliremos. Y cuando haya justicia, no habrá venganza. Para que el día de mañana no haya atentados contra nadie tiene que haber justicia hoy. Como habrá justicia no habrá venganza ni habrá odio. El odio lo desterraremos de la República, como una sombra maldita que nos dejó la ambición y la opresión.

Triste es que se hayan escapado los grandes culpables. No faltan miles de hombres que quieran perseguirlos, pero nosotros tenemos que respetar las leyes de otros países. A nosotros nos sería fácil porque voluntarios tenemos de sobra para ir a perseguir a esos delincuentes, y hombres que estén dispuestos a jugarse la vida. Pero no queremos aparecer como un pueblo que viole las leyes de los demás pueblos; las respetaremos mientras se respeten las nuestras. Pero sí advierto que si en Santo Domingo se ponen a conspirar contra la Revolución. Sí, Trujillo. Yo había pensado, en alguna ocasión, que Trujillo nos había hecho daño vendiéndole armas a Batista, y el daño que le hizo no fue porque vendiera armas, sino porque vendiera armas tan malas que cuando cayeron en nuestras manos no servían para nada. Sin embargo, vendió bombas, y con las bombas fueron asesinados muchos campesinos. No dan ni deseos de devolverle las carabinas porque no sirven, sino de devolverle algo mejor.

Es lógico, en primer término, que los perseguidos políticos de Santo Domingo tendrán aquí su mejor casa y su mejor asilo. Y los perseguidos políticos de todas las dictaduras tendrán aquí su mejor casa y la mayor comprensión, porque nosotros hemos sido perseguidos políticos.

Si Santo Domingo se convierte en arsenal de la contrarrevolución, si Santo Domingo se convierte en base de conspiraciones contra la Revolución Cubana, si esos señores se dedican desde allá a hacer conspiraciones, más vale que se vayan pronto de Santo Domingo, porque allí no van a estar tampoco muy seguros. Y no seremos nosotros, que nosotros no tenemos que meternos en los problemas de Santo Domingo, es que los dominicanos han aprendido el ejemplo de Cuba, y las cosas se van a poner por allí muy serias. Los dominicanos han aprendido que es posible pelear contra la tiranía y derrotarla, y ese ejemplo es lo que más temían precisamente los dictadores, el ejemplo alentador para América que acaba de producirse en nuestra patria.

Vela por el curso y el destino de esta Revolución la América entera. Toda ella tiene sus ojos puestos en nosotros. Toda ella nos acompaña con sus mejores deseos de triunfo. Toda ella nos respaldará en nuestros momentos difíciles. Esta alegría de hoy no solo es en Cuba, sino en América entera. Como nosotros nos hemos alegrado cuando ha caído un dictador en la América Latina, ellos también se alegran hoy por los cubanos.

Debo concluir, aunque sea enorme el cúmulo de sentimientos y de ideas que con el desorden, el bullicio y la emoción de hoy acuden a nuestra mente. Decía —y quedó sin concluir aquella idea— que habría justicia, y que era lamentable que hubiesen escapado los grandes culpables, por culpa de quienes ya sabemos, porque el pueblo sabe quién tiene la culpa de que se hayan escapado; y que vinieran a dejar aquí, no voy a decir a los más infelices, pero sí a los más torpes, a los que no tenían dinero, a los hombres de fila que obedecieron las órdenes de los grandes culpables. Dejaron escapar a los grandes culpables para que el pueblo saciase su ira y su indignación con los que tienen menos responsabilidad. Aunque está bien que se les castigue ejemplarmente, para que aprendan.

Siempre pasa lo mismo, el pueblo les advierte que los grandes se van y ellos se quedan, y sin embargo, siempre pasa lo mismo, los grandes se van y ellos se quedan, pues que se castiguen también. Si los grandes se van tendrán también su castigo. Duro, muy duro es tener que vivir alejado de la patria por toda la vida, porque, cuando menos, serán condenados al ostracismo por toda la vida los criminales y los ladrones que han huido precipitadamente.

¡Quién viera por un agujero —como dice el pueblo— al señor Batista en estos momentos! ¡Al guapo, al hombre soberbio que no pronunciaba un solo discurso si no era para llamar cobardes, y miserables y bandidos a todos los demás! Aquí ni siquiera se ha llamado bandido a nadie, aquí no reina ni se respira el odio, la soberbia ni el desprecio, como en aquellos discursos de la dictadura. Aquel hombre que dice que cuando entró en Columbia llevaba una bala en la pistola, se marchó en horas de la madrugada en un avión, con una bala en la pistola. Quedó demostrado que los dictadores no son tan temibles ni tan suicidas, y que cuando llega la hora en que están perdidos huyen cobardemente. Lo lamentable realmente es que haya escapado cuando pudiera haber sido hecho prisionero, y si hacemos prisionero a Batista le hubiéramos quitado los 200 millones de pesos que se robó ¡Reclamaremos el dinero téngalo donde lo tenga! porque no son delincuentes políticos, sino delincuentes comunes. Y vamos a ver los que aparezcan en las embajadas, si es que el señor Cantillo no les ha dado ya salvoconducto. Vamos a distinguir entre los delincuentes políticos y los delincuentes comunes. Asilo para los delincuentes políticos, nada para los delincuentes comunes. Tienen que ir ante los tribunales y demostrar que son delincuentes políticos, y si se demuestra que son delincuentes comunes, que los entreguen a las autoridades. Y Mujal, a pesar de lo grande y lo gordo que es, no se sabe dónde está en este momento. Nadie tiene noticias ¡Cómo han huido! ¡Yo no me explico cómo ustedes se acuerdan todavía de esos infelices! Por fin el pueblo se libró de toda esa canalla.

Ahora hablará el que quiera, bien o mal, pero hablará el que quiera. No es como ocurría aquí, que hablaban ellos solos y hablaban mal. Habrá libertad absoluta porque para eso se ha hecho la Revolución; libertad incluso para nuestros enemigos; libertad para que nos critiquen y nos ataquen a nosotros; que siempre será un placer saber que nos combaten con la libertad que hemos ayudado a conquistar para todos. Nunca nos ofenderemos, siempre nos defenderemos y seguiremos solo una norma: la norma del respeto al derecho y a los pensamientos de los demás.

Esos nombres que se han mencionado aquí, esa gente, Dios sabe en qué embajada, en qué playa, en qué barco, adónde han ido a parar. Bástenos saber que nos hemos librado de ellos, y que si tienen alguna casita, alguna finquita, o alguna vaquita por ahí; la tendremos sencillamente que confiscar.

Porque debo advertir que los funcionarios de la tiranía, los representantes, los senadores, los alcaldes, los que no han robado particularmente, pero que han cobrado los sueldos, tendrán que devolver hasta el último centavo de lo que han cobrado en estos cuatro años, porque han cobrado ilegalmente y tendrán que devolverle a la República el dinero que han cobrado todos esos senadores, y todos esos representantes; y si no lo devuelven, les confiscaremos las propiedades que tengan.

Esto, aparte de lo que se hayan robado, porque el que haya robado, a ese no le quedará nada del producto del robo, porque esa es la primera ley de la Revolución. No es justo que se mande a prisión a un hombre que se robó una gallina, o un guanajo, y que los que se roban millones de pesos estén encantados de la vida por ahí ¡Que se anden con cuidado! Y que anden con cuidado los ladrones de hoy y de ayer. Que anden con cuidado porque la ley revolucionaria puede caer sobre los hombros de todos los culpables de todos los tiempos, porque la Revolución llega al triunfo sin compromisos con nadie en absoluto, sino con el pueblo, que es al único al que debe su victoria.

Voy a terminar. Voy a terminar por hoy. Bueno, recuerden que tengo que marchar inmediatamente, es mi obligación, y ustedes llevan muchas horas parados.

Veo tantas banderas blancas, rojas y negras en los vestidos de nuestras compañeras, que realmente se nos hace duro abandonar esta tribuna, donde hemos experimentado, todos los que estamos aquí presentes, la más grande emoción de nuestras vidas.

No podemos menos que recordar a Santiago de Cuba con entrañable cariño. Las veces que nos reunimos aquí, un mitin allá en la Alameda, un mitin acá en una avenida. En Trocha, donde dije un día que si nos arrebataban los derechos por la fuerza cambiaríamos las escobas por los fusiles, y culparon a Luis Orlando de aquellas declaraciones, yo me callé la boca. En el periódico salió que era Luis Orlando el que las había hecho, y era yo el que las había hecho; pero no estaba muy seguro de si estaban bien hechas, porque en aquella época no había... Y resultó que tuvimos que cambiarlo todo: los estudiantes, sus libros y sus lápices por los fusiles; los campesinos, sus aperos de labranza por el fusil, y todos tuvimos que cambiarlo todo por el fusil. Afortunadamente, la tarea de los fusiles ha cesado. Los fusiles se guardarán donde estén al alcance de los hombres que tendrán el deber de defender nuestra soberanía y nuestros derechos.

Pero, cuando nuestro pueblo se vea amenazado, no pelearán solo los 30 000 o 40 000 miembros de las Fuerzas Armadas, sino pelearán los 300 000, 400 000 o 500 000 cubanos, hombres y mujeres que aquí pueden coger las armas. Habrá armas necesarias para que aquí se arme todo el que quiera combatir cuando llegue la hora de defender nuestra independencia. Porque está demostrado que no solo pelean los hombres, sino pelean las mujeres también en Cuba, y la mejor prueba es el pelotón Mariana Grajales, que tanto se distinguió en numerosos combates. Y las mujeres son tan excelentes soldados como nuestros mejores soldados hombres.

Yo quería demostrar que las mujeres podían ser buenos soldados. Al principio la idea me costó mucho trabajo, porque existían muchos prejuicios. Había hombres que decían que cómo mientras hubiera un hombre con una escopeta se le iba a dar un fusil a una mujer ¿Y por qué no?

Yo quería demostrar que las mujeres podían ser tan buenos soldados, y que existían muchos prejuicios con relación a la mujer, y que la mujer es un sector de nuestro país que necesita también ser redimido, porque es víctima de la discriminación en el trabajo y en otros muchos aspectos de la vida.

Organizamos las unidades de mujeres, que demostraron que las mujeres pueden pelear. Y cuando en un pueblo pelean los hombres y pueden pelear las mujeres, ese pueblo es invencible.

Mantendremos organizadas las milicias o la reserva de combatientes femeninas, y las mantendremos entrenadas, todos los voluntarios. Y estas jóvenes que hoy veo con los vestidos negro y rojo, del 26 de Julio, yo aspiro a que aprendan también a manejar las armas.

Y esta Revolución, compatriotas, que se ha hecho con tanto sacrificio, ¡nuestra Revolución!, ¡la Revolución del pueblo es ya hermosa e indestructible realidad! ¡Cuánto motivo de fundado orgullo! ¡Cuánto motivo de sincera alegría y esperanza para todo nuestro pueblo! Yo sé que no es aquí solo en Santiago de Cuba, es desde la punta de Maisí hasta el cabo de San Antonio.

Ardo en esperanzas de ver al pueblo a lo largo de nuestro recorrido hacia la capital, porque sé que es la misma esperanza, la misma fe de un pueblo entero que se ha levantado, que soportó paciente todos los sacrificios, que no le importó el hambre; que cuando dimos permiso tres días para que se restablecieran las comunicaciones, para que no pasara hambre, todo el mundo protestó. Es verdad, porque lo que querían era lograr la victoria costara lo que costara. Y este pueblo bien merece todo un destino mejor, bien merece alcanzar la felicidad que no ha logrado en sus 50 años de República; bien merece convertirse en uno de los primeros pueblos del mundo, por su inteligencia, por su valor, por su espíritu.

Nadie puede pensar que hablo demagógicamente, nadie puede pensar que quiero halagar al pueblo. He demostrado suficientemente mi fe en el pueblo, porque cuando vine con 82 hombres a las playas de Cuba, y la gente decía que nosotros estábamos locos y nos preguntaban que por qué pensábamos ganar la guerra, yo dije: «porque tenemos al pueblo».

Y cuando fuimos derrotados la primera vez, y quedamos un puñado de hombres, y persistimos en la lucha, sabíamos que esta sería una realidad, porque creíamos en el pueblo. Cuando nos dispersaron cinco veces en el término de 45 días, y nos volvimos a reunir y reanudar la lucha, era porque teníamos fe en el pueblo; y hoy es la más palpable demostración de que aquella fe era fundamentada.

Tengo la satisfacción de haber creído profundamente en el pueblo de Cuba y de haberles inculcado esa fe a mis compañeros. Esa fe, que más que una fe es una seguridad completa en todos nuestros hombres. Y esa misma fe que nosotros tenemos en ustedes es la fe que nosotros queremos que ustedes tengan en nosotros siempre.

La República no fue libre en el 95 y el sueño de los mambises se frustró a última hora. La Revolución no se realizó en el 33 y fue frustrada por los enemigos de ella. Esta vez la Revolución tiene al pueblo entero, tiene a todos los revolucionarios, tiene a los militares honorables ¡Es tan grande y tan incontenible su fuerza, que esta vez el triunfo está asegurado!

Podemos decir con júbilo que en los cuatro siglos de fundada nuestra nación, por primera vez seremos enteramente libres, y la obra de los mambises se cumplirá.

Hace breves días, el 24 de diciembre, me fue imposible resistir la tentación de ir a visitar a mi madre, la que no veía desde hacía varios años. Cuando regresaba por el camino que cruza a través de los Mangos de Baraguá, en horas de la noche, un sentimiento de profunda devoción a los que viajábamos en aquel vehículo, nos hizo detener allí, en aquel lugar donde se levanta el monumento que conmemora la Protesta de Baraguá y el inicio de la Invasión. En aquella hora, la presencia en aquellos sitios, el pensamiento de aquellas proezas de nuestras guerras de independencia, la idea de que aquellos hombres hubiesen luchado durante 30 años para no ver logrados sus sueños, para que la República se frustrara, y el presentimiento de que muy pronto la Revolución que ellos soñaron, la patria que ellos soñaron sería realidad, nos hizo experimentar una de las sensaciones más emocionantes que puedan concebirse.

Veía revivir aquellos hombres con sus sacrificios, con aquellos sacrificios que nosotros hemos conocido también de cerca. Pensaba en sus sueños y sus ilusiones, que eran los sueños y las ilusiones nuestras, y pensé que esta generación cubana ha de rendir, y ha rendido ya, el más fervoroso tributo de reconocimiento y de lealtad a los héroes de nuestra independencia.

Los hombres que cayeron en nuestras tres guerras de independencia juntan hoy su esfuerzo con los hombres que han caído en esta guerra; y a todos nuestros muertos en las luchas por la libertad podemos decirles que por fin ha llegado la hora en que sus sueños se cumplan.

Ha llegado la hora de que al fin ustedes, nuestro pueblo, nuestro pueblo bueno y noble, nuestro pueblo que es todo entusiasmo y fe; nuestro pueblo que quiere de gratis, que confía de gratis, que premia a los hombres con cariño más allá de todo merecimiento, tendrá lo que necesita. Y solo aquí me resta decirles, con modestia, con sinceridad, con profunda emoción, que aquí en nosotros, en sus combatientes revolucionarios, tendrán siempre servidores leales, que solo tendrán por divisa servirles.

Hoy, al tomar posesión de la presidencia de la República el doctor Manuel Urrutia Lleó, el magistrado que dijo que la Revolución era justa. Pongo en sus manos las facultades legales que he estado ejerciendo como máxima autoridad dentro del territorio liberado, que ya es hoy toda la patria; asumiré, sencillamente, las funciones que él me asigne. En sus manos queda toda la autoridad de la República.

Nuestras armas se inclinan respetuosas ante el poder civil en la República civilista de Cuba. No tengo que decirle que esperamos que cumpla con su deber, porque sencillamente estamos seguros de que sabrá cumplirlo. Al presidente provisional de la República de Cuba cedo mi autoridad; y le cedo en el uso de la palabra al pueblo. Muchas gracias.

DISCURSO PRONUNCIADO COMO PRESIDENTE DEL MOVIMIENTO DE PAÍSES NO ALINEADOS, ANTE EL XXXIV PERIODO DE SESIONES DE LA ASAMBLEA GENERAL DE LAS NACIONES UNIDAS. NUEVA YORK, 12 DE OCTUBRE DE 1979. «AÑO 20 DE LA VICTORIA».

Muy estimado Señor Presidente:

Distinguidos representantes de la comunidad mundial:

No he venido a hablar de Cuba. No vengo a exponer en el seno de esta Asamblea la denuncia de las agresiones de que ha sido víctima nuestro pequeño pero digno país durante 20 años. No vengo tampoco a herir con adjetivos innecesarios al vecino poderoso en su propia casa.

Traemos el mandato de la Sexta Conferencia de Jefes de Estado o de Gobierno del Movimiento de los Países No Alineados, para presentar ante las Naciones Unidas el resultado de sus deliberaciones y las posiciones que de ellas se derivan.

Somos 95 países de todos los continentes, que representan la inmensa mayoría de la humanidad. Nos une la determinación de defender la colaboración entre nuestros países, el libre desarrollo nacional y social, la soberanía, la seguridad, la igualdad y la libre determinación. Estamos asociados en el empeño por cambiar el actual sistema de relaciones internacionales, basado en la injusticia, la desigualdad y la opresión. Actuamos en política internacional como un factor global independiente.

Reunido en La Habana, el Movimiento acaba de reafirmar sus principios y confirmar sus objetivos.

Los Países No Alineados insistimos en que es necesario eliminar la abismal desigualdad que separa a los países desarrollados y a los países en vías de desarrollo. Luchamos por ello para suprimir la pobreza, el hambre, la enfermedad y el analfabetismo que padecen todavía cientos de millones de seres humanos. Aspiramos a un nuevo orden mundial, basado en la justicia, la equidad y la paz, que sustituya al sistema injusto y desigual que hoy prevalece, en el que, según se proclamó en la Declaración de La Habana, «la riqueza sigue concentrada en las manos de unas cuantas potencias cuyas economías, fundadas en el despilfarro, son mantenidas gracias a la explotación de los trabajadores y a la transferencia y el saqueo de los recursos naturales y otros recursos de los pueblos de África, América Latina, Asia y demás regiones del mundo».

Entre los problemas que ha de debatir en este período de sesiones la Asamblea General, la paz figura en el primer orden de preocupaciones. La búsqueda de la paz constituye también una aspiración del Movimiento de Países No Alineados y ha sido objeto de su atención en la Sexta Conferencia. Pero la paz, para nuestros países, resulta indivisible. Queremos una paz que beneficie por igual a los grandes y a los pequeños, a los poderosos y a los débiles, que abarque todos los ámbitos del mundo y llegue a todos sus ciudadanos.

Desde su fundación misma, los Países No Alineados consideran que los principios de la coexistencia pacífica deben ser la piedra angular de las relaciones internacionales, constituyen la base del fortalecimiento de la paz y la seguridad internacional, de la reducción de la tirantez y de la extensión de ese proceso a todas las regiones del mundo y a todos los aspectos de las relaciones, y deben ser aplicados universalmente en las relaciones entre los Estados. Pero, al mismo tiempo, la Sexta Cumbre consideró que esos principios de la coexistencia pacífica incluyen también el derecho de los pueblos bajo dominación foránea y colonial a la libre determinación, a la independencia, la soberanía, la integridad territorial de los Estados, el derecho de cada país a poner fin a la ocupación extranjera, a la adquisición de territorios por la fuerza y a escoger su propio sistema social, político y económico.

Solo así la coexistencia pacífica podrá ser la base de todas las relaciones internacionales.

No es posible negarlo. Cuando se analiza la estructura del mundo contemporáneo se comprueba que esos derechos de nuestros pueblos no están todavía garantizados. Los Países No Alineados sabemos bien cuáles son nuestros enemigos históricos, de dónde vienen las amenazas y cómo debemos combatirlas. Por eso, hemos acordado en La Habana reafirmar que:

«La quinta esencia de la política de no alineamiento, de acuerdo con sus principios originales y carácter fundamental, lleva aparejada la lucha contra el imperialismo, el colonialismo, el neocolonialismo, el apartheid, el racismo incluido el sionismo

y cualquier forma de agresión, ocupación, dominación, injerencia o hegemonía extranjeras, así como la lucha contra las
políticas de gran potencia o de bloques».

Se comprende así que también la Declaración de La Habana asoció la lucha por la paz con «el apoyo político, moral y
material a los movimientos de liberación nacional y la realización de acciones conjuntas para liquidar la dominación colonial
y la discriminación racial».

Los Países No Alineados hemos concedido siempre gran
importancia a la posibilidad y a la necesidad de la distensión
entre las grandes potencias. De ahí que la Sexta Conferencia se-
ñalara, con gran preocupación, el hecho de que después de la
Cumbre de Colombo se haya producido un cierto estancamiento en el proceso de esta distensión, que ha seguido también
siendo limitado, «tanto en su alcance como geográficamente».

Partiendo de esa preocupación, los Países No Alineados
—que han hecho del desarme y de la desnuclearización uno
de los objetivos permanentes y más destacados de su lucha,
y tuvieron la iniciativa en la convocatoria del Décimo Período
Extraordinario de Sesiones de la Asamblea General sobre el
Desarme— examinaron en su Conferencia los resultados de las
negociaciones sobre las armas estratégicas y los acuerdos denominados SALT-II. Consideran que esos acuerdos constituyen un
paso importante en las negociaciones entre las dos principales
potencias nucleares y que podrían allanar el camino para las
negociaciones más amplias que condujeran al desarme general
y a la disminución de las tensiones. Pero para los No Alineados
esos tratados no son más que una parte del avance hacia la paz.
Aunque las negociaciones entre las grandes potencias constituyen un elemento decisivo en el proceso, los No Alineados reiteraron una vez más que el empeño por consolidar la distensión,
por extenderla a todas partes del mundo y por evitar la amenaza nuclear, la acumulación de armamentos y, en definitiva, la
guerra es una tarea en la que todos los pueblos deben participar
y ejercer su responsabilidad.

Señor Presidente:

Basándonos en la concepción de la universalidad de la paz, y la
necesidad de asociar la búsqueda de la paz, extendida a todos
los países, con la lucha por la independencia nacional, la plena

soberanía y la igualdad entre los Estados, los Jefes de Estado o de Gobierno que nos reunimos en la Sexta Conferencia de La Habana dedicamos nuestra atención a los problemas más presionantes en África, Asia, América Latina y otras regiones. Es importante subrayar que partíamos de una posición independiente y no vinculada a políticas que puedan derivar de la contradicción entre las grandes potencias. Si a pesar de ese enfoque, objetivo y no comprometido, la revisión de los acontecimientos internacionales se transforma en un anatema contra los sustentadores del imperialismo y del colonialismo, ello no hace más que reflejar la esencial realidad del mundo contemporáneo.

Así, al iniciar su análisis de la situación en África, y después de apreciar el avance registrado en la lucha de los pueblos africanos por su emancipación, los jefes de estado o de gobierno subrayaron, como problema fundamental de la región, la necesidad de erradicar del continente, y en especial del África Meridional, el colonialismo, el racismo, la discriminación racial y el *apartheid*.

Fue indispensable resaltar que las potencias colonialistas e imperialistas continuaban en sus políticas agresivas con el propósito de perpetuar, recuperar o ampliar su dominación y explotación de las naciones africanas.

No es otra la dramática situación del África. Los Países No Alineados no podían dejar de condenar los ataques a Mozambique, Zambia, Angola, Botswana, las amenazas a Lesotho, los intentos de desestabilización permanentes en aquella zona, el papel de los regímenes racistas de Rhodesia y de Sudáfrica. La necesidad de lograr, en plazo perentorio, la plena liberación de Zimbawe y de Namibia, no es solo una causa de los Países No Alineados o de las fuerzas más progresistas de nuestra época sino constituye ya acuerdos de la comunidad internacional, a través de las Naciones Unidas, e implica deberes que son insoslayables y cuya infracción supone también la necesidad de una denuncia internacional. Por eso, cuando los jefes de estado o de gobierno aprobaron en la Declaración Final condenar por sus nombres a un grupo de países occidentales, y en primer término a los Estados Unidos, por su colaboración directa e indirecta en el mantenimiento de la opresión racista y de la criminal política de África del Sur y, en cambio, reconocieron el papel jugado por los Países No Alineados, las Naciones Unidas, la Organización de la Unidad Africana, los países socialistas y los países escandinavos y otras fuerzas democráticas y progresistas en apoyo a la lucha de los pueblos de África, no hay en esto la menor manifestación de inclinación ideológica, es simplemente la expresión fiel de la realidad objetiva. Condenar a Sudáfrica sin mencionar a aquellos que hacen posible su criminal política habría sido incomprensible.

De la Sexta Conferencia Cumbre surge, con más fuerza y más urgencia que nunca, la necesidad de terminar con una situación en la cual no solo está envuelto el derecho de los pueblos de Zimbawe y Namibia a su independencia y el requerimiento inaplazable de que los hombres y mujeres negros de Sudáfrica logren un status en que se les considere como seres humanos iguales y respetados, sino que también se aseguren las condiciones de respeto y paz para todos los países de la región.

El apoyo continuado a los movimientos de liberación nacional, al Frente Patriótico y al SWAPO, fue una decisión tan unánime como prevista. Y no se trata aquí —digámoslo bien— de expresar una preferencia unilateral por las soluciones a través de la lucha armada. Es cierto que la Conferencia encomió al pueblo de Namibia y al SWAPO, su auténtica y única representación, por haber intensificado la lucha armada y avanzar en ella, y pidió un apoyo total y eficaz para esa forma de combate. Pero ello se debe a que los racistas sudafricanos han cerrado todo camino de verdadera negociación y a que los intentos de soluciones negociadas no pasaron de ser meras estratagemas.

La actitud ante las decisiones del Commonwealth en sus reuniones de Lusaka, en el pasado agosto, orientadas a convocar una conferencia por el Gobierno británico como autoridad en Rhodesia del Sur, para discutir los problemas de Zimbawe, sirvió para confirmar que los Países No Alineados no se oponen a soluciones que puedan ser logradas sin la lucha armada, siempre que de ellas pueda surgir un auténtico gobierno de la mayoría y en ellas se logre la independencia en forma que satisfaga a los pueblos combatientes, y que esto se haga conforme a las resoluciones de organismos como la OUA, las Naciones Unidas y nuestros Países No Alineados.

Señor Presidente:

La Sexta Cumbre tuvo que lamentar nuevamente que la Resolución 1514 de la Asamblea General de las Naciones Unidas, sobre la concesión de independencia a los países y pueblos coloniales, no se haya aplicado en el Sahara Occidental. Debemos recordar que las decisiones de los Países No Alineados y Resoluciones de las Naciones Unidas, como especialmente la 3331 de la Asamblea General, han reafirmado el derecho inalienable del pueblo del Sahara Occidental a la libre determinación y a la independencia. En este problema Cuba siente una especial responsabilidad por el hecho de haber sido miembro de la Comisión de Naciones Unidas que realizó las investigaciones sobre el Sahara Occidental, lo que permitió a nuestra representación comprobar la total decisión del pueblo saharaui en favor de la autodeterminación y la independencia. Reiteramos aquí, que la posición de los Países No Alineados no es una posición de antagonismo hacia ningún país. En el saludo al acuerdo entre la República Mauritana y el Frente POLISARIO y a la decisión mauritana de retirar sus fuerzas del territorio del Sahara Occidental, y en el hecho de deplorar la extensión de la ocupación armada por Marruecos de la parte meridional del Sahara Occidental, anteriormente administrada por Mauritania, no debe verse otra cosa que la aplicación de nuestros principios y de los acuerdos de las Naciones Unidas. Por eso la Conferencia expresó su esperanza de que el Comité ad hoc de la OUA, constituido en la XVI Reunión de la Cumbre de la Organización Africana, permitiría asegurar que el pueblo del Sahara ejerciera su derecho a la libre determinación y a la independencia en el término más breve posible.

El mismo principio y la misma posición determinaron los acuerdos sobre Mayotte y las islas del Archipiélago Malgache y su necesario reintegro respectivo a Comores y a Madagascar.

Señor Presidente:

No hay dudas de que el problema del Oriente Medio se ha convertido en una de las situaciones más preocupantes en la actualidad contemporánea. La Sexta Cumbre lo examinó en su doble dimensión.

De una parte, la Conferencia reafirmó que la determinación de Israel de continuar su política de agresión, expansionismo y asentamiento colonial en los territorios que ha ocupado, con el apoyo de los Estados Unidos, constituye una seria amenaza a la paz y la seguridad mundiales.

A la vez, la Conferencia examinó el problema desde el ángulo de los derechos de los países árabes y de la cuestión palestina.

Para los Países No Alineados, la cuestión de Palestina es la médula del problema del Oriente Medio. Ambos forman un todo integral, que no puede solucionarse separadamente. La base de la paz justa en la región comienza por la retirada total e incondicional de Israel de todos los territorios árabes ocupados y supone para el pueblo palestino la devolución de todos sus territorios ocupados y la recuperación de sus derechos nacionales inalienables, incluido el derecho del retorno a su patria, a la libre determinación y al establecimiento de un Estado independiente en Palestina, de conformidad con la Resolución 3236 de la Asamblea General. Ello implica la ilegalidad y nulidad de las medidas adoptadas por Israel en los territorios palestinos y árabes ocupados, así como del establecimiento de colonias o asentamientos en tierras palestinas y en los demás territorios árabes, cuyo desmantelamiento inmediato es un requisito para la solución del problema.

Como dije en mi discurso a la Sexta Cumbre: «no somos fanáticos». El movimiento revolucionario se educó siempre en el odio a la discriminación racial y los pogromos de cualquier tipo, y desde el fondo de nuestras almas, repudiamos con todas nuestras fuerzas la despiadada persecución y el genocidio que en su tiempo desató el nazismo contra el pueblo hebreo. Pero no puedo recordar nada más parecido en nuestra historia contemporánea que el desalojo, persecución y genocidio que hoy realizan el imperialismo y el sionismo contra el pueblo palestino. Despojados de sus tierras, expulsados de su propia patria, dispersados por el mundo, perseguidos y asesinados, los heroicos palestinos constituyen un ejemplo impresionante de abnegación y patriotismo, y son el símbolo vivo del crimen más grande de nuestra época.

¿Puede alguien extrañarse de que la Conferencia se viera obligada, por razones que no surgen de ningún prejuicio político sino del análisis objetivo de los hechos, a señalar que la política de los Estados Unidos desempeña un papel fundamental para impedir el establecimiento de una paz justa y completa en la región al alinearse con Israel, apoyarlo y trabajar por obtener soluciones parciales favorables a los objetivos sionistas y garantizar los frutos de la agresión israelí a costa del pueblo árabe de Palestina y de toda la nación árabe?

Los hechos y solo los hechos condujeron a la Conferencia a condenar la política y las maniobras estadounidenses en la región.

Cuando los jefes de estado o de gobierno llegaron al consenso en que se condenó los acuerdos de Camp David y el Tratado Egipto-Israel de marzo de 1979, detrás de esas formulaciones estaban largas horas de examen atento y de provechosos intercambios que le permitieron a la Conferencia considerar esos tratados, no solo como un abandono total de la causa de los países árabes sino también como un acto de complicidad con la ocupación continuada de los territorios árabes. Los calificativos son duros, pero veraces y justos. No es el pueblo de Egipto el que ha quedado sometido al juicio de los órganos del Movimiento. El pueblo egipcio tiene el respeto de cada uno de nuestros países y la solidaridad de todos nuestros pueblos. Las mismas voces que se levantaron para denunciar los acuerdos de Camp David y el Tratado egipcio-israelí hicieron el elogio de Gamal Abdel Nasser, fundador del Movimiento y portador de las tradiciones combativas de la nación árabe. Nadie ha desconocido ni desconocerá el papel histórico de Egipto en la cultura y en el desarrollo árabe, ni sus méritos como fundador e impulsor de los Países No Alineados.

Los problemas del Sudeste Asiático ocuparon, igualmente, la atención de la Conferencia. Los crecientes conflictos y las tensiones que han tenido allí lugar constituyen una amenaza a la paz que es necesario evitar.

Preocupaciones similares expresó la Sexta Cumbre en torno a la situación del Océano Indico. La Declaración, aprobada hace ya ocho años por la Asamblea General de las Naciones Unidas, de esta área como zona de paz, no ha logrado sus objetivos. La presencia militar no se reduce en esa zona, sino que se incrementa. Las bases militares se extienden ahora hasta Sudáfrica y sirven adicionalmente para la vigilancia contra los movimientos africanos de liberación. Las conversaciones entre los Estados Unidos y la Unión Soviética siguen en suspenso, a pesar de los acuerdos recientes entre ambos países para discutir su reanudación. De todo ello surgió la invitación de la Sexta Cumbre a todos los Estados interesados, a trabajar de manera efectiva por los objetivos de la Declaración del Océano Indico como zona de paz.

La Sexta Conferencia analizó otros problemas de interés regional y mundial, como los que atañen a la seguridad y la cooperación en Europa; el problema del Mediterráneo, las tensiones que allí subsisten, incrementadas ahora, como consecuencia de la política agresiva de Israel y el apoyo que prestan a la misma ciertas potencias imperialistas.

Se detuvo a examinar la situación de Chipre, ocupada todavía parcialmente por tropas extranjeras, y Corea, aún dividida, pese a los deseos del pueblo coreano de una reunificación pacífica de su patria, lo que llevó a los Países No Alineados a reafirmar y ampliar resoluciones solidarias dirigidas a la realización de las aspiraciones de ambos pueblos.

Sería imposible hacer referencia a todas las decisiones políticas de la Sexta Cumbre. Realizarlo nos impediría abordar lo que consideramos uno de los aspectos más fundamentales de nuestra Sexta Cumbre: su proyección económica, el clamor de los pueblos en vías de desarrollo, hartos ya de su retraso y del padecimiento que ese retraso origina. Cuba, como país sede, entregará a todos los países miembros de la comunidad internacional la Declaración Final y las resoluciones adicionales de la Conferencia. Pero se me permitirá que, antes de pasar a trasmitirles cómo ven los Países No Alineados la situación económica mundial, cuáles son sus demandas y cuáles sus esperanzas, emplee todavía unos instantes para poner en conocimiento de ustedes el enfoque de la Declaración Final respecto a las cuestiones latinoamericanas del momento.

El hecho de que la Sexta Cumbre tuviera lugar en un país latinoamericano dio oportunidad a los jefes de estado o de gobierno allí reunidos para recordar que los pueblos de aquella región iniciaron sus esfuerzos por la independencia en los comienzos mismos del siglo XIX. No olvidaron, asimismo, que, como se dice en la Declaración: «América Latina era una de las regiones del mundo que históricamente había sufrido más por la agresión del imperialismo, el colonialismo y el neocolonialismo de los Estados Unidos y Europa». A los participantes de la Conferencia les fue necesario resaltar que quedan todavía remanentes de colonialismo, neocolonialismo y opresión nacional en aquella tierra de lucha. La Conferencia, por ello, se pronunció por la erradicación del colonialismo en todas sus formas y manifestaciones, condenó la existencia de bases militares en América Latina y el Caribe, como las de Cuba y Puerto Rico y exigió, una vez más, que la parte de sus territorios ocupada por aquellas bases contra la voluntad de sus pueblos, les fuera devuelta por el Gobierno de los Estados Unidos y las demás potencias coloniales.

La experiencia de otras áreas condujo a que los Jefes de Estado o de Gobierno rechazaran y condenaran el intento de crear en el Caribe una llamada «Fuerza de Seguridad», mecanismo neocolonial incompatible con la soberanía, la paz y la seguridad de los países.

Al pedir la restitución a la República Argentina de las islas Malvinas, al reiterar su apoyo al derecho inalienable del pueblo de Belice a su libre determinación, independencia e integridad territorial, la Conferencia corroboró de nuevo aquello que su Declaración definió como la quintaesencia del no alineamiento. Comprobó, complacida, el hecho de que a partir del 1 de octubre entrarían en vigor los tratados sobre el Canal de Panamá suscritos entre la República de Panamá y los Estados Unidos, dio pleno apoyo a esos tratados, exigió que los mismos fueran respetados en su letra y en su espíritu, y llamó a todos los Estados del mundo para que se adhieran al protocolo del tratado concerniente a la neutralidad permanente del Canal de Panamá.

Los jefes de estado o de gobierno, a pesar de las presiones que se ejercieron, de las amenazas y de los halagos, de la obstinación del gobierno norteamericano al exigir que los problemas de Puerto Rico sean considerados problemas internos de los Estados Unidos, reiteraron su solidaridad con la lucha del pueblo de Puerto Rico y con su inalienable derecho a la libre determinación de independencia e integridad territorial y exhortaron al Gobierno de Estados Unidos de América a que se abstuviera de toda maniobra política o represiva tendiente a perpetuar la situación colonial de aquel país.

Ningún homenaje más digno que este a las tradiciones libertadoras de la América Latina y al heroico pueblo puertorriqueño, que en estos propios días ha celebrado el «Grito de Lares» con que hace casi 100 años expresó su indomable vocación de libertad.

Al referirse a la realidad latinoamericana, los jefes de estado o de gobierno, que ya habían analizado la significación del proceso liberador ocurrido en Irán, no podían dejar de referirse al vuelco revolucionario de Granada y a la extraordinaria victoria del pueblo de Nicaragua y de su vanguardia, el Frente Sandinista de Liberación Nacional, y destacar la enorme significación histórica que para los pueblos de la América Latina y del mundo tiene este hecho. Subrayaron además los jefes de estado o de gobierno algo que viene a constituir un hecho nuevo en las relaciones latinoamericanas y que sirve de ejemplo para otras regiones del mundo: la forma solidaria y mancomunada en que actuaron los gobiernos de Panamá, Costa Rica y México, y los países del Pacto subregional Andino: Bolivia, Colombia, Ecuador, Perú y Venezuela, para lograr la justa solución del problema nicaragüense, así como la solidaridad que Cuba brindó históricamente a la causa de aquel pueblo.

Confieso que esos enfoques sobre la América Latina le habrían bastado al pueblo cubano para justificar todos los esfuerzos y desvelos que realizaron cientos de miles de hombres y mujeres de nuestro país, en el empeño de hacer posible que Cuba acogiera dignamente a los países hermanos del Movimiento No Alineado en la Cumbre de La Habana. Pero hubo para Cuba mucho más. Algo que queremos agradecer aquí, en la tribuna de las Naciones Unidas, en nombre de nuestro pueblo. En La Habana, el pueblo cubano recibió el apoyo a su derecho de escoger el sistema político y social que ha decidido, en su reclamación del territorio que ocupa la Base de Guantánamo y en la condena al bloqueo con que todavía el Gobierno estadounidense pretende aislar y sueña con destruir a la Revolución Cubana.

Apreciamos en su profundo sentido y en su resonancia universal la denuncia que acaba de hacer el Movimiento en La Habana contra los actos de hostilidad, presiones y amenazas de los Estados Unidos hacia Cuba, calificándolos como una flagrante violación de la Carta de las Naciones Unidas y de los principios del derecho internacional, como una amenaza a la paz mundial. Una vez más respondemos a nuestros hermanos y aseguramos a la comunidad universal que Cuba seguirá siendo fiel a los principios de la solidaridad internacional.

Señor Presidente:

La historia nos ha enseñado que el acceso a la independencia para un pueblo que se libera del sistema colonial o neocolonial es, a la vez, el último acto de una larga lucha y el primero de una nueva y difícil batalla. Porque la independencia, la soberanía y la libertad de nuestros pueblos, aparentemente libres, están de continuo amenazadas por el control externo de sus recursos naturales, por la imposición financiera de organismos internacionales oficiales y por la precaria situación de sus economías que les merma la plenitud soberana.

Por ello, en el inicio mismo de sus análisis de los problemas económicos mundiales, los jefes de estado o de gobierno, de una parte: «Subrayaron solemnemente una vez más la importancia suprema que tenía el consolidar la independencia política mediante la emancipación económica... y reiteraron que el sistema económico internacional existente iba en contra de los intereses básicos de los países en desarrollo, era profundamente injusto e incompatible con el desarrollo de los Países No Alineados y otros países en desarrollo y no contribuía a la eliminación de los males económicos y sociales que afligían a esos países.»

Y, por la otra, enfatizaron: «La misión histórica que el Movimiento de Países No Alineados debiera desempeñar en la lucha por lograr la independencia económica y política de todos los países en desarrollo y de los pueblos; por ejercer la soberanía plena y permanente y el control sobre sus recursos naturales y de todo tipo sobre sus actividades económicas; y por promover una reestructuración a fondo mediante el establecimiento del Nuevo Orden Económico Internacional».

Para concluir con estas palabras: «La lucha por eliminar la injusticia del sistema económico internacional existente y establecer el Nuevo Orden Económico Internacional es parte integrante de la lucha del pueblo por la liberación política, económica, cultural y social».

No es necesario demostrar aquí hasta qué punto el sistema económico internacional existente, es profundamente injusto e incompatible con el desarrollo de los países subdesarrollados. Las cifras están ya tan popularizadas que son innecesarias para nosotros. Se discute si el número de los seres desnutridos de nuestro planeta es solo de 400 millones o ha vuelto a ser de 450, según se consigna en ciertos documentos internacionales. Cuatrocientos millones de hombres y mujeres hambrientos es ya una cantidad demasiado acusatoria.

Lo que nadie duda es que todas las esperanzas que se habían desplegado ante los países en vías de desarrollo aparecen fracasadas y canceladas al terminar este segundo decenio del desarrollo.

Se ha reconocido por el Director General del Consejo de la FAO que «los progresos continúan siendo decepcionantemente lentos en relación con los objetivos de desarrollo a más largo plazo acordados en la Estrategia Internacional del

Desarrollo, en la Declaración y el Programa de Acción sobre el Establecimiento del Nuevo Orden Económico Internacional y en la Resolución de la Conferencia Mundial de la Alimentación y en varias conferencias posteriores». Está lejos de haberse logrado en la producción agrícola y alimentaria de los países en desarrollo, en estos últimos 10 años, el modesto aumento medio anual del 4% que se planteó para resolver algunos de los problemas más perentorios del hambre mundial y acercarnos a niveles todavía reducidos de consumo. Como consecuencia de ello, las importaciones de alimentos de los países en desarrollo, que constituyen ahora mismo un elemento agravante de sus balanzas de pago deficitarias, alcanzarán muy pronto, según la FAO, proporciones tales que serán inmanejables. Frente a eso, disminuyen los compromisos oficiales de ayuda exterior para la agricultura de los países en vías de desarrollo.

Este panorama no puede ser embellecido. A veces en ciertos documentos oficiales se reflejan los aumentos circunstanciales de la producción agrícola en ciertas áreas del mundo subdesarrollado, o se destacan las elevaciones coyunturales de los precios de algunos artículos de la agricultura. Pero se trata de avances transitorios y de ventajas efímeras. Los ingresos por concepto de exportaciones agrícolas de los países en desarrollo continúan siendo inestables e insuficientes en relación con sus necesidades de importación de alimentos, fertilizantes y otros insumos para elevar la propia producción. La producción de alimentos por habitante en África durante 1977 fue un 11% menor que 10 años atrás.

Si en la agricultura se perpetúa el retraso, el proceso de industrialización tampoco avanza. Y no puede avanzar, porque para la mayoría de los países desarrollados la industrialización de los países en desarrollo es vista como una amenaza.

En Lima, en 1975, la Conferencia Mundial para la Industrialización nos propuso a los países en desarrollo la meta de llegar al año 2000 aportando el 25% de todas las manufacturas producidas en el mundo. Pero los progresos desde Lima hasta hoy son tan insignificantes, que si no se aceptan las medidas propuestas por la Sexta Conferencia Cumbre y si no se lleva a la práctica un programa urgente de rectificaciones en la política económica de la mayoría de los países desarrollados, esa meta quedará también incumplida. No llegamos todavía a producir el 9% de la manufactura del mundo.

Nuestra dependencia se expresa, una vez más, en el hecho de que los países de Asia, África y América Latina importamos el 26,1% de los productos manufacturados que entran en el comercio internacional y exportamos solo el 6,3.

Se dirá que hay un cierto proceso de expansión industrial, pero no se produce ni al ritmo necesario ni en las industrias claves de la economía industrial. La Conferencia de La Habana lo ha señalado. La redistribución mundial de la industria, el llamado redespliegue industrial, no puede consistir en una nueva confirmación de las profundas desigualdades económicas originadas en la época colonial del siglo xix. Entonces se nos condenó a ser productores de materias primas y productos agrícolas baratos. Ahora se quiere utilizar la mano de obra abundante y los salarios de miseria de los países en vías de desarrollo para transferirles las industrias de menor tecnología, de más baja productividad y que más polucionan el ambiente. Eso lo rechazamos terminantemente.

Los países desarrollados de economía de mercado absorben hoy más del 85% de la producción manufacturera mundial, entre ella la producción industrial de más alta tecnología. Controlan también más del 83% de las exportaciones industriales. El 26% de esas exportaciones va hacia los país es en vías de desarrollo, cuyos mercados monopolizan. Lo más grave de esa estructura dependiente es que aquello que importamos, es decir, no solo los bienes de capital sino también los artículos de consumo, está elaborado según las exigencias, las necesidades y la tecnología de los países de mayor desarrollo industrial y los patrones de la sociedad de consumo, que de ese modo se introduce por los resquicios de nuestro comercio, infecta nuestras propias sociedades y añade así un nuevo elemento a la ya permanente crisis estructural.

Como resultado de todo esto, según lo constataron los jefes de Estado o de gobierno en La Habana, la brecha existente entre los países desarrollados y los países en desarrollo no solo subsisten sino se ha ampliado sustancialmente. La participación relativa de los países en desarrollo en la producción mundial descendió considerablemente durante las dos últimas décadas, lo que tiene consecuencias aún más desastrosas en fenómenos como la malnutrición, el analfabetismo y la insalubridad.

Algunos quisieran resolver el trágico problema de la humanidad con drásticas medidas para reducir la población. Recuerdan que la guerra y las epidemias ayudaron a reducirla en otras épocas. Pretenden más aun, quieren atribuir el subdesarrollo a la explosión demográfica.

Pero la explosión demográfica no es la causa, sino la consecuencia del subdesarrollo. El desarrollo actuará a la vez trayendo soluciones para la pobreza y contribuyendo, a través de la educación y la cultura, a que nuestros países logren tasas de crecimiento racionales y adecuadas.

En un reciente informe del Banco Mundial se señala una más grave perspectiva. Es posible —se dice— que al llegar el año 2000 haya 600 millones de habitantes de esta Tierra que continúen en absoluta pobreza.

Señor Presidente, señores representantes:

La situación de retraso agrícola e industrial, de la cual no acaban de desprenderse los países en vías de desarrollo es, sin duda, como lo señala la Sexta Cumbre, el resultado de relaciones internacionales injustas y desiguales. Pero a éstas se añade ahora, como también se señala en la Declaración de La Habana, la crisis prolongada de la economía internacional.

No voy a detenerme demasiado en este aspecto. Precisemos ahora que los jefes de estado o de gobierno hemos considerado que la crisis del sistema económico internacional no es coyuntural sino que constituye un síntoma de desajustes estructurales y de un desequilibrio que están en su propia naturaleza; que ese desequilibrio ha sido agravado por la negativa de los países desarrollados de economía de mercado a controlar sus desequilibrios externos y sus altos niveles de inflación y desempleo; que la inflación se ha generado precisamente en esos países desarrollados que ahora se resisten a aplicar las únicas medidas que podían eliminarla. Y señalemos además, porque es algo a lo cual hemos de referirnos después y que también está registrado en la Declaración de La Habana, que esta crisis es asimismo el resultado de la persistente falta de equidad en las relaciones económicas internacionales, de manera que resolver esa desigualdad, como lo proponemos, contribuirá a atenuar y alejar la propia crisis.

¿Cuáles son los señalamientos principales que los representantes del Movimiento de Países No Alineados se vieron obligados a formular en La Habana?

Condenamos allí la persistente desviación de recursos humanos y materiales hacia una carrera de armamentos improductiva, derrochadora y peligrosa para la humanidad. Y exigimos que parte considerable de los recursos que ahora se emplean en armamentos, en particular por las principales potencias, sean destinados al desarrollo económico y social.

Hemos expresado nuestra grave preocupación por el insignificante progreso en las negociaciones dirigidas a la aplicación de la Declaración y del Programa de Acción sobre el establecimiento de un Nuevo Orden Económico Internacional. Apuntamos que ello se debía a la falta de voluntad política de la mayoría de los países desarrollados y censuramos expresamente las tácticas dilatorias, diversionistas y divisorias adoptadas por esos países. El fracaso del V período de Sesiones de la UNCTAD sirvió para poner en evidencia esa situación.

Fidel Castro, como presidente de los países no alineados, pide dólares desde la tribuna de Naciones Unidas, para terminar con la miseria, el hambre y el subdesarrollo en el mundo. Fue su momento de mayor éxito y popularidad.

Comprobamos que el intercambio desigual en las relaciones económicas internacionales, enunciado como característica esencial del sistema, se ha hecho, si cabe, aún más desigual. Mientras los precios de la manufactura, los bienes de capital, los productos alimenticios y los servicios que importamos de los países desarrollados se incrementan de continuo, se estancan en cambio y están sometidos a fluctuaciones incesantes los precios de los productos primarios que exportamos. La relación de intercambio se ha empeorado. Hicimos hincapié en que el proteccionismo, que fue uno de los elementos agravantes de la Gran Depresión de los años 30, ha vuelto a ser introducido por ciertos países desarrollados. La Conferencia lamentó que en las negociaciones del GATT los países desarrollados que pertenecen al mismo no tuvieran en cuenta los intereses y las preocupaciones de los países en desarrollo, y en particular de los menos desarrollados.

La Conferencia denunció, asimismo, cómo ciertos países desarrollados intensifican el uso de subsidios internos a determinados productos, en detrimento de producciones que son de interés para los países en desarrollo.

La Conferencia deploró las deficiencias en el alcance y funcionamiento del Sistema Generalizado de Preferencias, y en ese espíritu condenó las restricciones discriminatorias contenidas en la Ley sobre Comercio Exterior de los Estados Unidos, así como la posición inflexible de ciertos países desarrollados, que impidieron que sobre estos problemas se llegara a un acuerdo en el V Período de Sesiones de la UNCTAD.

Expresamos nuestra preocupación por el constante deterioro de la situación monetaria internacional. La inestabilidad en los tipos de cambio de las principales monedas de reserva y la inflación, que acentúan el desequilibrio de la situación económica mundial, crean dificultades adicionales a los países en desarrollo, disminuyen el valor real de sus ingresos de exportación y reducen el de sus reservas de divisas. Señalamos como un factor negativo el crecimiento desordenado de los recursos monetarios internacionales, básicamente mediante el empleo de dólares devaluados de los Estados Unidos y otras monedas de reserva. Notamos que, mientras la desigualdad de las relaciones económicas internacionales hace incrementar la deuda externa acumulada de los países en desarrollo hasta más de 300 000 millones de dólares, los organismos financieros internacionales y la banca privada elevan las tasas de intereses, hacen más cortos los plazos de amortización de los préstamos y ahogan con ello financieramente a los países en desarrollo, constituyendo todo esto, como se denunció por la Conferencia, un elemento coercitivo en las negociaciones, lo que les permite obtener ventajas políticas y económicas adicionales a expensas de nuestros países.

La Conferencia tuvo en cuenta el empeño neocolonialista de impedir a los países en desarrollo ejercer de manera permanente y efectiva su plena soberanía sobre los recursos naturales, y reafirmó ese derecho. Por ello mismo, apoyó los esfuerzos de los países en desarrollo productores de materias primas por obtener precios justos y remuneradores para sus exportaciones y mejorar en términos reales sus ingresos de exportación.

Por otra parte, la Conferencia puso más atención que nunca al fortalecimiento de las relaciones económicas y a la transferencia científico-técnica y tecnológica de los países en vías de desarrollo entre sí. El concepto de lo que podríamos definir como «autosustentación colectiva», o sea, el apoyo mutuo y la colaboración entre los países en vías de desarrollo de modo que estos dependen, en primer término, de sus propias fuerzas colectivas, cobra en la Declaración de La Habana una fuerza que no tuvo nunca antes. Cuba, como Presidente del Movimiento y país coordinador, se propone realizar, en unión del Grupo de los 77, todos los esfuerzos necesarios para impulsar el Programa de Acción delineado por la Conferencia en materia de cooperación económica.

No concebimos esa «autosustentación colectiva», sin embargo, como algo siquiera parecido a la autarquía, la vemos como un factor de las relaciones internacionales que ponga en juego todas las posibilidades y recursos de esta parte considerable e importante de la humanidad, que somos los países en desarrollo, para incorporarla a la corriente general de los recursos y de la economía que por su parte puedan movilizar tanto en el campo capitalista como en los países socialistas.

Señor Presidente:

La Sexta Cumbre rechazó los intentos de algunos países desarrollados que pretenden utilizar la cuestión de la energía para dividir a los países en desarrollo.

El problema de la energía, solo puede ser examinado en su contexto histórico, tomando en cuenta, de una parte, cómo los modelos consumistas de algunos países desarrollados llevaron a la dilapidación de los hidrocarburos y advirtiendo a la vez el papel expoliador de las empresas transnacionales, beneficiarias hasta fecha reciente de los suministros de energía barata, los que usaron de manera irresponsable. Las transnacionales explotan simultáneamente a los productores y a los consumidores, obteniendo beneficios extraordinarios e injustificados de unos y de otros, a la vez que pretenden culpar a los países en desarrollo exportadores de petróleo de la situación actual.

Permítaseme recordar que en mis palabras inaugurales a la Conferencia señalé la situación angustiosa de los países en desarrollo no productores de petróleo, en particular los menos adelantados, y expresé la certeza de que los Países No Alineados productores de petróleo encontrarían fórmulas para contribuir a mitigar la situación desfavorable de aquellos países golpeados ya por la inflación mundial y por la desigualdad del intercambio, que sufren serios déficit de sus balanzas de pago y un aumento considerable de su deuda externa. Pero ello no excluye la responsabilidad central de los países desarrollados, sus monopolios y sus empresas transnacionales.

Los jefes de estado o de gobierno, al considerar el problema de la energía con ese enfoque, pusieron de relieve que el mismo debería ser objeto de discusiones en el contexto de las negociaciones mundiales que se llevan a cabo en las Naciones Unidas, con la participación de todos los países y relacionando el problema energético con todos los problemas del desarrollo, con la reforma financiera y monetaria, el comercio mundial y las materias primas, de modo que se realice un análisis global de los aspectos vinculados al establecimiento de un nuevo orden económico internacional.

En la revisión de los principales problemas que afectan a los países en vías de desarrollo en el ámbito económico mundial, no podía faltar el examen del funcionamiento de las empresas transnacionales. Una vez más se declararon inaceptables sus políticas y sus prácticas. Se imputó que en busca de beneficios agotan los recursos, trastornan la economía y violan la soberanía de los países en desarrollo, menoscaban los derechos de los pueblos a la libre determinación, interfieren los principios de no injerencia en los asuntos de los estados y recurren con frecuencia al soborno, a la corrupción y a otras prácticas indeseables, a través de las cuales pretenden subordinar, y subordinan los países en desarrollo a los países industrializados.

Ante los progresos insuficientes en la tarea de preparar en Naciones Unidas el Código de Conducta que regule las actividades de las empresas transnacionales, la Conferencia reafirmó la urgencia de que esa labor concluya rápidamente, con el propósito de brindar a la comunidad internacional un instrumento jurídico que le sirva al menos para controlar y reglamentar las actividades de las transnacionales, de acuerdo con los objetivos y aspiraciones de los países en desarrollo.

Al consignar todos los abrumadores aspectos negativos en la situación económica de los países en vías de desarrollo, la Sexta Cumbre llamó muy especialmente la atención hacia los problemas que se acumulan sobre los países en desarrollo menos adelantados en condiciones desventajosas, sin litoral y aquellos otros mediterráneos aislados, y pidió que se adoptaran medidas urgentes y especiales para mitigarlos.

Ese es, Señor Presidente y señores representantes, el panorama poco optimista, y más bien sombrío y desestimulante, que tuvieron ante sí los países miembros del Movimiento No Alineado al reunirse en La Habana.

Pero los Países No Alineados no se dejaron arrastrar hacia posiciones de frustración o exasperación, que resultarían explicables. Al mismo tiempo que elaboraron concepciones estratégicas que les permitan llevar adelante su lucha, los jefes de estado o de gobierno reiteraron sus demandas y definieron sus posiciones.

El primer objetivo fundamental de nuestra lucha consiste en reducir, hasta eliminarlo, el intercambio desigual que hoy prevalece y que convierte al comercio internacional en un vehículo provechoso para la expoliación adicional de nuestras riquezas. Hoy se cambia una hora de trabajo de los países desarrollados por 10 horas de trabajo de los países subdesarrollados.

Los Países No Alineados demandan que se le preste una seria atención al Programa Integrado para los Productos Básicos, que ha sido hasta ahora manipulado y escamoteado en las negociaciones llamadas «Norte-Sur». De la misma manera piden que el Fondo Común, proyectado como un instrumento de estabilización de manera que se establezca una permanente correspondencia entre los precios que reciben por sus productos y los de sus importaciones, y que apenas ha podido comenzar a integrarse, reciba un real impulso. Para los Países No Alineados esta correspondencia que vincule de manera permanente los precios de sus mercancías exportadas a los precios de los equipos básicos, productos industriales y materias primas tecnológicas, que importa de los países desarrollados, constituye un pivote esencial de todas las negociaciones económicas futuras.

Los países en vías de desarrollo exigen que los países que han generado la inflación y la estimulan con su política adopten las medidas necesarias para controlarla, cesando así la agravación de los resultados del intercambio no equitativo.

Los países en vías de desarrollo exigen —y mantendrán su lucha por obtenerlo— que los artículos industriales de sus incipientes economías tengan el acceso a los mercados de los países desarrollados; que se elimine el vicioso proteccionismo reintroducido en la economía internacional y que amenaza conducirnos nuevamente a una guerra económica nefasta; que se apliquen de manera general y sin ficciones engañosas las Preferencias Arancelarias Generalizadas y no Recíprocas, como manera de permitir el desenvolvimiento de sus industrias jóvenes, sin que las aplasten en el mercado mundial los recursos tecnológicos superiores de las economías desarrolladas.

Los Países No Alineados consideran que las negociaciones que están a punto de culminar sobre el Derecho del Mar no pueden, como lo pretenden ciertos países desarrollados, servir para ratificar el desequilibrio existente en cuanto a los recursos marinos, sino que han de ser un vehículo para su rectificación equitativa. La Conferencia de Derecho del Mar ha servido una vez más para poner de relieve la arrogancia y la decisión imperialista de algunos países que, poniendo sus posibilidades tecnológicas por encima del espíritu de comprensión y de avenencia que los países en desarrollo solicitan, amenazan con proceder unilateralmente a realizar operaciones mineras en los fondos marinos.

La deuda de los países en vías de desarrollo ha alcanzado ya la cifra de 335 000 millones de dólares. Se calcula que el pago total por concepto de servicios de la deuda externa asciende a más de 40 000 millones cada año, lo que representa más del 20% de sus exportaciones anuales. Por otro lado, el ingreso per cápita promedio de los países desarrollados es ahora catorce veces superior al de los países subdesarrollados. Esta situación es ya insostenible.

Los países en vías de desarrollo necesitan que se establezcan nuevos sistemas de financiamiento, mediante los cuales reciban los recursos financieros necesarios para el desarrollo continuo e independiente de sus economías. Estos financiamientos deben ser a largo plazo y a bajo interés. El uso de esos recursos financieros debe estar a la plena disposición de los países en desarrollo, para que estos puedan establecer en sus economías el sistema de prioridades que corresponda con sus planes de desarrollo industrial y no sean absorbidos esos fondos financieros, como hoy ocurre, por las empresas transnacionales, que se benefician adicionalmente, aprovechando la supuesta contribución financiera al desarrollo para agravar la deformación de sus economías y obtener de la explotación de los recursos de los países máximas ganancias.

Los países en vías de desarrollo y, en su nombre, el Movimiento de Países No Alineados, demandan que una parte importante de los inmensos recursos que la humanidad hoy dilapida en la carrera armamentista sean dedicados al desarrollo, lo que contribuirá, simultáneamente, a alejar el peligro de guerra y facilitar el mejoramiento de la situación internacional.

Los Países No Alineados, expresando las posiciones de todos los países en vías de desarrollo, demandan un nuevo sistema monetario internacional, que impida las fluctuaciones desastrosas que hoy sufren las monedas que prevalecen en la economía internacional, en particular el dólar norteamericano. El desorden financiero golpea adicionalmente sobre los países en vías de desarrollo, los cuales aspiran a que en la elaboración del nuevo sistema monetario mundial ellos tengan palabra y decisión como representantes del mayor número de países de la comunidad internacional y de más de 1 500 millones de hombres y mujeres.

En resumen, Señor Presidente y señores representantes:

El intercambio desigual, arruina a nuestros pueblos. ¡Y debe cesar!

La inflación que se nos exporta, arruina a nuestros pueblos. ¡Y debe cesar!

El proteccionismo, arruina a nuestros pueblos. ¡Y debe cesar!

El desequilibrio que existe en cuanto a la explotación de los recursos marinos, es abusivo. ¡Y debe ser abolido!

Los recursos financieros que reciben los países en desarrollo, son insuficientes. ¡Y deben ser aumentados!

Los gastos en armamentos, son irracionales. ¡Deben cesar y sus fondos empleados en financiar el desarrollo!

El sistema monetario internacional que hoy predomina, está en bancarrota. ¡Y debe ser sustituido!

Las deudas de los países de menor desarrollo relativo y en situación desventajosa, son insoportables y no tienen solución. ¡Deben ser canceladas!
El endeudamiento abruma económicamente al resto de los países en desarrollo. ¡Y debe ser aliviado!
El abismo económico entre los países desarrollados y los países que quieren desarrollarse, en vez de disminuir se agranda. ¡Y debe desaparecer!
Tales son las demandas de los países subdesarrollados.

Señor Presidente, señores representantes:

La atención a esas demandas, algunas de las cuales han sido presentadas sistemáticamente por los países en vías de desarrollo, en los foros internacionales, a través del Grupo de los 77 y del Movimiento de Países No Alineados, permitiría un cambio de rumbo en la situación económica internacional, que ofrecería a los países en vías de desarrollo las condiciones institucionales para organizar los programas que los situarían definitivamente en el camino al desarrollo.

Pero aunque todas estas medidas fueran llevadas a la práctica, aunque se rectificaran los errores y vicios del presente sistema de relaciones internacionales, los países subdesarrollados carecerían de un elemento decisivo: el financiamiento externo.

Todos los esfuerzos internos, todos los sacrificios que hacen y están dispuestos a hacer los pueblos de los países en vías de desarrollo, todas las oportunidades de incrementar su potencial económico que se lograrían al eliminar la desigualdad entre los precios de exportación y los de importación y mejorar las condiciones en que se realiza su comercio exterior no serán, sin embargo, suficientes. A la luz de su situación financiera real y actual, necesitan además recursos en tal cantidad que les permitan, a la vez, pagar sus deudas y emprender los enormes gastos que a nivel mundial exige el salto al desarrollo.

Aquí también las cifras son demasiado conocidas para que necesitemos repetirlas. La Sexta Cumbre se preocupó ante el hecho de que no solo la deuda de los países subdesarrollados es prácticamente insoportable, sino también que esta deuda creciera cada año a un ritmo que podríamos considerar galopante. Y los datos que acaba de suministrar el reciente informe del Banco Mundial, emitido en los mismos días en que celebrábamos la Conferencia de La Habana, confirman que la situación es cada día más grave. Solo en el año 1978 la deuda pública externa de 96 países en desarrollo aumentó en unos 51 000 millones de dólares. Este ritmo eleva la deuda a las cifras astronómicas mencionadas.

¡No podemos, señor Presidente, resignarnos a este panorama sombrío!

Los más reputados economistas, tanto los occidentales como aquellos que se adscriben a las concepciones del marxismo, admiten que la forma en que funciona el sistema de endeudamiento internacional de los países en vías de desarrollo es completamente irracional y que su mantenimiento amenaza con una súbita interrupción, que pondrá en peligro todo el precario e inestable equilibrio económico mundial.

Algunos tratan de explicar el sorprendente hecho económico de que los centros bancarios internacionales continúen suministrándoles fondos a países que están técnicamente en bancarrota, aduciendo que se trata de una contribución generosa para ayudar a esos países a soportar las dificultades económicas. Pero no es así. Es, en realidad, una operación de salvamento del propio orden internacional capitalista. En octubre de 1978 la Comisión de las Comunidades Europeas admitía en forma esclarecedora:

«El equilibrio actual de la economía mundial depende en grado considerable de que continúe la corriente de préstamos privados a los países en desarrollo no productores de petróleo... en una escala sin precedentes antes de 1974, y cualquier impedimento a esa corriente pondrá en peligro dicho equilibrio».

La quiebra financiera mundial sería muy dura, en primer lugar, para los países subdesarrollados y para los trabajadores de los países capitalistas desarrollados. Afectaría también a las más estables economías socialistas. Pero el sistema capitalista dudosamente podría sobrevivir a semejante catástrofe. Y sería difícil que la terrible situación económica resultante no engendrara, inevitablemente, una conflagración mundial. Ya se habla de fuerzas militares especiales para ocupar los campos petrolíferos y las fuentes de materias primas.

Pero si es deber de todos la preocupación por este panorama sombrío, es deber, primero, de los que poseen una mayor suma de riqueza y bienestar material.

A los revolucionarios, al fin y al cabo, la perspectiva de un mundo sin capitalismo no nos asusta demasiado.

Se ha propuesto que en lugar del espíritu de enfrentamiento utilicemos el sentido de la interdependencia económica mundial que permita conjugar las fuerzas de todas las economías para obtener beneficios comunes, pero el concepto de la interdependencia solo es aceptable cuando se parte de admitir la injusticia intrínseca y brutal de la actual interdependencia. Los países en vías de desarrollo rechazan el que se les proponga como «interdependencia» la aceptación de la injusta y arbitraria división internacional del trabajo, que el colonialismo moderno les impuso a partir de la revolución industrial inglesa y que el imperialismo profundizó.

Si se quiere impedir la confrontación y la lucha, que es el único camino que aparece abierto para los países en vías de desarrollo —un camino que ofrece largos y difíciles combates cuyas proporciones nadie podría ahora predecir—, es necesario que todos busquemos y encontremos fórmulas de colaboración para resolver los grandes problemas que, si bien afectan a nuestros pueblos, no pueden resolverse sin afectar de alguna forma a los países más desarrollados.

No hace muchos años expresamos que el derroche irracional de bienes materiales y el consiguiente despilfarro de recursos económicos de la sociedad capitalista desarrollada era ya insostenible. ¿Cuál ha sido si no la causa de la dramática crisis energética que estamos viviendo? ¿Y quiénes tienen que soportar las peores consecuencias, sino, los países subdesarrollados no petroleros?

Estos criterios sobre la necesidad de poner fin al despilfarro de las sociedades de consumo son hoy una opinión generalizada.

En un reciente documento de la Organización de Naciones Unidas para el Desarrollo Industrial se afirma que: «Las modalidades de vida actuales, especialmente en los países industrializados, tal vez tengan que experimentar un cambio radical y doloroso». Claro está que los países en vías de desarrollo no pueden esperar, ni esperan, que las transformaciones a que aspiran y los financiamientos que requieren puedan llegarles como una dádiva derivada de meros análisis sobre los problemas económicos internacionales. En este proceso, que implica contradicciones, lucha y negociaciones, los países No Alineados tienen que depender, en primer término, de sus propias decisiones y esfuerzos.

Esa convicción emerge con claridad de la Sexta Cumbre. En la parte económica de la Declaración Final, los jefes de estado o de gobierno reconocen la necesidad de realizar en sus países los cambios estructurales necesarios de índole económica y social, considerando que es esta la única forma de eliminar la vulnerabilidad actual de sus economías y de convertir el simple crecimiento estadístico en un verdadero desarrollo. Solo así —lo reconocen los jefes de estado—, los pueblos estarían dispuestos a pagar el precio que les exigiría ser los protagonistas principales del proceso. Como dijimos en aquella oportunidad: «Si el sistema es socialmente justo, las posibilidades de supervivencia, y desarrollo económico y social son incomparablemente mayores».

La historia de mi país es un ejemplo irrefutable de ello.

La necesidad emergente e impostergable de dar solución al subdesarrollo, nos hace volver, señor Presidente, al problema que hace un momento abordáramos, y que quisiera que fuese el último presentado por mí ante esta XXXIV Asamblea General de las Naciones Unidas. Me refiero al financiamiento internacional.

Uno de los fenómenos más graves que acompaña al endeudamiento acelerado de los países en vías de desarrollo lo constituye, según dijéramos, el hecho de que la mayor parte del dinero que reciben del exterior esos países se ven forzados a emplearlo para cubrir sus balances comerciales y de cuenta corriente negativos, renovar deudas y pagar intereses.

Si tomamos el ejemplo de los países en vías de desarrollo no exportadores de petróleo, a cuya situación me referí en la Conferencia de La Habana, solo en los últimos seis años han acumulado déficits en sus balanzas de pagos que sobrepasan los 200 000 millones de dólares.

Frente a eso, las inversiones que realmente necesitan los países en vías de desarrollo son enormes. Y las necesitan, precisamente y en primer término, casi sin excepción, en ramas y producciones de escasa rentabilidad, que no atraen a los inversionistas y prestamistas privados extranjeros.

Para aumentar la producción de alimentos, con el objeto de eliminar la desnutrición de esos 450 millones de personas que hemos mencionado, habrá que habilitar nuevos recursos de tierras y de agua. Según cálculos especializados, la superficie total de tierra cultivada de los países en desarrollo tendría que aumentarse en los próximos 10 años en 76 millones de hectáreas, y las tierras de regadío en más de 10 millones.

La rehabilitación de las obras de riego exigen atender 45 millones de hectáreas. Es por ello que los cálculos más modestos admiten que la ayuda financiera internacional —y nos referimos a la ayuda y no al flujo total de los recursos— tiene que llegar anualmente a 8 000 o 9 000 millones de dólares, para conseguir el objetivo de que la agricultura crezca a ritmos entre 3,5 y 4% en los países en desarrollo.

Si examinamos la industrialización, los cálculos exceden con mucho esos parámetros. La Conferencia de la Organización de las Naciones Unidas para el Desarrollo Industrial, al trazar las metas que mencionamos en su reunión de Lima, determinó que en el centro de la política internacional del desarrollo tendría que estar el financiamiento y que este deberá llegar hacia el año 2000 a niveles de 450 000 a 500 000 millones de dólares anuales, de los cuales aproximadamente un tercio —es decir, de 150 000 a 160 000 millones—, tendrán que ser financiamientos de corrientes externas.

Pero el desarrollo, señor Presidente y señores representantes, no es solo agricultura e industrialización. Desarrollo es, principalmente, la atención al ser humano, que ha de ser el protagonista y el fin de cualquier esfuerzo por el desarrollo. Para tomar el ejemplo de Cuba, señalaré que en los últimos cinco años nuestro país ha empleado en inversiones constructivas para la educación un promedio de casi 200 millones de dólares anuales. Las inversiones de construcción y equipos para la salud pública se desarrollan a un promedio anual de más de 40 millones. Y Cuba es solo uno de los casi 100 países en desarrollo y uno de los más pequeños geográfica y poblacionalmente. Puede estimarse, por ello, que en las inversiones, en los servicios educacionales y de salud pública, los países en desarrollo necesitarán algunas otras decenas de miles de millones de dólares anuales para vencer los resultados del retraso.

Ese es el gran problema que tenemos ante nosotros.

Y ese no es, señores, solo nuestro problema, el problema de los países víctimas del subdesarrollo y del desarrollo insuficiente. Es un problema de toda la comunidad internacional.

Más de una vez se ha dicho que nosotros hemos sido forzados al subdesarrollo por la colonización y la neocolonización imperialista. La tarea de ayudarnos a salir del subdesarrollo es, pues, en primer término, una obligación histórica y moral de aquellos que se beneficiaron con el saqueo de nuestras riquezas y la explotación de nuestros hombres y mujeres durante décadas y siglos. Pero, es, a la vez, tarea de la humanidad en su conjunto, y así lo ha hecho constar la Sexta Cumbre.

Los países socialistas no participaron en el saqueo del mundo ni son responsables del fenómeno del subdesarrollo. Pero la obligación, sin embargo, de ayudar a superarlo, la comprenden y la asumen partiendo de la naturaleza de su sistema social, en el cual la solidaridad internacionalista es una premisa.

De la misma manera, cuando el mundo aguarda que los países en desarrollo productores de petróleo contribuyan también a la corriente universal de recursos que ha de nutrir el financiamiento externo para el desarrollo, no lo hace en función de obligaciones y deberes históricos que nadie podría imponerles, sino como una esperanza y un deber de solidaridad entre países subdesarrollados. Los grandes países exportadores de petróleo deben estar conscientes de su responsabilidad.

Incluso los países en desarrollo con mayor nivel deben hacer su aporte. Cuba, que no habla aquí en nombre de sus intereses y no defiende un objetivo nacional, está dispuesta a contribuir en la medida de sus fuerzas con miles o decenas de miles de técnicos: médicos, educadores, ingenieros agrónomos, ingenieros hidráulicos, ingenieros mecánicos, economistas, técnicos medios, obreros calificados, etcétera.

Es, por ello, la hora de que todos nos unamos en la tarea de sacar a pueblos enteros y a cientos de millones de seres humanos del retraso, la miseria, la desnutrición, la enfermedad, el analfabetismo, que les hace imposible disfrutar a plenitud de la dignidad y el orgullo de llamarse hombres.

Hay que organizar, pues, los recursos para el desarrollo, y esa es nuestra obligación conjunta.

Existen, señor Presidente, tal número de fondos especiales, multilaterales, públicos y privados, cuyo objetivo es contribuir a uno u otro aspecto del desarrollo, ya sea agrícola, ya sea industrial, ya se trate de compensar los déficits en los balances de pagos, que no me resulta fácil, al traer ante la XXXIV Asamblea los problemas económicos discutidos en la Sexta Cumbre, formular una proposición concreta para el establecimiento de un nuevo fondo.

Pero no hay duda de que el problema del financiamiento debe ser discutido profunda y plenamente, para encontrarle una solución. Además de los recursos que ya están organizados, por los distintos canales bancarios, por las organizaciones concesionarias, los organismos internacionales y los órganos de las finanzas privadas, necesitamos discutir y decidir la manera de que, al comenzar el próximo decenio para el desarrollo, en su estrategia se incluya el aporte adicional de no menos de 300 000 millones de dólares, a los valores reales de 1977, distribuidos en cantidades anuales que no deben ser menores a los 25 000 millones ya desde los primeros años, para ser invertidos en los países subdesarrollados. Esta ayuda debe ser en forma de donaciones y de créditos blandos a largo plazo y mínimo interés.

Es imprescindible movilizar estos fondos adicionales como aporte del mundo desarrollado y de los países con recursos, al mundo subdesarrollado en los próximos 10 años. Si queremos paz, harán falta estos recursos. Si no hay recursos para el desarrollo no habrá paz. Algunos pensarán que estamos pidiendo mucho; yo pienso que la cifra es todavía modesta. Según datos estadísticos, como expresé en el acto inaugural de la Sexta Cumbre de los Países No Alineados, el mundo invierte cada año en gastos militares más de 300 000 millones de dólares. Con 300 000 millones de dólares se podrían construir en un año 600 000 escuelas con capacidad para 400 millones de niños; o 60 millones de viviendas confortables con capacidad para 300 millones de personas; o 30 000 hospitales con 18 millones de camas; o 20 000 fábricas capaces de generar empleo a más de 20 millones de trabajadores; o habilitar para el regadío 150 millones de hectáreas de tierra, que con un nivel técnico adecuado pueden alimentar a 1 000 millones de personas. Esto despilfarra la humanidad cada año en la esfera militar. Considérese, además, la enorme cantidad de recursos humanos en plena juventud, recursos científicos, técnicos, combustible, materias primas y otros bienes. Este es el precio fabuloso de que no exista un verdadero clima de confianza y de paz en el mundo.

Solo Estados Unidos gastará en el decenio 1980-1990 seis veces esta cifra en actividades militares.

Pedimos para 10 años de desarrollo menos de lo que hoy se gasta en un año en los ministerios de Guerra y mucho menos de la décima parte de lo que se gastará en 10 años con fines militares.

Para algunos puede parecer irracional la demanda: lo verdaderamente irracional es la locura del mundo de nuestra época y los riesgos que amenazan a la humanidad.

La enorme responsabilidad de estudiar, organizar y distribuir esta suma de recursos debe corresponder enteramente a la Organización de las Naciones Unidas. La administración de esos fondos debe hacerla la propia comunidad internacional, en condiciones de absoluta igualdad para cada uno de los países, ya sean contribuyentes o beneficiarios, sin condiciones políticas y sin que la cuantía de los donativos tenga nada que ver con el poder de voto para decidir la oportunidad de los préstamos y el destino de los fondos.

Aunque el flujo de recursos debe ser valorado en términos financieros, no debe consistir solo en ellos. Puede estar formado también por equipos, fertilizantes, materias primas, combustible y plantas completas, valoradas en los términos del comercio internacional. También la asistencia de personal técnico y la formación de técnicos debe ser contabilizada como una contribución.

Estamos seguros, estimado señor Presidente y señores representantes, que si el Secretario General de Naciones Unidas —asistido por el Presidente de la Asamblea, con todo el prestigio y el peso de esta organización, apoyada además, de inicio, por la influencia que los países en vías de desarrollo y, más aun, el Grupo de los 77, le prestarían a esa iniciativa—, convocara a los distintos factores que hemos mencionado para iniciar discusiones en las cuales no habría lugar para el antagonismo llamado Norte-Sur ni para el denominado antagonismo Este-Oeste, sino que allí concurrirían todas las fuerzas como una tarea común, como un deber común y una esperanza común, esta idea que presentamos ahora a la Asamblea General puede ser coronada por el éxito.

Porque no se trata de un proyecto que beneficie solo a los países en vías de desarrollo, beneficiaría a todas las naciones.

Como revolucionarios, la confrontación no nos asusta. Tenemos fe en la historia y en los pueblos. Pero como voceros e intérpretes del sentimiento de 95 países, tenemos la responsabilidad de luchar por la colaboración entre los pueblos. Y esa colaboración, si ella se logra sobre bases nuevas y justas, beneficiará a todos los países que constituyen hoy la comunidad internacional. Y beneficiará en especial a la paz mundial.

El desarrollo puede ser, a corto plazo, una tarea que entrañe aparentes sacrificios y hasta donativos que parezcan irrecuperables. Pero el vasto mundo que hoy vive en el retraso, desprovisto de poder adquisitivo, limitado hasta el extremo en su capacidad de consumir, incorporará con su desarrollo un torrente de cientos de millones de consumidores y productores, el único capaz de rehabilitar la economía internacional, incluyendo la de los países desarrollados que hoy generan y padecen la crisis económica.

La historia del comercio internacional ha demostrado que el desarrollo es el factor más dinámico del comercio mundial. La mayor parte del comercio de nuestros días se realiza entre países plenamente industrializados. Podemos asegurar que mientras más se extienda la industrialización y el progreso en el mundo, más se extenderá también el intercambio comercial, beneficioso para todos.

Es por ello, que pedimos en nombre de los países en vías de desarrollo y abogamos por la causa de nuestros países. Pero no es una dádiva lo que estamos reclamando. Si no encontramos soluciones adecuadas, todos seremos víctimas de la catástrofe.

Señor Presidente, distinguidos representantes:

Se habla con frecuencia de los derechos humanos, pero hay que hablar también de los derechos de la humanidad.

¿Por qué unos pueblos han de andar descalzos para que otros viajen en lujosos automóviles? ¿Por qué unos han de vivir 35 años para que otros vivan 70? ¿Por qué unos han de ser míseramente pobres para que otros sean exageradamente ricos?

Hablo en nombre de los niños que en el mundo no tienen un pedazo de pan; hablo en nombre de los enfermos que no tienen medicinas; hablo en nombre de aquellos a los que se les ha negado el derecho a la vida y la dignidad humana.

Unos países tienen mar, otros no; unos tienen recursos energéticos, otros no; unos poseen tierras abundantes para producir alimentos, otros no; unos tan saturados de máquinas y fábricas están, que ni respirar se puede el aire de sus atmósferas envenenadas, otros no poseen más que sus escuálidos brazos para ganarse el pan.

Unos países poseen, en fin, abundantes recursos, otros no poseen nada. ¿Cuál es el destino de estos? ¿Morirse de hambre? ¿Ser eternamente pobres? ¿Para qué sirve entonces la civilización? ¿Para qué sirve la conciencia del hombre? ¿Para qué sirven las Naciones Unidas? ¿Para qué sirve el mundo? No se puede hablar de paz en nombre de las decenas de millones de seres humanos que mueren cada año de hambre o enfermedades curables en todo el mundo. No se puede hablar de paz en nombre de 900 millones de analfabetos.

¡La explotación de los países pobres por los países ricos debe cesar!

Sé que en muchos países pobres hay también explotadores y explotados.

Me dirijo a las naciones ricas para que contribuyan. Me dirijo a los países pobres para que distribuyan.

¡Basta ya de palabras! ¡Hacen falta hechos! ¡Basta ya de abstracciones, hacen falta acciones concretas! ¡Basta ya de hablar de un nuevo orden económico internacional especulativo que nadie entiende; hay que hablar de un orden real y objetivo que todos comprendan!

No he venido aquí como profeta de la revolución; no he venido a pedir o desear que el mundo se convulsione violentamente. Hemos venido a hablar de paz y colaboración entre los pueblos, y hemos venido a advertir que si no resolvemos pacífica y sabiamente las injusticias y desigualdades actuales el futuro será apocalíptico.

El ruido de las armas, del lenguaje amenazante, de la prepotencia en la escena internacional debe cesar. Basta ya de la ilusión de que los problemas del mundo se puedan resolver con armas nucleares. Las bombas podrán matar a los hambrientos, a los enfermos, a los ignorantes, pero no pueden matar el hambre, las enfermedades, la ignorancia. No pueden tampoco matar la justa rebeldía de los pueblos y en el holocausto morirán también los ricos, que son los que más tienen que perder en este mundo.

Digamos adiós a las armas y consagrémonos civilizadamente a los problemas más agobiantes de nuestra era. Esa es la responsabilidad y el deber más sagrado de todos los estadistas del mundo. Esa es, además, la premisa indispensable de la supervivencia humana.

¡Muchas gracias!

PROCLAMA DEL COMANDANTE EN JEFE AL PUEBLO DE CUBA

Castro, fotografiado en agosto de 2006, aún convaleciente, en la cama del Centro de Investigaciones Médico Quirúrgicas de La Habana, desde donde redactó y firmó su renuncia provisional como presidente de Cuba.

Con motivo del enorme esfuerzo realizado para visitar la ciudad argentina de Córdoba, participar en la Reunión del MERCO-SUR, en la clausura de la Cumbre de los Pueblos en la histórica Universidad de Córdoba y en la visita a Altagracia, la ciudad donde vivió el «Che» en su infancia y, unido a esto, asistir de inmediato a la conmemoración del 53 aniversario del asalto a los cuarteles Moncada y Carlos Manuel de Céspedes, el 26 de julio de 1953, en las provincias de Granma y Holguín, días y noches de trabajo continuo sin apenas dormir dieron lugar a que mi salud, que ha resistido todas las pruebas, se sometiera a un estrés extremo y se quebrantara. Esto me provocó una crisis intestinal aguda con sangramiento sostenido que me obligó a enfrentar una complicada operación quirúrgica. Todos los detalles de este accidente de salud constan en las radiografías, endoscopías y materiales filmados. La operación me obliga a permanecer varias semanas de reposo, alejado de mis responsabilidades y cargos.

Como nuestro país se encuentra amenazado en circunstancias como esta por el gobierno de los Estados Unidos, he tomado las siguientes decisiones:

1. Delego con carácter provisional mis funciones como primer secretario del Comité Central del Partido Comunista de Cuba en el segundo secretario, compañero Raúl Castro Ruz.

2. Delego con carácter provisional mis funciones como comandante en jefe de las heroicas Fuerzas Armadas Revolucionarias en el mencionado compañero, general de ejército Raúl Castro Ruz.

3. Delego con carácter provisional mis funciones como Presidente del Consejo de Estado y del Gobierno de la República de Cuba en el primer vicepresidente, compañero Raúl Castro Ruz.

4. Delego con carácter provisional mis funciones como impulsor principal del Programa Nacional e Internacional de Salud Pública en el miembro del Buró Político y Ministro de Salud Pública, compañero José Ramón Balaguer Cabrera.

5. Delego con carácter provisional mis funciones como impulsor principal del Programa Nacional e Internacional de Educación en los compañeros José Ramón Machado Ventura y Esteban Lazo Hernández, miembros del Buró Político.

6. Delego con carácter provisional mis funciones como impulsor principal del Programa Nacional de la Revolución Energética en Cuba y de colaboración con otros países en este ámbito en el compañero Carlos Lage Dávila, miembro del Buró Político y secretario del Comité Ejecutivo del Consejo de Ministros.

Los fondos correspondientes para estos tres programas, Salud, Educación y Energético, deberán seguir siendo gestionados y priorizados, como he venido haciéndolo personalmente, por los compañeros Carlos Lage Dávila, secretario del Comité Ejecutivo del Consejo de Ministros, Francisco Soberón Valdés, Ministro Presidente del Banco Central de Cuba, y Felipe Pérez Roque, Ministro de Relaciones Exteriores, quienes me acompañaron en estas gestiones y deberán constituir una comisión para ese objetivo.

Nuestro glorioso Partido Comunista, apoyado por las organizaciones de masas y todo el pueblo, tiene la misión de asumir la tarea encomendada en esta Proclama.

La reunión Cumbre del Movimiento de Países No Alineados, a realizarse entre los días 11 y 16 de septiembre, deberá recibir la mayor atención del estado y la nación cubana para celebrarse con el máximo de brillantez en la fecha acordada.

El 80 aniversario de mi cumpleaños, que tan generosamente miles de personalidades acordaron celebrar el próximo 13 de agosto, les ruego a todos posponerlo para el 2 de diciembre del presente año, 50 aniversario del Desembarco del *Granma*.

Pido al Comité Central del Partido y a la Asamblea Nacional del Poder Popular el apoyo más firme a esta Proclama.

No albergo la menor duda de que nuestro pueblo y nuestra Revolución lucharán hasta la última gota de sangre para defender estas y otras ideas y medidas que sean necesarias para salvaguardar este proceso histórico.

El imperialismo jamás podrá aplastar a Cuba.
La Batalla de Ideas seguirá adelante.
¡Viva la Patria!
¡Viva la Revolución!
¡Viva el Socialismo!
¡Hasta la Victoria Siempre!

Fidel Castro Ruz.
Comandante en Jefe.
Primer secretario del Partido y Presidente de los Consejos de Estado y de Ministros de la República de Cuba.

31 de julio del 2006.
6 y 22 PM.

BIBLIOGRAFÍA

ALARCÓN RAMÍREZ, Dariel: *Memorias de un soldado cubano. Vida y muerte de la Revolución.* Tusquets Editores, Barcelona, 1997.

ALONSO, Odilo: *Entre muros. 18 años prisionero de Castro.* Editorial EDAF, Madrid, 2011.

BENJAMIN, Jules R.: *The United States and Origins of the Cuban Revolution: An Empire of Liberty in an Age of National Liberation.* Universidad de Princeton, Nueva Jersey, 1992.

BOHNING, Don: *The Castro Obsession: U.S. Covert Operations Against Cuba, 1959–1965.* Potomac Books, Washington, 2005.

BRADFORD BURNS, E.: *Latin America: A Concise Interpretive History.* Editorial Englewood Cliffs, Nueva Jersey, 1994.

CASTRO, Fidel; RISQUET, Jorge y MÁRQUEZ, Gabriel García: *Changing the History of Africa: Angola and Namibia.* Ocean Press, Melbourne, 1989.

CROCKATT, Richard: *The Fifty Years War: The United States and the Soviet Union in World Politics.* Editorial Routledge, Londres, 1995.

DE PAZ SÁNCHEZ, Manuel Antonio; FERNÁNDEZ, José y LÓPEZ, Nelson: *El bandolerismo en Cuba 1800–1933. Presencia canaria y protesta rural.* Centro de Cultura Popular Canaria, Santa Cruz de Tenerife, 1993.

DÍEZ ACOSTA, Tomás: *October 1962: The Missile Crisis As Seen from Cuba.* Editorial Pathfinder, Nueva York, 2002.

Divine, Robert A.: *The Cuban Missile Crisis*. M. Wiener Publicaciones, Nueva York, 1998.

Dobbs, Michael: *One Minute to Midnight: Kennedy, Khrushchev and Castro on the Brink of Nuclear War*. Editorial Knopf, Nueva York, 2008.

Flintham, Víctor: *Air Wars and Aircraft. A Detailed Record of Air Combat, 1945 to the Present*. Arms and Armour Press, Londres, 1989.

Gadea, Hilda: *Che Guevara: los años decisivos*. Editorial Aguilar, México, 1972.

Gebru, Tareke: *The Ethiopian Revolution: War in the Horn of Africa*. Universidad de Yale, New Haven, Conética, 2009.

Gellman, Irwin F.: *Roosevelt and Batista: Good Neighbor Diplomacy in Cuba, 1933-1945*. Universidad de Nuevo México, Alburquerque, 1971.

Geyer, Georgie Anne: *Guerrilla Prince: The Untold Story of Fidel Castro*. Little, Brown and Company, Nueva York, 1991.

Gleijeses, Piero:*Conflicting Missions: Havana, Washington, and Africa, 1959-1976*. Universidad de Carolina del Norte, 2003.

González, Servando: *The Nuclear Deception: Nikita Khrushchev and the Cuban Missile Crisis*. Spooks Books, Oakland, California, 2002.

Gott, Richard:*Cuba: A New History*. Universidad de Yale, New Haven, Conética, 2004.

Greer, Thomas H.: *A Brief History of the Western World*. Editorial Harcourt Brace Jovanovich, Nueva York, 1987.

Guimaraes, Fernando A.:*The Origins of the Angolan Civil War*. Macmillan Press Ltd., Londres,1998.

Hagedom, D y Hellström, L.: *Foreign Invaders; The Douglas Invader in Foreign Military and US Clandestine Service*. Midland Publishing Ltd., Hinckley, Gran Bretaña. 1994.

Hernández, José M.: *Cuba and the United States: Intervention and Militarism, 1868–1933*. Editorial de la Universidad de Texas, 1993.

HERNÁNDEZ, Rafael y COATSWORTH, John H.: *Culturas Encontradas: Cuba y los Estados Unidos*. Harvard University Press, Massachusetts, 2001.

JENKS, Leland H.: *Our Cuban Colony: A Study in Sugar*. Editorial Arno Press y The New York Times, Nueva York, 1970.

HEGGOY, A.: *Colonial origins of the Algerian-Moroccan border conflict of October 1963*. African Studies Review, Universidad de Massachusetts, 1970.

KALFON, Pierre: *Che. Ernesto Guevara, una leyenda de nuestro siglo*. Editorial Plaza y Janes, Barcelona, 1992.

KENNEDY, Robert F.: *Thirteen Days: A Memoir of the Cuban Missile Crisis*. Editorial W.W. Norton & Co., Nueva York, 1971.

LANGLEY, Lester D.: *The United States and the Caribbean: 1900-1970*. Editorial de la Universidad de Georgia, Atenas, 1980.

—*The Banana Wars: An Inner History of American Empire, 1900-1934*. Universidad de Kentucky, Lexington, 1983.

LAZO, Mario: *Dagger in the Heart: American Policy Failures in Cuba*. Editorial Twin Circle, Nueva York, 1968.

LECKIE, Robert: *The Wars of America: From 1600 to 1900*. Harper Perennial, Nueva York, 1992.

LEYCESTER, Coltman: *The Real Fidel Castro*. Universidad de Yale, New Haven, Conética, 2003.

MACKSEY, Kenneth y WOODHOUSE, William: *The Penguin enciclopedia of modern warfare*. Penguin Group, Londres, 1991.

MANDELA, Nelson y CASTRO, Fidel: *How Far We Slaves Have Come!* Editorial Pathfinder, Nueva York, 1991.

MINTER, William:*Apartheid's Contras: An Inquiry into the Roots of War in Angola and Mozambique*. Editorial de la Universidad del Witwatersrand, Johannesburgo, Sudáfrica, 1994.

MORLEY, Morris H.: *Imperial State and Revolution: The United States and Cuba, 1952-1986*. Editorial de la Universidad de Cambridge, Nueva York, 1987.

NITZE, Paul H.: *From Hiroshima to Glastnost: At the Center of Decision*. Editorial Grove Weidenfeld, Nueva York, 1989.

OFFNER, John L.:An *Unwanted War: The Diplomacy of the United States and Spain over Cuba, 1895–1898*. Universidad de Carolina del Norte, 1992.

OTTAWAY, David: *Algeria: The Politics of a Socialist Revolution*. Universidad de California. Berkeley, California, 1970.

PATERSON, Thomas G.: *Contesting Castro: The United States and the Triumph of the Cuban Revolution*. Editorial de la Universidad de Oxford, Nueva York, 1994.

PLANK, John: *Cuba and the United States: Long-Range Perspectives*. Institución Brookings, Washington, 1967.

SCHWAB, Peter: *Cuba: Confronting the U.S. Embargo. New York*. Editorial St. Martin, Nueva York, 1999.

SKIDMORE, Thomas E. y SMITH, P.H.:*Modern Latin America*. Editorial de la Universidad de Oxford, Nueva York, 1992.

STEENKAMP, Willem: *South Africa's Border War, 1966–1989*. Ashanti Publishing, Gibraltar, 1989.

STIFF, Peter: *The Silent War: South African Recce Operations 1969–1994*. Editorial Galago, Alberton, Sudáfrica, 1999.

TRAHAIR, Richard C. y MILLER, Robert L.: *Encyclopedia of Cold War Espionage, Spies, and Secret Operations*. Enigma Books, Nueva York, 2009.

VON TUZELMANN, Alex: *Red Heat: Conspiracy, Murder, and the Cold War in the Caribbean*. Henry Holt and Company, Nueva York, 2011.

WHITNEY, Robert W.: *State and Revolution in Cuba: Mass Mobilization and Political Change, 1920–1940*. Editorial Chapel Hill, Londres, 2001.

WILLIAMS, Eric: *From Columbus to Castro: The History of the Caribbean*. Vintage Books, Nueva York, 1970.

WOODROOFE, Louise P.: *Buried in the Sands of the Ogaden: The United States, the Horn of Africa, and the Demise of Detente.* Universidad de Kent, Ohio, 2013.

WRIGHT, George:*The Destruction of a Nation: United States' Policy Toward Angola Since 1945.* Pluto Press, Londres, 1997.